SOBRE A ESCRITA

STEPHEN KING

SOBRE A ESCRITA

Tradução
Michel Teixeira

15ª reimpressão

Copyright © 2000 by Stephen King. Todos os direitos reservados.
Publicado mediante acordo com o autor e a The Lotts Agent, Ltd.

Grafia atualizada segundo o Acordo Ortográfico da Língua Portuguesa de 1990, que entrou em vigor no Brasil em 2009.

"Às vezes eles voltam" e "Último turno" foram publicados em *Sombras da noite*, Suma, 2013.
"O corpo" e "Aluno inteligente" foram publicadas em *Quatro estações*, Suma, 2013.

NOTA DO AUTOR
A menos que haja indicação em contrário, todos os exemplos em prosa, bons e ruins, foram escritos pelo autor.

PERMISSÕES
"There Is a Mountain", letra e música de Donovan Leitch. Copyright © 1967 de Donovan (Music) Ltd. Administrada por Peer International Corporation. Copyright renovado. Copyright internacional assegurado. Usado com permissão. Todos os direitos reservados. "Grandpa Was a Carpenter", de John Prine © Walden Music, Inc. (ASCAP). Todos os direitos administrados por WB Music Corp. Todos os direitos reservados. Usado com permissão. Warner Bros. Publications U.S. Inc., Miami, FL 33014.

Título original
On Writing

Capa
Adaptação de Julio Moreira sobre layout de Larry Rosant

Revisão
Rachel Rimas
Luísa Ulhoa
Flora Pinheiro

CIP-Brasil. Catalogação-na-fonte
Sindicato Nacional dos Editores de Livros, RJ

K64s
    King, Stephen
        Sobre a escrita / Stephen King; tradução Michel Teixeira. — 1ª ed. — Rio de Janeiro: Objetiva, 2015.
        256 p.

    Tradução de: On Writing.
    ISBN 978-85-8105-277-9

        1. King, Stephen. 2. Autores americanos. 3. Livros e leitura – Estados Unidos. 4. Literatura americana. I. Teixeira, Michael. II. Título.

15-20444   CDD-928.699
                    CDD-929:821.134.3

Todos os direitos desta edição reservados à
EDITORA SCHWARCZ S.A.
Praça Floriano, 19, sala 3001 — Cinelândia
20031-050 — Rio de Janeiro — RJ
Telefone: (21) 3993-7510
www.companhiadasletras.com.br
www.blogdacompanhia.com.br
facebook.com/editorasuma
instagram.com/editorasuma
twitter.com/Suma_br

Sumário

Primeiro prefácio   9
Segundo prefácio   13
Terceiro prefácio   15

CURRÍCULO   17
   O que é a escrita   93

CAIXA DE FERRAMENTAS   97

SOBRE A ESCRITA   121

SOBRE A VIDA: UM *POSTSCRIPTUM*   213

   E, por fim, Parte I: Porta fechada, porta aberta   231
   E, por fim, Parte II: Uma lista de livros   249
   Mais do por fim, Parte III   253

"A honestidade é a melhor política."
Miguel de Cervantes

"Mentirosos prosperam."
Anônimo

Primeiro prefácio

No começo da década de 1990 (deve ter sido 1992, mas é difícil se lembrar das coisas quando a gente está se divertindo), entrei para uma banda de rock composta basicamente por escritores. A Rock Bottom Remainders foi fruto da imaginação da editora e musicista Kathi Kamen Goldmark, de São Francisco. O grupo incluía Dave Barry na guitarra solo, Ridley Pearson no baixo, Barbara Kingsolver nos teclados, Robert Fulghum no bandolim e eu na guitarra-base. Também tínhamos um trio de cantoras ao estilo das Dixie Cups que (normalmente) era composto por Kathi, Tad Bartimus e Amy Tan.

A intenção era nos reunirmos para um único evento — faríamos dois shows em uma convenção de livreiros, a American Booksellers Convention, daríamos muita risada, recuperaríamos nossa juventude desperdiçada ao longo de três ou quatro horas e depois cada um seguiria seu caminho.

Não foi o que aconteceu, já que nunca chegamos a nos separar. Gostamos tanto de tocar juntos que não conseguimos deixar a banda morrer, e, com a ajuda de alguns músicos "de apoio" no sax e na bateria (além da liderança de nosso guru musical, Al Kooper, no início), nosso som era bastante bom. Do tipo que as pessoas pagariam para assistir a um show. Não tanto quanto pagariam para ver o U2 ou a E Street Band, mas sim o que os mais antigos chamariam de "uns paus". Saímos em turnê, escrevemos um livro sobre a banda (minha mulher tirava as fotos e, quando algum espírito baixava nela, dançava também, o que acontecia quase sempre) e continuamos a tocar vez ou outra, às vezes como

Primeiro prefácio

The Remainders, às vezes como Raymond Burr's Legs*. Os integrantes foram e vieram — Barbara foi substituída nos teclados pelo colunista Mitch Albom, e Al deixou de tocar com a banda porque ele e Kathi não se davam bem —, mas o núcleo permaneceu com Kathi, Amy, Ridley, Dave, Mitch Albom e eu... além de Josh Kelly na bateria e Erasmo Paolo no saxofone.

Continuamos com a banda pelo prazer de tocar e também pela companhia. Nós gostamos uns dos outros, e é bom ter a chance de conversar sobre nosso trabalho de verdade, aquele emprego fixo que sempre pedem que a gente não abandone. Somos escritores, e nunca perguntamos um ao outro de onde tiramos nossas ideias; nós sabemos que não sabemos.

Certa noite, enquanto comíamos comida chinesa antes de uma apresentação em Miami Beach, perguntei a Amy se existia alguma questão que *nunca* fora abordada durante as sessões de perguntas que se seguem a praticamente todas as palestras de escritores — aquela pergunta que nunca chegamos a responder diante de um grupo de fãs ardorosos, enquanto fazemos de conta que não vestimos as calças uma perna de cada vez, como todo mundo. Amy parou e pensou no assunto por um bom tempo, depois disse: "Ninguém nunca perguntou sobre a linguagem".

Tenho com ela uma imensa dívida de gratidão por essa resposta. Naquela época, já fazia mais de um ano que eu vinha acalentando a ideia de escrever um livrinho sobre a escrita, mas nunca ia adiante porque não confiava em minhas próprias motivações — *por que* eu queria escrever sobre a escrita? O que me levava a acreditar que eu tinha algo de útil a dizer?

A resposta fácil é que alguém que vendeu tantos livros de ficção, como eu, deve ter algo de interessante a dizer sobre a escrita, mas a resposta fácil nem sempre é a verdadeira. O Coronel Sanders vendeu toneladas e mais toneladas de frango frito, mas não creio que todo mundo queira saber como ele fez isso. Se eu pretendia ser presunçoso a ponto de dizer às pessoas como escrever, era melhor encontrar um motivo além

---
* Raymond Burr, ator canadense cuja perna direita era discretamente voltada para dentro, devido a uma picada de cobra sofrida na adolescência. (N. E.)

da minha popularidade. Dito de outra forma, eu não queria escrever um livro, nem mesmo um tão curto quanto este, que me deixasse com a sensação de charlatanismo literário ou babaquice transcendental. Desse tipo de livro — e de escritor — o mercado já está cheio, obrigado.

Mas Amy estava certa: ninguém jamais pergunta sobre a linguagem. Este tipo de pergunta é feito a um DeLillo, um Updike, um Styron, mas não a romancistas populares. Ainda assim, muitos de nós, proletários, humildemente nos preocupamos com a linguagem, e temos extremo cuidado e paixão pela arte e pelo ofício de contar histórias no papel. O que se segue é uma tentativa de escrever, de maneira breve e simples, como me iniciei no ofício, o que sei sobre isso e como se faz. Trata-se do trabalho diário; trata-se da linguagem.

Este livro é dedicado a Amy Tan, por ter me dito, de forma simples e direta, que seria uma boa ideia escrevê-lo.

Segundo prefácio

Este livro é curto porque a maioria das obras sobre a escrita está cheia de baboseiras. Os escritores de ficção, incluindo este que vos fala, não têm um entendimento muito claro sobre o que fazem — por que funciona quando é bom, por que não funciona quando é ruim. Imaginei que, quanto mais curto o livro, menos baboseira teria.

Uma notável exceção à regra da baboseira é *The Elements of Style* [Os elementos do estilo], de William Strunk Jr. e E. B. White. Quase não há baboseira nesse livro. (Claro que é um livro curto; tem umas 100 páginas, bem menor que este aqui.) Digo, sem medo de errar, que todo aspirante a escritor deveria ler *The Elements of Style*. A regra 17 do capítulo intitulado "Principles of Composition" [Princípios da composição] é: "Omita as palavras desnecessárias". É o que vou tentar fazer aqui.

Terceiro prefácio

Uma regra prática que só será dita objetivamente aqui é: "O editor sempre tem razão". Diz o corolário que nenhum escritor aceita todos os conselhos dos editores, pois são todos pecadores aquém da perfeição editorial. Dito de outra forma, escrever é humano, editar é divino. Chuck Verrill editou este livro, como fez com inúmeros romances meus. E, como de costume, Chuck, você foi divino.

Currículo

Fiquei impressionado com o livro de memórias de Mary Karr, *The Liars' Club* [Clube dos mentirosos]. E não foram só a ferocidade, a beleza e o encantador domínio das palavras, foi o livro como um todo — ela se lembra de tudo que lhe aconteceu nos primeiros anos de vida.

Eu não sou assim. Tive uma infância bizarra e imprevisível, criado por uma mãe solteira que vivia se mudando e que — não tenho certeza absoluta disso — talvez tenha mandado meu irmão e eu para a casa de uma tia porque, durante um tempo, não tinha capacidade econômica nem emocional de lidar conosco. Talvez ela estivesse correndo atrás do nosso pai, que acumulou todo tipo de dívida e depois se mandou. Na época, eu tinha 2 anos e David, meu irmão, 4. Se foi esse o caso, ela nunca o encontrou. Minha mãe, Nellie Ruth Pillsbury King, foi uma das primeiras mulheres emancipadas dos Estados Unidos, mas não por escolha própria.

Mary Karr apresenta sua infância em um panorama quase ininterrupto. A minha é um terreno nebuloso, em que lembranças ocasionais brotam como árvores solitárias... O tipo de memória que parece ter a intenção de pegar e devorar alguém.

O que se segue são algumas dessas lembranças, além de uns vislumbres dos dias um tanto mais coerentes da minha adolescência e juventude. Isto não é uma autobiografia. É, na verdade, uma espécie de *curriculum vitae*, minha tentativa de mostrar como se forma um escritor. Não como se faz um escritor; eu não acredito que escritores *possam* ser feitos, nem pelas circunstâncias nem por autodeterminação (embora já tenha acreditado nessas coisas). O equipamento vem na embalagem original. Embora não seja, de forma alguma, um equipamento incomum. Acredito que muitas pessoas têm pelo menos algum talento para escrever ou contar histórias, e esse talento pode ser fortalecido e afiado. Se eu não acreditasse nisso, escrever um livro como este seria perda de tempo.

Foi assim que aconteceu comigo, e nada mais — um processo desconjuntado de crescimento, em que ambição, desejo, sorte e um pouco de talento tiveram seu quinhão. Não se dê ao trabalho de tentar ler as entrelinhas, nem procure por uma linha mestra. *Não* existem linhas, só vislumbres, a maioria fora de foco.

1

Em minha lembrança mais antiga, eu imaginava que era outra pessoa — imaginava que era, na verdade, o menino fortão do circo Ringling Brothers. Foi na casa dos meus tios Ethelyn e Oren, em Durham, no estado do Maine. Minha tia se lembra bem da história e diz que eu tinha uns 2 anos e meio de idade, talvez 3.

Encontrei um tijolo de cimento no canto da garagem e consegui levantá-lo. Depois o carreguei bem devagar ao longo do chão liso enquanto, em minha cabeça, carregava o bloco por todo o picadeiro, usando um collant com estampa de pele de animal (provavelmente de leopardo). A multidão estava muda. A luz brilhante e branco-azulada do refletor iluminava meu incrível progresso. Os rostos maravilhados contavam a história: eles nunca tinham visto uma criança tão forte. "E ele só tem 2 anos!", murmurou alguém, incrédulo.

Eu não sabia, mas havia um ninho de vespas debaixo do tijolo. Uma delas, provavelmente irritada com a mudança, saiu do ninho e me picou na orelha. A dor era brilhante, como uma inspiração venenosa. Foi a pior dor que eu havia sentido em minha curta vida, mas ela só ficou no primeiro lugar do pódio por alguns segundos. Quando deixei o bloco de cimento cair no pé descalço, esmagando todos os cinco dedos, me esqueci imediatamente da vespa. Nem eu nem minha tia Ethelyn conseguimos lembrar se fui levado para o hospital (tio Oren, a quem certamente pertencia o Tijolo Maligno, morreu há quase vinte anos), mas ela se recorda da picada, dos dedos esmagados e da minha reação.

— Como você uivava, Stephen — contou ela. — Sua voz estava no auge naquele dia.

2

Mais ou menos um ano depois, minha mãe, meu irmão e eu estávamos em West De Pere, em Wisconsin, não sei por quê. Outra tia, Cal (que foi Miss do Corpo Auxiliar Feminino do Exército dos Estados Unidos durante a Segunda Guerra Mundial), morava no Wisconsin com o marido, um simpático bebedor de cerveja, e talvez minha mãe tenha se mudado para lá com a intenção de ficar perto deles — embora eu não me lembre de ter tido muito contato com os Weimer. Com nenhum deles, na verdade. Minha mãe trabalhava, mas também não consigo lembrar em quê. Tenho o impulso de dizer que era em uma padaria, mas acho que isso foi depois, quando nos mudamos para Connecticut para morar perto de minha tia Lois e seu marido (Fred não bebia cerveja, nem era muito simpático; era um pai de família que usava cabelo cortado bem curto e tinha orgulho de dirigir o conversível com a capota levantada, sabe Deus por quê).

Houve uma torrente de babás durante o período em que estivemos em Wisconsin. Não sei se elas largavam o emprego porque David e eu dávamos muito trabalho, porque encontravam lugares que pagavam melhor ou porque o nível de cobrança de minha mãe era alto demais; só sei que foram várias. A única que me lembro vagamente é de Eula, ou talvez Beulah. Era adolescente, enorme e ria muito. Eula-Beulah tinha um senso de humor maravilhoso, perceptível até para um garoto de 4 anos como eu, mas também perigoso — parecia haver uma explosão de violência escondida atrás de cada manifestação de alegria traduzida em tapinhas nas costas, batidas de quadril e meneios de cabeça. Quando vejo imagens de câmeras escondidas mostrando babás da vida real que, de repente, começam a molestar e bater em crianças, sempre me lembro dos dias com Eula-Beulah.

Será que ela maltratava David tanto quanto a mim? Não sei. Ele não aparece em nenhuma das cenas da minha memória. Além disso, meu irmão estava menos exposto do que eu aos ventos perigosos do furacão Eula-Beulah. Aos 6 anos, ele devia estar no primeiro ano da escola, longe do alcance da artilharia durante a maior parte do tempo.

Era comum Eula-Beulah estar ao telefone, rindo com alguém, e gesticular para que eu me aproximasse. Ela me abraçava, me fazia cócegas até que eu risse e depois, ainda rindo, me dava um cascudo tão forte que eu desabava. Depois me fazia cócegas com os pés descalços até que nós dois ríssemos de novo.

Eula-Beulah era dada a peidos — daqueles barulhentos e fedidos. Às vezes, quando estava atacada, ela me jogava no sofá, colava a bunda coberta por uma saia de lã na minha cara e mandava ver.

— Pou! — gritava ela, se divertindo.

Era como ser soterrado por fogos de artifício de metano. Eu me lembro da escuridão, da sensação de estar sufocando, e me lembro de gargalhar. Porque, embora aquilo fosse, de certa forma, horrível, também era, de alguma forma, engraçado. De várias maneiras, Eula-Beulah estava me preparando para a crítica literária. Depois que uma babá de 90 quilos peida na sua cara e grita "Pou!", o jornal *The Village Voice* fica bem menos aterrorizante.

Não sei o que aconteceu com as outras babás, mas Eula-Beulah foi demitida. Por causa dos ovos. Certa manhã, Eula-Beulah fez ovo frito para o café. Comi um e pedi outro. Eula-Beulah fritou o segundo ovo, depois perguntou se eu queria mais um. Os olhos dela me diziam: "Você não tem *coragem* de comer mais um, Stevie". Então eu pedi outro. E mais um. E assim foi. Parei depois de sete, acho — sete é o número que me vem à cabeça, e com bastante clareza. Talvez os ovos tivessem acabado. Talvez eu tivesse chorado. Ou talvez Eula-Beulah tivesse ficado com medo. Não sei, mas provavelmente foi bom o jogo acabar nos sete. Sete ovos é muita coisa para um menino de 4 anos.

Fiquei bem por um tempo, depois vomitei o chão todo. Eula-Beulah se acabou de rir, depois me deu um cascudo, me enfiou no closet e trancou a porta. Pou. Se tivesse me trancado no banheiro, poderia ter mantido o emprego, mas não. Quanto a mim, eu não me importava de ficar no closet. Estava escuro, mas tinha o cheiro do perfume Coty da minha mãe e um reconfortante feixe de luz sob a porta.

Engatinhei até o fundo do closet, com os casacos e vestidos da minha mãe roçando minhas costas. Comecei a arrotar — arrotos longos e barulhentos que queimavam como fogo. Não me lembro de estar enjoado, mas devia estar, pois, quando abri a boca para arrotar mais uma vez, acabei vomitando de novo. Bem nos sapatos da minha mãe. Foi o fim da linha para Eula-Beulah. Quando mamãe voltou do trabalho, a babá dormia profundamente no sofá, enquanto o pequeno Stevie estava trancado no closet, dormindo a sono solto, com uma massa de ovos fritos semidigeridos secando no cabelo.

3

Nossa estadia em West De Pere não foi longa nem bem-sucedida. Fomos despejados de nosso apartamento no terceiro andar quando o vizinho viu meu irmão de 6 anos engatinhando pelo telhado e chamou a polícia. Não sei onde minha mãe estava quando isso aconteceu. Também não sei onde estava a babá daquela semana. Só sei que eu estava no banheiro, em cima do aquecedor, de pés descalços, tentando ver se meu irmão cairia do telhado ou se voltaria inteiro. Ele conseguiu voltar. Hoje, meu irmão tem 55 anos e mora em New Hampshire.

4

Quando eu tinha 5 ou 6 anos, perguntei a minha mãe se ela já tinha visto alguém morrer. Ela respondeu que sim. Já tinha visto uma pessoa morrer e ouvido outra morrendo. Perguntei como era possível ouvir uma pessoa morrendo, e ela contou de uma menina que tinha morrido afogada em Prouts Neck, na década de 1920. A menina nadou para depois da arrebentação, não conseguiu voltar e começou a gritar por socorro. Vários homens tentaram chegar até ela, mas naquele dia a contracorrente estava muito forte, e todos foram obrigados a voltar. No fim, turistas e moradores, entre eles a adolescente que se tornou minha mãe, só puderam esperar por um barco de resgate que nunca veio enquanto ouviam a menina gritar até que suas forças se esvaíssem e ela afundasse de vez. O corpo apareceu na praia em New Hampshire, contou minha mãe. Perguntei quantos anos tinha a menina. Minha mãe respondeu que tinha 14, depois leu uma revista em quadrinhos para mim e me colocou na cama. Em outro dia ela me contou sobre a morte que presenciara, a de um marinheiro que pulou do telhado do Hotel Graymore, em Portland, no Maine, e aterrissou na rua.

— Ele se espatifou — disse ela, usando seu tom mais casual. Fez uma pausa, depois acrescentou: — O negócio que saía dele era verde. Nunca esqueci.

Somos dois, mamãe.

5

Fiquei de cama a maior parte dos nove meses que eu deveria ter passado no primeiro ano da escola. Meus problemas começaram com o sarampo — um caso absolutamente normal —, e a situação logo degringolou. Tive um acesso após outro de algo que eu, erroneamente, pensava se chamar "garganta listrada". Fiquei na cama bebendo água gelada e imaginando minha garganta com listras brancas e vermelhas (o que não devia estar muito longe da verdade).

Em determinado momento, meus ouvidos entraram na dança; foi quando minha mãe chamou um táxi (ela não dirigia) e me levou a um médico importante demais para atender em casa, um especialista em ouvidos. (Por alguma razão, ficou na minha cabeça a ideia de que esse tipo de médico era chamado otiologista.) Eu não estava nem aí se ele era especialista em ouvido ou em cu. Eu estava com 40º de febre, e, toda vez que engolia, a dor acendia as laterais do meu rosto como se fossem um jukebox.

O médico examinou meus ouvidos, dedicando mais tempo (eu acho) ao esquerdo. Depois me fez deitar na maca.

— Levante um minuto, Stevie — pediu a enfermeira, e colocou um grande pano absorvente, talvez uma fralda, debaixo da minha cabeça, de forma que apoiei um dos lados do rosto nele quando voltei a deitar. Eu devia saber que havia algo de podre no Reino da Dinamarca. Talvez soubesse.

Havia um cheiro penetrante de álcool. Um tinido ressoou quando o médico de ouvido abriu o esterilizador. Vi a agulha na mão dele — parecia tão longa quanto a régua em meu estojo escolar — e gelei. Ele me deu um sorriso tranquilizador e contou a mentira que deveria mandar todos os médicos para a cadeia imediatamente (pena dobrada quando fosse contada a uma criança):

— Fique calmo, Stevie, não vai doer.

Acreditei nele.

O médico de ouvido enfiou a agulha e puncionou o tímpano. A dor foi maior do que todas as que senti desde então — a que chega mais perto é a do primeiro mês de recuperação depois de ter sido atropelado por um furgão, no verão de 1999. Essa durou mais tempo, mas não foi tão intensa. A punção do tímpano provocou uma dor maior que o mundo. Gritei. Havia um som em minha cabeça — o som alto de beijo. Um fluido quente escorreu do ouvido, como se eu tivesse começado a chorar pelo buraco errado. Deus bem sabe que, àquela altura, eu também chorava muito pelos buracos certos. Levantei o rosto, que parecia uma cascata, e olhei incrédulo para o médico de ouvido e para a enfermeira. Depois olhei para o pano que a enfermeira tinha colocado no alto da maca. Tinha uma enorme trilha molhada nele. E também finos tentáculos de pus amarelado.

— Pronto — disse o médico, dando um tapinha no meu ombro. — Você foi muito corajoso, Stevie. Agora já passou.

Na semana seguinte, minha mãe chamou outro táxi e voltamos ao médico de ouvido, e então, mais uma vez, me vi deitado de lado, com o quadrado de pano absorvente sob a cabeça. O médico de ouvido produziu de novo o cheiro de álcool — um cheiro que ainda associo, como imagino que aconteça a muitas outras pessoas, a dor, doença e terror — e, com ele, a longa agulha. Ele me garantiu, de novo, que não doeria, e acreditei nele mais uma vez. Não piamente, mas o suficiente para ficar quieto enquanto a agulha entrava no ouvido.

Doeu. Quase tanto quanto da primeira vez, na verdade. O som de beijo estava mais alto em minha cabeça, também: desta vez pareciam gigantes se beijando ("chupando o rosto e girando as línguas", como costumávamos dizer).

— Pronto — disse a enfermeira do médico de ouvido quando tudo terminou e eu fiquei lá, chorando em uma poça de pus aguado. — Vai doer só um pouquinho. Você não quer ficar surdo, quer? E já acabou.

Acreditei naquilo por cerca de cinco dias, e então veio outro táxi. Voltamos ao médico de ouvido. Lembro-me do taxista dizendo à minha mãe que iria parar o carro e mandar a gente sair se ela não calasse a boca do menino.

Lá estava eu de novo na maca com a fralda embaixo da cabeça e minha mãe do lado de fora, com uma revista que provavelmente não leria (ou, pelo menos, é no que gosto de acreditar). Mais uma vez, o cheiro pungente de álcool e o médico se virando para mim com uma agulha que parecia tão longa quanto minha régua escolar. Mais uma vez, o sorriso, a abordagem e a garantia de que *daquela vez* não doeria.

Desde que fui repetidamente lancetado no tímpano, aos 6 anos, um dos mais firmes princípios que adotei para a vida é este: se você me enganar uma vez, a vergonha é sua; se me enganar duas vezes, a vergonha é minha; se me enganar três vezes, a vergonha é nossa. Na terceira vez em que estive na maca do médico de ouvido, eu lutei, gritei, me debati e resisti. Todas as vezes em que a agulha chegava perto do meu rosto, eu a jogava longe. Por fim, a enfermeira chamou minha mãe, e as duas me seguraram por tempo suficiente para que o médico conseguisse enfiar a agulha. Gritei tanto e por tanto tempo que ouço até hoje. Na verdade, acho que em algum vale profundo da minha cabeça o último grito ainda ecoa.

6

Em um mês frio e sem graça, não muito tempo depois — devia ser janeiro ou fevereiro de 1954, se acertei a sequência de acontecimentos —, o táxi apareceu de novo. Desta vez, o especialista não era o médico de ouvido, mas o de garganta. Como de hábito, minha mãe ficou sentada na sala de espera, e eu, mais uma vez, me sentei na maca, a enfermeira por perto, e novamente havia aquele cheiro forte de álcool, um aroma que ainda tem o poder de dobrar meus batimentos cardíacos em cinco segundos.

Mas tudo o que apareceu daquela vez foi um tipo de cotonete para garganta. Doía e tinha um gosto horrível, mas, depois do agulhão do médico de ouvido, parecia brincadeira de criança. O médico de garganta pôs um aparelho curioso ao redor da cabeça. Tinha um espelho no meio e uma forte luz brilhante que cintilava, como se fosse um terceiro olho. Ele examinou minha goela por um bom tempo, dizendo para abrir a boca cada vez mais até a mandíbula estalar, mas não usou agulhas, o que o fez ganhar muitos pontos comigo. Depois de algum tempo, ele me deixou fechar a boca e convocou minha mãe.

— O problema são as amígdalas — disse o médico. — Parece até que foram arranhadas por um gato. Vamos ter que extrair.

Em algum momento depois disso, eu me lembro de estar sendo empurrado em uma maca, sob luz intensa. Um homem com máscara branca se inclinou em minha direção. Ele estava de pé na cabeceira da maca (1953 e 1954 foram os anos de deitar em macas) e, para mim, estava de cabeça para baixo.

— Stephen — disse ele —, está me ouvindo?

Respondi que sim.

— Quero que você respire profundamente — mandou. — Quando acordar, vai poder tomar sorvete à vontade.

Ele posicionou um instrumento sobre meu rosto. Aos olhos da minha memória, parecia um motor de popa. Inspirei fundo, e tudo ficou preto. Quando acordei, realmente podia tomar sorvete à vontade, o que era uma piada irônica, porque eu não queria. Eu sentia a garganta inchada. Ainda assim, era bem melhor do que o velho truque da agulha no ouvido. Ah, sim. Qualquer coisa seria melhor que o velho truque da agulha no ouvido. Podem tirar minhas amídalas, se for preciso, podem botar uma gaiola de aço em minha perna, mas Deus me livre do otiologista.

7

Naquele ano, meu irmão pulou para o quarto ano e eu fui tirado da escola. Eu havia perdido praticamente todo o ano letivo, pensaram minha mãe e a escola. Poderia começar de novo no próximo semestre, se estivesse bem de saúde.

Então, passei a maior parte daquele ano em casa, muitas vezes de cama, por causa das doenças. Devorei cerca de 6 toneladas de revistas em quadrinhos, depois avancei para Tom Swift e Dave Dawson (um piloto heroico da Segunda Guerra cujos vários aviões estavam sempre "ganhando altitude à unha"), então passei às aterrorizantes histórias de animais de Jack London. Em algum momento, passei a escrever minhas próprias histórias. A imitação precedeu a criação; eu copiava palavra por palavra os quadrinhos do *Combat Casey* em meu caderno de desenho Blue Horse e acrescentava minhas próprias descrições quando achava necessário. "Eles estavam acampados em uma casa de fazenda *dratty*", eu teria escrito; levou mais um ou dois anos para eu descobrir que "*drat*" [palavra usada para expressar raiva] e "*draft*" [vento forte] não eram a mesma palavra. Nessa época, eu me lembro de acreditar que a palavra "*details*" [detalhes] era "*dentals*" e que "*bitch*" [puta] era uma mulher bem alta. Muitos jogadores de basquete eram filhos da puta. Quando se tem 6 anos, a maioria das bolinhas de bingo ainda está girando na gaiola que é a cabeça.

Um dia mostrei uma dessas histórias meio copiadas, meio autorais à minha mãe, e ela ficou encantada. Lembro o sorriso levemente impressionado, como se ela fosse incapaz de acreditar que um dos filhos pudesse ser tão esperto — um maldito prodígio, pelo amor de Deus. Eu nunca tinha visto aquele olhar antes — não direcionado a mim, pelo menos — e adorei.

Ela perguntou se eu tinha criado a história sozinho, e fui obrigado a admitir que tinha copiado a maior parte de uma revista em quadrinhos. Minha mãe pareceu desapontada, e aquilo drenou grande parte da minha alegria. Por fim, ela me devolveu o caderno.

— Escreva uma história sua, Stevie — disse ela. — Essas revistas do *Combat Casey* são um lixo, ele está sempre quebrando os dentes de alguém. Aposto que você consegue fazer melhor. Escreva uma história sua.

8

Eu me lembro do imenso sentimento de *possibilidade*s ao pensar na ideia, como se eu tivesse sido levado a um enorme prédio cheio de portas fechadas e tivesse autorização para abrir as que eu quisesse. Havia mais portas do que alguém jamais conseguiria abrir ao longo da vida, pensei (e ainda penso).

Acabei escrevendo uma história sobre quatro animais mágicos que andavam por aí em um carro velho, ajudando crianças. O líder era um grande coelho branco chamado sr. Rabbit Trick, que também era o motorista. A história tinha quatro páginas laboriosamente preenchidas a lápis. Até onde me lembro, ninguém naquelas páginas pulou do teto do Hotel Graymore. Quando terminei, entreguei as folhas para minha mãe, que se sentou na sala de estar, botou a bolsa no chão e leu tudo de uma só vez. Dava para ver que ela gostara — os risos surgiram em todos os momentos certos —, mas eu não sabia dizer se tinha sido porque ela gostava de mim e queria que eu me sentisse bem ou porque era bom de verdade.

— Você não copiou esta? — perguntou ela, ao terminar.

Respondi que não tinha copiado, não. Ela disse que era tão bom que deveria estar em um livro. Nada que ouvi desde então conseguiu me fazer mais feliz. Escrevi mais quatro histórias sobre o sr. Rabbit Trick e seus amigos. Ela me deu 25 centavos por cada uma e as enviou para as irmãs, que sentiam um pouco de pena dela, eu acho. *Elas* continuavam casadas, afinal de contas; tinham segurado os respectivos maridos. Era verdade que tio Fred não tinha muito senso de humor e teimava em manter a capota do conversível levantada, e também era verdade que tio Oren bebia demais e tinha teorias sombrias sobre os judeus comandarem o mundo, mas ambos *estavam lá*. Ruth, por outro lado, fora deixada para trás com o bebê no colo quando Don fugira. Ela queria que as irmãs vissem que, pelo menos, o bebê tinha talento.

Quatro histórias. Vinte e cinco centavos por cada. Foi o primeiro tostão que ganhei neste negócio.

9

Nós nos mudamos para Stratford, em Connecticut. Naquela época, eu estava no segundo ano e era completamente apaixonado pela minha linda vizinha adolescente. Ela nunca me notou durante o dia, mas à noite, quando eu deitava na cama e começava a pegar no sono, nós fugimos do cruel mundo real inúmeras vezes. Minha nova professora era a sra. Taylor, uma mulher gentil com olhos saltados e cabelos brancos à la Elsa Lanchester em *A noiva de Frankenstein*.

— Quando a gente está conversando, sempre tenho vontade de botar as mãos embaixo dos olhos da sra. Taylor, para o caso de eles caírem — dizia minha mãe.

Nosso novo apartamento, na rua West Broad, ficava no terceiro andar. Descendo a rua um quarteirão, perto do mercado Teddy's e em frente à loja de materiais de construção Burrets, havia um enorme terreno vazio, tomado pela vegetação, com um ferro-velho ao fundo e um trilho de trem passando no meio. Esse é um dos lugares aonde costumo voltar em minha imaginação; ele reaparece constantemente em meus livros e histórias, sob diversos nomes. A turma de *It – a Coisa* o chamava de Barrens; nós chamávamos de selva. Dave e eu exploramos o terreno pela primeira vez pouco depois de nos mudarmos para a casa nova. Era verão. Estava quente. Estava ótimo. Estávamos embrenhados nos verdes mistérios daquela nova e divertida área de lazer quando eu senti que precisava me aliviar imediatamente.

— Dave, me leve para casa! — pedi. — Tenho que empurrar! (Esse foi o termo que nos ensinaram para essa função corporal em particular.)

David não estava nem aí:

— Vai ali no mato mesmo — disse ele. Levaria pelo menos meia hora para me levar para casa, e ele não tinha a menor intenção de abrir mão daqueles minutos preciosos só porque o irmãozinho queria soltar um barro.

— Não dá! — exclamei, chocado. — Como é que vou me limpar?

— Dê um jeito — respondeu Dave. — Limpe com uma folha. Era assim que os caubóis e os índios faziam.

Àquela altura já devia ser tarde demais para voltar para casa, de qualquer jeito. Eu me lembro vagamente de não ter outra opção. Além disso, estava encantado com a ideia de cagar como um caubói. Fingi que era Hopalong Cassidy, agachado em meio aos arbustos, de arma em punho para não ser pego de surpresa mesmo naquele momento tão íntimo. Fiz o que tinha de fazer e me limpei do jeito que meu irmão havia sugerido, passando cuidadosamente vários punhados de folhas verdes e brilhantes na bunda. O problema é que as folhas eram de urtiga.

Dois dias depois, eu estava vermelho da parte de trás do joelho até os ombros. Meu pênis foi poupado, mas os testículos viraram dois faróis. Parecia que a coceira ia da bunda até as costelas. O que estava pior, no entanto, era a mão que tinha usado para me limpar; estava inchada do tamanho da mão do Mickey depois de levar uma martelada do Pato Donald, e havia bolhas gigantescas entre os dedos. Quando estouraram, abriram enormes buracos de carne rosada. Durante seis semanas, fui obrigado a tomar banho morno, com amido, me sentindo arrasado, humilhado e estúpido, ouvindo, com a porta do banheiro aberta, minha mãe e meu irmão rirem e acompanharem a contagem regressiva do radialista Peter Tripp, que ficou 201 horas sem dormir, ou jogarem Oito Maluco.

10

Dave era um ótimo irmão, embora fosse esperto demais para um menino de 10 anos. Sua inteligência sempre lhe arrumava confusão, e ele acabou aprendendo (provavelmente depois que limpei a bunda com urtiga) que quase sempre era possível colocar o irmãozinho no epicentro da história quando a encrenca era inevitável. Dave nunca me pediu para assumir *toda* a culpa por suas cagadas, geralmente brilhantes — ele não era nem dedo-duro nem covarde —, mas muitas vezes me pediu para dividir o fardo. Acho que foi por isso que ficamos encrencados quando Dave represou o riacho que passava pela cidade e inundou boa parte da rua West Broad. Também foi por dividirmos a culpa que corremos risco de vida ao pôr em prática um projeto de ciências quase letal de meu irmão.

Estávamos em 1958, provavelmente. Eu estudava na Center Grammar School; Dave, na Stratford Junior High. Minha mãe trabalhava na lavanderia Stratford, onde era a única mulher branca na equipe que passava roupas. Era isso que ela estava fazendo — passando lençóis —, enquanto Dave construía o projeto da Feira de Ciências. Meu irmão não era o tipo de menino que se contentava em desenhar a anatomia de um sapo em cartolina ou em fazer a Casa do Futuro com blocos de montar e rolos de papel-toalha pintados. Dave era ambicioso. O projeto daquele ano era o Eletroímã Superlegal do Dave. Meu irmão adorava coisas superlegais e coisas que tinham Dave no nome; este último hábito culminou no *Regras de Dave*, de que falaremos em breve.

A primeira tentativa de Eletroímã Superlegal não foi muito superlegal; na verdade, pode nem ter funcionado — não lembro muito bem. A ideia, no entanto, tinha saído de um livro, não da cabeça do Dave. O plano era o seguinte: esfregar um prego em um ímã para magnetizá-lo. A carga magnética passada para o prego seria fraca, dizia o livro, mas suficiente para atrair um pouco de limalha de ferro. Depois de fazer isso, era preciso enrolar um fio de cobre no prego e ligar as duas pontas aos terminais de uma pilha comum. De acordo com o livro, a eletricidade aumentaria o magnetismo e, assim, seria possível atrair muito mais limalha de ferro.

Dave, porém, não queria apenas atrair um montinho bobo de raspas de metal; ele queria prender um Buick, um vagão de trem, talvez até um avião de transporte do exército. Dave queria ligar uma tomada e tirar a Terra de órbita.

Pou! Legal!

Cada um de nós tinha uma função na criação do Eletroímã Superlegal. A parte de Dave era construir. A minha, testar. O pequeno Stevie King, a versão de Stratford do piloto Chuck Yeager, o primeiro a romper a barreira do som.

A nova versão do experimento de Dave deixou de lado aquela pilha inútil (que já devia estar gasta quando a gente comprou na loja de ferragens, argumentou ele) em favor da eletricidade que vinha das tomadas de casa. Dave cortou o fio de um abajur velho que alguém tinha jogado fora, tirou todo o revestimento até o plugue e depois embalou o prego magnetizado em espirais de fio desencapado. Depois, sentado no chão da cozinha de nosso apartamento, ele me entregou o Eletroímã Superlegal e me mandou fazer minha parte, plugando o invento na tomada.

Hesitei — mereço pelo menos esse pequeno crédito —, mas, por fim, não pude resistir ao entusiasmo maníaco de Dave. Liguei o ímã. Não deu para notar qualquer magnetismo, mas a engenhoca explodiu todas as lâmpadas e todos os aparelhos elétricos do apartamento, todas as lâmpadas e todos os aparelhos elétricos do prédio, e todas as lâmpadas e todos os aparelhos elétricos do prédio vizinho (em cujo apartamento térreo morava a garota dos meus sonhos). O transformador elétrico que ficava em frente ao prédio pipocou, e alguns policiais apareceram. Dave e eu passamos uma hora de angústia, observando os acontecimentos da janela do quarto de minha mãe, a única que dava para a rua (todas as outras tinham uma ótima vista do jardim sem grama atrás do prédio, todo coberto de cocô, em que o único ser vivo era um cachorro sarnento chamado Roop-Roop). Quando os policiais foram embora, chegou o caminhão da companhia elétrica. Um homem que usava sapatos com sola de pregos escalou o poste localizado entre os dois prédios para examinar o transformador. Em outras ocasiões, aquilo teria prendido totalmente nossa atenção, mas não naquele dia. Naquele dia, nós só conseguíamos pensar se nossa mãe iria ao reformatório para nos visitar. Por fim, as luzes voltaram e o caminhão foi embora. Não fomos pegos e sobrevivemos para mais dias de luta. Dave decidiu construir um Planador Superlegal em vez do Eletroímã Superlegal para o projeto de ciências. Ele me disse que eu faria o primeiro voo. Não seria ótimo?

11

Nasci em 1947, e nossa família só foi ter televisão em 1958. Pelo que me lembro, o primeiro programa a que assisti nela foi *Robot Monster* [Monstro robô], um filme em que um cara vestindo uma fantasia de macaco e com um aquário redondo enfiado na cabeça — Ro-Man, esse era o nome dele — corria por aí tentando matar os últimos sobreviventes de uma guerra nuclear. Achei que aquilo era arte da mais alta estirpe.

Eu também assistia ao seriado *Highway Patrol* [Patrulha rodoviária], com o ator Broderick Crawford no papel do destemido Dan Matthews, e ao programa *One Step Beyond* [Um passo além], apresentado por John Newland, o homem dos olhos mais assustadores do universo. Tínhamos *Cheyenne* e *Sea Hunt* [Caça marítima], *Your Hit Parade* [Sua parada de sucessos] e *Annie Oakley*; tínhamos Tommy Rettig como o primeiro dos muitos amigos de Lassie, Jock Mahoney como *Tim Relâmpago* e Andy Devine berrando "Ei, Wild Bill, espere por mim!" naquela voz aguda e esquisita. Havia todo um mundo de aventuras imaginárias, embaladas em 14 polegadas de preto e branco e patrocinadas por marcas cujos nomes até hoje soam como poesia para mim. Eu adorava todas.

Mas a televisão chegou relativamente tarde à casa dos King, e fico feliz por isso. Parando para pensar, faço parte de um grupo seleto: um dos poucos e derradeiros romancistas americanos que aprenderam a ler e escrever antes de aprenderem a comer uma porção diária de porcarias televisivas. Isso pode não ter importância. Por outro lado, se você estiver começando a carreira de escritor, sugiro desencapar o fio da sua televisão, enrolá-lo em um prego bem grande e enfiar o prego na tomada. Repare em como e quanto vai explodir.

É só uma ideia.

12

No fim da década de 1950, Forrest J. Ackerman, agente literário e colecionador compulsivo de *memorabilia* de ficção científica, mudou a vida de milhares de crianças — entre elas, eu — ao lançar uma revista chamada *Famous Monsters of Filmland* [Monstros famosos do mundo dos filmes]. Pergunte a qualquer pessoa que tenha se envolvido com os gêneros de ficção científica, terror ou fantasia, nos últimos trinta anos, se ela conhece essa revista, e você conseguirá um sorriso, um brilho no olhar e uma torrente de lembranças vívidas — eu garanto.

Por volta de 1960, Forry (que, às vezes, se autodenominava Ackermonstro) lançou uma revista de vida curta, mas muito interessante, chamada *Spacemen* [Homens do espaço], sobre filmes de ficção científica. Em 1960, enviei uma história para eles. Foi, até onde recordo, a primeira história que enviei para publicação. Não me lembro do título, mas eu ainda estava na fase Ro-Man do meu desenvolvimento, e esse conto, em particular, certamente devia muito ao macaco assassino com aquário na cabeça.

A história foi recusada, mas Forry a guardou. (Forry guarda *tudo*, e qualquer um que já tenha estado na casa dele — a Ackermansão — pode confirmar isso.) Cerca de vinte anos depois, durante uma noite de autógrafos em uma livraria de Los Angeles, Forry apareceu na fila... com minha história, escrita em espaço simples com a velha e, havia muito desaparecida, máquina de escrever Royal que minha mãe me dera de

Natal quando eu tinha 11 anos. Ele queria que eu autografasse a história, e acho que autografei, embora o encontro tenha sido tão surreal que hoje não consigo ter certeza. E por falar em fantasmas do passado... Ai, ai, ai.

13

A primeira história que publiquei saiu em um fanzine de terror editado por Mike Garrett, de Birmingham, no Alabama (ele ainda está por aí e continua no mercado). Ele publicou o conto sob o título "Em um meio-mundo de terror", mas ainda prefiro o meu, que era "Eu era um profanador de túmulos juvenil". Superlegal! Pou!

14

Minha primeira história realmente original — acho que a gente sempre sabe qual foi a primeira — surgiu ao fim dos oito anos do reinado de benevolência de Eisenhower. Eu estava sentado à mesa da cozinha de nossa casa, em Durham, no Maine, assistindo a minha mãe colar Selos Verdes da empresa Sperry & Hutchinson em um álbum, para depois trocá-lo por recompensas. (Para histórias mais interessantes sobre os Selos Verdes, leia *The Liars' Club*.) Nossa *troika* familiar tinha voltado para o Maine, para que minha mãe pudesse cuidar dos pais em seus anos de velhice. Vovó tinha quase 80 anos na época e estava obesa, hipertensa e praticamente cega; vovô tinha 82 e era esquelético, mal-humorado e dado a ataques verborrágicos à la Pato Donald que só minha mãe entendia. Mamãe o chamava de "Fazza".

Foram minhas tias que arranjaram aquele trabalho para minha mãe, talvez pensando que assim matariam dois coelhos com uma cajadada só — os velhinhos seriam cuidados em casa por uma filha amorosa e o Incômodo Problema da Ruth estaria resolvido. Ela não estaria mais à deriva, tentando criar dois meninos, flutuando sem destino de Indiana para Wisconsin e depois Connecticut, fazendo biscoitos às cinco da manhã ou passando lençóis em uma lavanderia onde a temperatura chegava a 43ºC no verão e o supervisor distribuía comprimidos de sal à uma e às três da tarde, de julho até o fim de setembro.

Ela odiava o novo trabalho, acho — na tentativa de tomar conta da irmã, minhas tias transformaram nossa mãe autossuficiente, divertida e um pouco maluca em uma meeira que vivia praticamente sem dinheiro. A grana que as irmãs mandavam para ela todo mês mal dava para a comida. Elas enviavam caixas de roupas para nós. Todos os anos, perto do fim do verão, tio Clayt e tia Ella (que não eram, acho eu, nossos parentes de verdade) traziam caixas de legumes enlatados e conservas. A casa em que morávamos pertencia à tia Ethelyn e ao tio Oren. E, assim que chegou lá, minha mãe ficou presa. Ela conseguiu outro trabalho de verdade depois que os pais morreram, mas continuou morando na casa até ser pega pelo câncer. Acredito que, ao sair de Durham pela última vez — David e a mulher, Linda, cuidaram dela nas últimas semanas da doença que a levou —, minha mãe estava mais do que pronta para ir.

15

Vamos deixar uma coisa bem clara agora, pode ser? Não existe um Depósito de Ideias, uma Central de Histórias nem uma Ilha de Best-Sellers Enterrados; as ideias para boas histórias parecem vir, quase literalmente, de lugar nenhum, navegando até você direto do vazio do céu: duas ideias que, até então, não tinham qualquer relação, se juntam e viram algo novo sob o sol. Seu trabalho não é encontrar essas ideias, mas reconhecê-las quando aparecem.

No dia em que esta ideia em particular — a primeira realmente boa — navegou até mim, minha mãe comentou que precisava de mais seis álbuns de selos para conseguir o abajur que queria dar de Natal à tia Molly, mas achava que não iria conseguir a tempo.

— Pelo jeito, vai ficar para o aniversário dela — lamentou. — A gente acha que tem um monte desses malditos quadradinhos, mas eles não rendem nada na hora de colar no álbum.

Depois ela envesgou os olhos e me mostrou a língua. Foi quando vi que ela estava com a língua verde por causa dos selos. Pensei que seria ótimo conseguir fabricar aqueles malditos selos no porão, e naquele momento nasceu uma história chamada "Selos felizes". O conceito de falsificar Selos Verdes e a visão da minha mãe com a língua verde criaram a história em um instante.

O herói da minha história era o clássico pobre-diabo, um cara chamado Roger preso duas vezes por falsificar dinheiro — mais uma vez e ele seria idiota ao cubo. Em vez de dinheiro, ele começou a falsificar Selos Felizes... porém, descobriu ele, o desenho dos Selos Felizes era tão estupidamente simples que ele não estava falsificando. Estava criando resmas do selo verdadeiro. Em uma cena engraçada — provavelmente a primeira cena competente que escrevi —, Roger está sentado na sala de estar com a mãe, já velhinha, os dois admirando o catálogo de Selos Felizes enquanto a prensa tipográfica funciona no porão, cuspindo mais e mais selos para troca.

— Santo Deus! — exclama a mãe. — Diz aqui nas letrinhas miúdas que você pode trocar os Selos Felizes por *qualquer coisa*, Roger. É só dizer o que quer e eles calculam quantos álbuns você precisa para conseguir. Então, com uns seis ou sete milhões de álbuns, dá para conseguir uma boa casa com os Selos Felizes!

Roger descobre, no entanto, que embora os *selos* sejam perfeitos, a *cola* é ruim. Quando alguém lambe os selos e depois cola nos álbuns, eles ficam ótimos, mas, se passarem por um lambedor mecânico, os Selos Felizes cor-de-rosa ficam azuis. No fim da história, Roger está no porão, diante do espelho. Atrás dele, na mesa, estão cerca de noventa álbuns de Selos Felizes, todos preenchidos com folhas de selos lambidos individualmente. Os lábios do nosso herói estão cor-de-rosa. Ele põe a língua para fora; está mais rosa ainda. Até os dentes estão ficando rosados. A mãe o chama alegremente do alto da escada, dizendo que estava ao telefone com o Centro Nacional de Troca de Selos Felizes, em Terre Haute, e que a moça disse que provavelmente conseguiriam uma bela casa em estilo Tudor, em Weston, por apenas onze milhões e seiscentos mil álbuns de Selos Felizes.

— Que ótimo, mãe — responde Roger.

Ele olha para si mesmo no espelho por mais um momento, com os lábios cor-de-rosa e os olhos sombrios, depois volta lentamente para a mesa. Atrás dele, bilhões de Selos Felizes estão em caixas no porão. Devagar, nosso herói abre um novo álbum e começa a lamber e colar os selos. "Só faltam onze milhões, quinhentos e noventa mil álbuns", pensa ele, no fim da história, "para a mamãe conseguir a casa Tudor".

A história tinha alguns erros (o maior furo deve ser o fato de Roger não ter tentado simplesmente recomeçar com uma cola diferente), mas ela era bonitinha, bastante original, e eu sabia que estava bem-escrita. Depois de perder muito tempo estudando o mercado em minha surrada revista *Writer's Digest*, enviei "Selos felizes" para a revista *Alfred Hitchcock's Mystery Magazine*. O texto voltou para mim três semanas depois, com um bilhete de recusa anexado. O bilhete trazia o inconfundível perfil de Hitchcock em tinta vermelha e me desejava boa sorte com a história. Ao fim havia uma mensagem curta e rabiscada, a única resposta pessoal que recebi da revista em oito anos de envios periódicos. "Não grampeie manuscritos", dizia o P.S. "Páginas soltas com clipe são a forma correta de envio." Era um conselho bem seco, pensei, mas útil, de qualquer maneira. Nunca mais grampeei manuscritos.

16

Meu quarto na casa de Durham ficava no segundo andar, e o teto era inclinado. À noite, eu ficava deitado na cama — se me levantasse subitamente, podia bater a cabeça de jeito — e lia sob a luz de um abajur que projetava sombras de jiboias no teto. Às vezes, os únicos sons da casa eram o sibilar da calefação e os ratos andando no sótão; às vezes, por volta de meia-noite, minha avó passava uma hora gritando para que alguém fosse dar uma olhada em Dick — ela temia que ele não tivesse sido alimentado. Dick, o cavalo de minha avó na época em que era professora, estava morto havia pelo menos quarenta anos. Havia uma escrivaninha do outro lado do quarto, uma velha máquina de escrever Royal e uns cem livros, a maioria de ficção científica, enfileirados ao longo do rodapé. Na escrivaninha havia uma Bíblia, que ganhei por memorizar versículos na Juventude Metodista, e uma vitrola Webcor com sistema de troca automática de discos e prato coberto de veludo verde. Era nela que eu ouvia meus discos, a maioria em 45 rotações, de Elvis, Chuck Berry, Freddy Cannon e Fats Domino. Eu gostava do Fats, ele sabia como agitar o público e dava para ver que se divertia tocando.

Quando recebi a carta de recusa da *Alfred Hitchcock's Mystery Magazine*, bati um prego na parede sobre a Webcor, escrevi "Selos Felizes" na carta e a espetei lá. Depois me sentei na cama e fiquei ouvindo Fats cantar "I'm Ready" [Estou pronto]. Eu me senti muito bem, na verdade. Quando ainda se é jovem demais para fazer a barba, o otimismo é uma reação mais do que legítima ao fracasso.

Quando eu tinha 14 anos (e me barbeava duas vezes por semana, precisando ou não), o prego na parede mal conseguia sustentar o peso dos bilhetes de recusa empalados nele. Troquei o prego por outro maior e continuei a escrever. Aos 16 anos, comecei a receber bilhetes de recusa acompanhados de cartas manuscritas um pouco mais encorajadoras que o conselho para parar de grampear os originais e começar a usar clipes de papel. A primeira dessas cartas animadoras veio de Algis Budrys, o então editor da revista *Fantasy and Science Fiction,* que leu uma história minha chamada "A noite do tigre" (acho que a inspiração foi um episódio da série de televisão *O fugitivo*, em que o dr. Richard Kimble trabalhou limpando jaulas de um zoológico ou circo) e escreveu: "Isso é bom. Não é para nós, mas é bom. Você tem talento. Mande mais".

Essas quatro frases curtas, escritas com uma caneta tinteiro que deixou grandes manchas irregulares pelas letras, iluminou o triste inverno dos meus 16 anos. Cerca de dez anos depois, quando já tinha vendido alguns romances, encontrei "A noite do tigre" em uma caixa de manuscritos velhos e continuei achando que era uma história bastante respeitável, embora obviamente escrita por um cara que mal tinha começado a desenvolver sua técnica. Reescrevi o conto e, por capricho, o enviei novamente à *Fantasy and Science Fiction*. Dessa vez eles publicaram. Uma coisa que percebi é que, quando alguém já fez certo sucesso, as revistas ficam muito menos propensas a usar a frase "não é para nós".

17

Embora fosse um ano mais novo que seus colegas de classe, meu irmão mais velho estava de saco cheio da escola. Era um pouco por causa do intelecto de Dave — em uma avaliação, seu QI ficou em 150 ou 160 —, mas acho que a maior parte da culpa residia em sua natureza inquieta. Para ele, o ensino médio não era superlegal o bastante — não tinha pou, nem tcharam, nem diversão. Ele resolveu o problema, pelo menos temporariamente, ao criar um jornal que batizou de *Regras de Dave**.

A redação do *Regras* era uma mesa nos confins do nosso porão de chão sujo, paredes de pedra e superlotado de aranhas, em algum lugar ao norte da caldeira e a leste da despensa, onde moravam as intermináveis caixas de conservas e legumes enlatados de Clayt e Ella. O *Regras* era uma estranha combinação de boletim informativo familiar e quinzenário de cidade pequena. Às vezes era mensal, se outros interesses capturassem a atenção de Dave (fazer açúcar de bordo, produzir sidra, construir foguetes e tunar carros, para citar apenas alguns), e então surgiam piadas que eu não entendia sobre o atraso das *Regras de Dave* naquele mês e sobre não incomodar meu irmão "naqueles dias" em que ele estava no porão por causa das *Regras*.

Com ou sem piadas, a tiragem passou aos poucos de cinco cópias (vendidas para familiares próximos) para algo na ordem de cinquenta ou sessenta exemplares, com nossos parentes e os parentes dos vizinhos de nossa pequena cidade (a população de Durham, em 1962, era de cerca de novecentas pessoas) esperando ávidos por uma nova edição. Em uma edição rotineira do jornal, por exemplo, as pessoas encontrariam informações sobre a recuperação da perna quebrada de Charley Harrington, sobre os oradores de outras cidades que iriam à Igreja Metodista de West Durham, sobre a quantidade de água que os meninos da família King estavam puxando da bomba da cidade para evitar que o poço atrás da casa secasse (é claro que ficava seco todo maldito verão, não importava o quanto bombeássemos), sobre quem estava visitando os Brown ou os Hall do outro lado do bairro de Methodist Corners e sobre quais parentes chegariam à cidade no verão. O *Regras de Dave* também trazia esportes, cruzadinhas, previsão do tempo ("O tempo tem andado bem seco, mas Harold Davis, fazendeiro da região, disse que se não tivermos pelo menos uma chuva boa em agosto ele vai sorrir

---

* No original, *Dave's Rag*. A palavra *rag* significa "tabloide" e também é gíria para "período menstrual". (N. T.)

e beijar um porco), receitas, um folhetim (que eu escrevia) e a seção "Humor e Piadas do Dave", que apresentava pérolas como esta:

Stan: "O que o castor disse para o carvalho?"
Jan: "Foi bom roer você!"*

1º Beatnik: "Como faço para chegar ao Carnegie Hall?"
2º Beatnik: "Ensaie, cara, ensaie muito!"

Durante o primeiro ano do *Regras*, a impressão era em roxo — as edições foram feitas em uma placa lisa de gelatina chamada hectógrafo. Não tardou para que meu irmão concluísse que o hectógrafo era uma chatice. Muito lento para ele. Mesmo quando era apenas um menino em bermudas, Dave odiava quando algo o detia. Sempre que Milt, o namorado de nossa mãe ("Mais fofo do que inteligente", disse ela, poucos meses depois de dispensá-lo), ficava preso no trânsito ou parava no sinal vermelho, Dave se inclinava no banco traseiro do Buick do homem e gritava: "Passa por cima, tio Milt! Passa por cima!"

Já adolescente, o fato de ter que esperar que o hectógrafo "esfriasse" entre uma impressão de página e outra (ao "esfriar", a impressão virava uma membrana roxa e opaca que se agarrava à gelatina, parecendo a sombra de um peixe-boi) deixava Dave maluco de impaciência. Além disso, ele queria muito publicar fotografias no jornal. Dave tirava boas fotos e, aos 16 anos, as revelava também. Ele montou uma sala escura em um closet e, naquele cômodo mínimo, que fedia a produtos químicos, produziu imagens que eram muitas vezes surpreendentes na clareza e na composição (a foto na contracapa da edição norte-americana de *Os justiceiros*, que me mostra com uma edição da revista que trazia minha primeira história publicada, foi feita por Dave com uma velha Kodak e revelada na sala escura do closet).

Além dessas frustrações, as placas de gelatina do hectógrafo tendiam a incubar e sustentar colônias estranhas de seres parecidos com esporos, que cresciam na atmosfera insalubre do porão não importava

---

* "What did the beaver say to the oak tree?" "It was nice gnawing you!" Trocadilho com os verbos "to gnaw" e "to know" [conhecer], de sonoridade bastante próxima. (N. E.)

quão meticulosos fôssemos ao cobrir aquela maldita máquina lerda logo que as tarefas de impressão do dia terminavam. O que parecia bastante normal na segunda-feira podia se transformar em algo saído de uma história de terror de H. P. Lovecraft no fim de semana.

Em Brunswick, onde Dave estudava, ele encontrou uma loja com um pequeno mimeógrafo à venda. Funcionava — mal. A matriz era batida à máquina em estênceis que podiam ser comprados na papelaria por 19 centavos a unidade — meu irmão chamava essa tarefa de "cortar estêncil", e o trabalho geralmente era feito por mim, porque eu cometia menos erros de datilografia. Os estênceis eram presos ao tambor do mimeógrafo, coberto com a tinta mais fedida e gosmenta do mundo, e então estávamos prontos para começar o trabalho — girando a manivela até os braços caírem. Nós conseguíamos finalizar em duas noites o que antes levaria uma semana com o hectógrafo e, embora a impressão a tambor fizesse bagunça, ela não parecia estar infectada com uma doença potencialmente fatal. E assim o *Regras do Dave* entrou em sua curta era de ouro.

18

Eu não estava muito interessado no processo de impressão, tampouco nos mistérios da revelação e da reprodução de fotografias. Eu não estava nem um pouco interessado em instalar caixas de marcha mais modernas em carros, em fazer sidra ou em ver se determinada fórmula conseguiria mandar um foguete de plástico para a estratosfera (poucas vezes eles subiam mais alto do que a nossa casa). O que mais me interessava entre 1958 e 1966 era o cinema.

Na passagem da década de 1950 para a de 1960, só havia dois cinemas na minha região, ambos em Lewiston. O Empire exibia os lançamentos, como filmes da Disney, épicos bíblicos e musicais com grupos de pessoas bem-arrumadinhas cantando e dançando em *widescreen*. Eu assistia a esses filmes quando alguém me levava — cinema é cinema, afinal —, mas não gostava muito. Eram tão certinhos que ficavam chatos. Eram previsíveis. Durante *Operação cupido*, torci para que Hayley Mills esbarrasse com o personagem de Vic Morrow em *Sementes da vio-*

lência. Isso deixaria as coisas um pouco mais animadas, pelo amor de Deus. Pensava que um mero vislumbre do canivete automático e do olhar penetrante de Vic fariam Hayley perceber que seus problemas domésticos eram triviais. E quando eu estava na cama, à noite, ouvindo o vento nas árvores e os ratos no sótão, não era com Debbie Reynolds no papel de Tammy ou com Sandra Dee no papel de Gidget que eu sonhava: era com Yvette Vickers em *O ataque das sanguessugas gigantes* ou Luana Anders em *Demência 13*. Nada de coisas bonitinhas, nada de coisas edificantes, nada de Branca de Neve e os sete anões idiotas. Aos 13 anos, eu queria monstros que devoravam cidades inteiras, cadáveres radioativos que saíam do mar e comiam surfistas e moças de sutiã preto de aparência vulgar.

Filmes de terror, filmes de ficção científica, filmes de gangues adolescentes à caça de mulheres, filmes sobre idiotas em motocicletas — era esse tipo de coisa que mexia comigo de verdade. O lugar para assistir a esse tipo de filme não era o Empire, que ficava na parte alta da rua Lisbon, mas o Ritz, bem na parte baixa, entre as casas de penhor e perto da loja Louie's Clothing, onde comprei meu primeiro par de botas estilo beatle, em 1964. Minha casa ficava a 22 quilômetros do Ritz, e eu peguei carona para lá praticamente todos os fins de semana de 1958 a 1966, quando finalmente tirei carteira. Às vezes eu ia com meu amigo Chris Chesley, às vezes, sozinho, mas, a menos que estivesse doente ou algo assim, sempre ia. Eu estava no Ritz quando assisti a *I Married a Monster from Outer Space* [Eu me casei com um monstro do espaço], com Tom Tryon, *Desafio do além*, com Claire Bloom e Julie Harris, *Os anjos selvagens*, com Peter Fonda e Nancy Sinatra. Vi Olivia de Havilland arrancar os olhos de James Caan com facas improvisadas em *A dama enjaulada*, vi Joseph Cotten voltar da terra dos mortos em *Com a maldade na alma*, e fiquei esperando, com a respiração suspensa (e cheio de tesão), para ver se Allison Hayes cresceria a ponto de ficar sem roupa em *O ataque da mulher de 15 metros*. No Ritz, as melhores coisas da vida estavam à mão... ou *poderiam* estar, para quem se sentasse na terceira fila, prestasse muita atenção e não piscasse na hora errada.

Chris e eu gostávamos de praticamente todos os filmes de terror, mas nossos favoritos eram os da American-International Films, a maioria dirigida por Roger Corman, com títulos copiados de Edgar Allan

Poe. Eu não diria baseados na obra de Edgar Allan Poe, porque havia muito pouco das verdadeiras histórias e poesias de Poe naqueles filmes (*O corvo* foi filmado como comédia — é sério). E, ainda assim, os melhores de todos — *O castelo assombrado*, *O verme vencedor* e *A orgia da morte* — eram alucinantemente sinistros, o que os tornava especiais. Chris e eu criamos um nome para esse tipo de filme, que os colocava em um gênero só deles. Havia faroestes, havia filmes românticos e filmes de guerra e havia... Filmes do Poe.

— Vamos ao Ritz sábado à tarde? — convidava Chris.
— O que está passando? — perguntava eu.
— Um filme de motocicletas e um Filme do Poe.

Eu, é claro, estava dentro como mosca no mel. Bruce Dern fora de si em uma Harley Davidson e Vincent Price fora de si em um castelo assombrado em frente ao mar bravio: tinha algo melhor? Com sorte, ainda conseguiríamos ver Hazel Court andando pra lá e pra cá em uma camisola decotada de renda.

De todos os Filmes do Poe, o que mais mexia comigo e com Chris era *A mansão do terror*. Escrito por Richard Matheson e filmado em *widescreen* e tecnicolor (filmes de terror coloridos ainda eram raridade em 1961, quando esse foi lançado), *A mansão do terror* juntou um punhado de ingredientes góticos comuns e os transformou em algo especial. Deve ter sido o último grande filme de terror filmado em estúdio antes que George Romero fizesse, de maneira independente, o feroz *A noite dos mortos-vivos* e mudasse tudo para sempre (em alguns poucos casos, para melhor, na maioria deles, para pior). A melhor cena, uma que nos deixou congelados na poltrona, mostra John Kerr cavando uma parede do castelo e descobrindo o corpo da irmã, que obviamente tinha sido enterrada viva. Nunca esqueci o close no cadáver, filmado com filtro vermelho e lente distorcida, que alongava o rosto em um profundo grito silencioso.

Na longa volta para casa naquela noite (se as caronas demorassem a aparecer, era preciso caminhar de 8 a 10 quilômetros, e chegávamos em casa bem depois de anoitecer), eu tive uma ideia maravilhosa. Transformar *A mansão do terror* em livro! Eu romancearia o filme, como a Monarch Books tinha romanceado clássicos imortais do cinema como *Jack, o estripador*, *Gorgo* e *Konga*. Eu não me limitaria a apenas escrever essa obra-prima, no entanto; também iria imprimir o livro, usando o mimeógrafo que ficava no porão, e vender as cópias na escola! Zap! Cabum!

Assim concebido, assim feito. Trabalhando com o cuidado e a dedicação que me garantiriam o reconhecimento da crítica no futuro, produzi minha "versão em romance" de *A mansão do terror* em dois dias, trabalhando diretamente nos estênceis que serviriam de base para a impressão. Embora nenhuma cópia dessa obra-prima tenha sobrevivido (não que eu saiba, pelo menos), acho que tinha oito páginas em espaço simples e o mínimo absoluto de quebras de parágrafo (não se esqueçam de que cada estêncil custava 19 centavos). Imprimi a folha em frente e verso, como em um livro normal, e incluí uma capa com um desenho meu de um pêndulo rudimentar pingando pequenas manchas pretas que, esperava eu, parecessem sangue. No último minuto, percebi que tinha me esquecido de identificar a editora. Depois de mais ou menos meia hora de agradáveis ponderações, datilografei as palavras UM LIVRO DA VIB no canto direito da capa. VIB de *Very Important Book*.

Fiz cerca de quarenta exemplares de *A mansão do terror*, tranquilo, sem saber que estava violando todas as leis de plágio e direito autoral da história do mundo; meus pensamentos estavam focados em quanto dinheiro eu conseguiria ganhar se minha história fosse um sucesso na escola. Os estênceis tinham me custado US$ 1,17 (usar um estêncil inteiro para a folha de rosto parecia um ultrajante desperdício de dinheiro, mas precisava sair bem na foto, decidi, relutante; era preciso dar a cara a tapa com estilo), o papel custara mais uns 25 centavos, os grampos foram de graça, afanados de meu irmão (histórias enviadas para revistas eram presas com clipes, mas minha obra era um livro, era importante). Depois de pensar um pouco mais, decidi que o VIB nº 1, *A mansão do terror*, de Steve King, custaria 25 centavos. Achei que conseguiria vender dez (minha mãe compraria um, para me apoiar; eu sempre podia contar com ela), e isso daria US$ 2,50. Eu lucraria cerca de 40 centavos, o suficiente para financiar outra jornada educativa até o Ritz. Se vendesse mais dois, poderia comprar um sacão de pipoca e uma Coca-Cola.

A mansão do terror acabou se tornando meu primeiro sucesso de vendas. Levei toda a tiragem para o colégio na pasta (em 1961, eu era um aluno do oitavo ano da recém-construída escola de ensino fundamental de Durham, que tinha então quatro salas) e, ao meio-dia, já tinha vendido duas dúzias. No fim do almoço, quando a história da mulher enterrada na parede já havia corrido a escola toda ("Eles olharam horrorizados para os ossos aparecendo pela ponta dos dedos, percebendo que ela morrera arranhando a parede enlouquecidamente, tentando escapar"), eu tinha vendido três dúzias. Eu tinha 9 dólares em moedas pesando no fundo de minha pasta (que trazia a reação de Durham a Daddy Cool cuidadosamente ilustrada na forma de grande parte da letra de "The Lion Sleeps Tonight" [O leão dorme hoje à noite]) e andava pela escola como se estivesse em um sonho, mal acreditando em minha súbita ascensão ao inesperado reino da riqueza. Tudo parecia bom demais para ser verdade.

E era. Quando as aulas do dia terminaram, às duas da tarde, fui chamado à sala da diretora, onde me disseram que eu não podia transformar a escola em um mercado, principalmente, disse a srta. Hisler, para vender lixos como *A mansão do terror*. A atitude dela não me surpreendeu. A srta. Hisler fora professora em minha antiga escola de uma sala só, em Methodist Corners, onde eu tinha feito o quinto e o sexto anos. Lá, ela me pegara lendo um romance sensacional de "revolta adolescente" (*The Amboy Dukes* [Os brigões da Amboy], de Irving Shulman) e o tomara de mim. A história se repetia, e fiquei chateado por não ter previsto aquele desfecho. Naquela época, alguém que fazia algo idiota era chamado de "dubber". E eu tinha sido um baita *dubber*.

— O que não entendo, Stevie — disse ela — é por que você decidiu escrever um livro como este. Você tem talento. Por que desperdiçá-lo?

Ela segurava uma cópia do VIB nº 1 e a brandia como alguém ergue um jornal enrolado para um cachorro que mijou no tapete. A professora esperou minha resposta — é preciso lhe dar crédito, a pergunta não fora totalmente retórica —, mas eu não tinha nada para dizer. Estava envergonhado. Muitos anos se passaram — anos demais, eu acho — até que eu perdesse a vergonha do que escrevia. Acho que só depois dos 40 anos me dei conta de que praticamente todos os escritores de ficção e poesia que já publicaram uma linha que seja foram acusados de desperdiçar o talento que Deus lhes deu. Se você escreve (pinta, dança, esculpe ou canta, imagino eu), alguém vai tentar fazer com que você se sinta mal com isso, pode ter certeza. Não estou me lamentando aqui, apenas tentando mostrar os fatos como os vejo.

A srta. Hisler disse que eu teria que devolver o dinheiro de todo mundo. Fiz isso sem discutir, mesmo no caso dos colegas (e não foram poucos, tenho orgulho em dizer) que insistiram em ficar com um exemplar do VIB nº 1. Acabei perdendo dinheiro, no fim das contas, mas nas férias de verão eu imprimi quatro dúzias de exemplares de uma nova história, uma original chamada *The Invasion of the Star-Creatures* [A invasão das criaturas estelares], e só sobraram uns quatro ou cinco exemplares. Acho que isso significa que, no fim, venci, pelo menos financeiramente. Lá no fundo do coração, no entanto, continuei envergonhado. Eu continuava a ouvir a srta. Hisler perguntando por que eu queria desperdiçar meu talento e perder meu tempo escrevendo lixo.

19

Escrever uma história em capítulos para o *Regras de Dave* foi divertido, mas eu achava as outras obrigações jornalísticas muito chatas. Ainda assim, a notícia se espalhou, e como eu já havia trabalhado em um "jornal" antes, no meu segundo ano na Lisbon High, virei editor do jornal do colégio, *The Drum*. Não me lembro de ter tido escolha; acho que simplesmente me deram o cargo. Meu imediato, Danny Emond, tinha ainda menos interesse no jornal do que eu. Ele apenas gostou da ideia de ficar perto do banheiro feminino, que era ao lado da Sala 4, onde a gente trabalhava.

— Um dia vou dar uma de maluco e invadir aquele banheiro, Steve — disse ele, mais de uma vez. — Invadir, invadir, invadir.

Certa vez ele acrescentou, como em um esforço para se justificar:

— As meninas mais lindas da escola levantam a saia lá.

A frase me pareceu tão profundamente estúpida que poderia ser, na verdade, uma pérola de sabedoria, como um koan budista ou uma das primeiras histórias de John Updike.

O *The Drum* não prosperou sob meu comando editorial. Já naquela época, como até hoje, eu tendia a passar por períodos de inércia seguidos por outros de trabalho frenético. No ano escolar de 1963-64, o

The Drum publicou uma única edição, mas ela foi monstruosa, mais grossa do que a lista telefônica da cidade. Certa noite — de saco cheio de colunas como "Relatórios de Classe", "Notícias das Líderes de Torcida" e de idiotas tentando escrever poemas —, em vez de redigir legendas para as fotos da edição seguinte, resolvi criar um jornal escolar satírico. O resultado foi uma publicação de quatro páginas que chamei de *The Village Vomit* [O vômito da cidade]. O lema, que coloquei em um box no canto superior esquerdo, não era "Todas as notícias que merecem ser publicadas", como o do *New York Times*, mas "Todas as merdas que vão ficar grudadas". Essa história de humor imbecil me causou o único problema sério que enfrentei durante o ensino médio. Também me ensinou a lição sobre escrita mais útil de todas.

Usando o estilo típico da revista *Mad* (como diria Alfred E. Neuman: "Preocupado, eu?"), enchi o *Vomit* de notinhas ficcionais sobre o corpo docente da escola, chamando os professores por apelidos que os alunos reconheceriam imediatamente. Assim, a srta. Raypach, monitora da sala de estudos, se tornou a srta. Rat Pack; o sr. Ricker, professor de inglês (e o mais elegante e sofisticado membro do corpo docente, que lembrava Craig Stevens na série *Peter Gunn*), virou o Homem Vaca, porque a família dele era dona da Laticínios Ricker; e o sr. Diehl, professor de geografia, se transformou no Velho Diehl.

Como provavelmente acontece com todos os humoristas do segundo ano do ensino médio, eu estava fascinado por minha própria sagacidade. Como eu era engraçado! Eu era um H. L. Mencken de uma cidadezinha industrial. Eu tinha que levar o *Vomit* para a escola e mostrar para todos os meus amigos. Seria uma explosão coletiva de riso.

Houve, de fato, uma explosão coletiva de riso. Eu tinha algumas boas ideias para atingir em cheio o senso de humor de alunos do ensino médio, e a maioria delas apareceu no *The Village Vomit*. Em um artigo, uma vaca premiada do Homem Vaca ganhava um concurso de peidos bovinos na Feira de Topsham. Em outro, o Velho Diehl era demitido por pegar do laboratório olhos de fetos de porco e colocar nas narinas. Humor à grande moda de Jonathan Swift, como se pode ver. Muito sofisticado, não?

Durante o quarto tempo, três amigos estavam rindo tanto nos fundos da sala de estudos que a srta. Raypach (Rat Pack para você, parceiro) foi discretamente até lá para descobrir o que era tão engraçado. Ela confiscou o *The Village Vomit*, no qual eu, por orgulho arrogante ou por ingenuidade quase inacreditável, tinha posto meu nome como Editor-chefe & Grande Líder. No fim do dia, fui, pela segunda vez em minha vida acadêmica, chamado à sala da direção por conta de algo que tinha escrito.

Dessa vez o problema era bem mais grave. Os professores, em sua maioria, estavam inclinados a levar minha zombaria na esportiva — até o Velho Diehl estava disposto a botar uma pedra no assunto dos olhos de porco —, mas uma não queria deixar pra lá. Era a srta. Margitan, que ensinava datilografia e taquigrafia para as meninas nas aulas profissionalizantes. Ela impunha respeito e medo. Seguindo a tradição de professores de outras eras, a srta. Margitan não queria ser amiga ou psicóloga dos alunos, tampouco lhes servir de inspiração. Ela estava lá para ensinar habilidades que seriam usadas em escritórios, e queria que todo o aprendizado seguisse as regras. As regras *dela*. As meninas que frequentavam as aulas da srta. Margitan às vezes eram obrigadas a se ajoelhar no chão, e, se a bainha da saia não encostasse no piso de linóleo, a aluna era mandada de volta para casa para trocar de roupa. Não adiantava chorar, implorar, pois nada disso a comovia. Não havia argumento que a fizesse mudar de ideia. As listas de detenção da srta. Margitan eram mais longas que as de qualquer outro professor, mas as meninas que estudavam com ela costumavam ser aprovadas com louvor e geralmente conseguiam bons empregos. Muitas passaram a adorá-la. Outras a odiavam, e é bem provável que ainda a odeiem hoje, tantos anos depois. Costumavam chamá-la de Maggot* Margitan, como, sem dúvida, suas mães fizeram antes delas. No *The Village Vomit* tinha um texto que começava assim: "A srta. Margitan, afetuosamente chamada de Verme pelos moradores de Lisbon Falls…"

O sr. Higgins, nosso diretor careca (zombeteiramente chamado de Bola Branca no *Vomit*), me contou que a srta. Margitan ficara muito magoada e transtornada com o que eu tinha escrito. Aparentemente, não tão transtornada assim, pois conseguiu se lembrar da velha advertência contida nas Escrituras: "Minha é a vingança, diz a professora de taquigrafia". O sr. Higgins disse que ela queria que eu fosse suspenso.

---

* Maggot, que é larva em inglês, corresponde ao insulto "verme" em português. (N. E.)

Em meu caráter, certa selvageria e um profundo conservadorismo estão tão entrelaçados quanto fios de cabelo em uma trança. Foi a parte louca de minha personalidade que escreveu o *The Village Vomit* e o distribuiu na escola. Depois que o encrenqueiro sr. Hyde foi enquadrado e saiu de fininho pela porta dos fundos, sobrou para o dr. Jekyll imaginar como minha mãe olharia para mim se descobrisse que eu fora suspenso — aqueles olhos tristes. Eu tinha que parar de pensar em minha mãe, e logo. Eu estava no segundo ano e era um ano mais velho que a maioria dos outros alunos. Além disso, com 1,88 metro, eu era um dos meninos mais altos da escola. Fiz um esforço desesperado para não chorar na sala do sr. Higgins — não com os corredores inundados de garotos e garotas que olhavam curiosamente para nós pela janela. O sr. Higgins atrás da mesa, eu na Cadeira dos Meninos Maus.

Por fim, a srta. Margitan aceitou as desculpas formais e as duas semanas de detenção para o menino mau que ousara chamá-la de verme em papel impresso. Foi ruim, mas o que no colégio não era? Na época em que estávamos presos lá, como reféns em um banho turco, o ensino médio parecia o negócio mais sério do mundo para praticamente todos nós. Foi só depois do segundo ou terceiro reencontro de ex-alunos que começamos a perceber como a coisa toda era absurda.

Dois ou três dias depois, fui convocado ao escritório do sr. Higgins e fiquei de pé diante dela. A srta. Margitan estava empertigada na cadeira, as mãos artríticas cruzadas no colo e os olhos cinzentos me encarando fixamente, sem piscar. Foi então que percebi que ela tinha algo diferente de todos os outros adultos que eu conhecia. Não identifiquei a diferença em um primeiro momento, mas eu sabia que não seria possível encantar aquela senhora, que seria impossível conquistá-la. Mais tarde, enquanto eu jogava aviõezinhos de papel junto com outros meninos maus e meninas más na sala de detenção (que não era tão ruim assim), me dei conta de que era algo bem simples. A srta. Margitan não gostava de meninos. Ela foi a primeira mulher que conheci na vida que não gostava de meninos, nem um pouquinho que fosse.

Se faz alguma diferença, minhas desculpas foram sinceras. A srta. Margitan ficou magoada com o que eu havia escrito, e pelo menos isso eu conseguia entender. Duvido que me odiasse — ela provavelmente tinha mais o que fazer —, mas era conselheira da Sociedade Nacional de Menção Honrosa na Lisbon High, e quando o meu nome apareceu na lista de candidatos, dois anos depois, ela me vetou. A Sociedade Nacional de Menção Honrosa não precisava de meninos "do meu tipo", argumentou. Eu concordei com ela. Um menino que limpou a bunda com urtiga não tem direito de pertencer a um clube de pessoas espertas.

Nunca mais me aventurei muito na sátira.

20

Pouco mais de uma semana após ser liberado da sala de detenção, fui mais uma vez convidado a descer à sala do diretor. Já fui para lá sem esperanças, me perguntando que tipo de merda eu tinha feito.

Pelo menos não era o sr. Higgins quem queria me ver; fora o conselheiro escolar quem fizera a convocação. Ele me disse que tinham conversado sobre mim, sobre como canalizar minha "caneta incansável" para usos mais construtivos. O conselheiro tinha falado com John Gould, editor do jornal semanal de Lisbon, e descobriu que havia uma vaga para repórter esportivo. Embora a escola não pudesse me obrigar a aceitar o emprego, todos da diretoria achavam que seria uma boa ideia. *Ou vai ou racha*, pareciam dizer os olhos do conselheiro. Talvez fosse apenas paranoia minha, mas até hoje, quase quarenta anos depois, continuo achando isso.

Fiquei me remoendo por dentro. Eu já tinha saído do *Regras de Dave*, estava quase saindo do *The Drum*, e agora ali estava o *Lisbon Weekly Enterprise*. Em vez de ser assombrado pelas águas, como Norman Maclean em *Nada é para sempre*, eu era um adolescente assombrado por jornais. O que eu podia fazer, afinal? Conferi de novo o que diziam os olhos do conselheiro educacional, e disse que ficaria muito feliz em me candidatar à vaga.

Gould — não o conhecido humorista da Nova Inglaterra, nem o romancista que escreveu *The Greenleaf Fires* [Os incêndios de Greenleaf], mas uma mistura de ambos, acho eu — me cumprimentou com desconfiança, mas também com certo interesse. Nós testaríamos um ao outro, disse ele, se eu concordasse.

Longe da diretoria do colégio, consegui ser um pouco mais honesto. Confessei ao sr. Gould que não entendia muito de esporte.

— São jogos que até bêbados em bares entendem. Você vai aprender, se tentar — respondeu ele.

Gould me deu um rolo enorme de papel amarelo para datilografar minha cópia — acho que ainda a tenho em algum lugar — e me prometeu meio centavo por palavra. Foi a primeira vez que alguém prometeu me pagar para escrever.

Os dois primeiros trabalhos que entreguei foram sobre o jogo de basquete em que um jogador da Lisbon High bateu o recorde de pontos da escola. O primeiro era uma reportagem simples. O outro era uma matéria suplementar sobre o desempenho do recordista Robert Ransom na partida. Apresentei os textos a Gould depois do jogo, para que ele pudesse publicá-los na sexta, quando o jornal saía. Ele leu o texto sobre o jogo, fez duas pequenas correções e deu por terminado. Depois começou a trabalhar no artigo especial com uma grande caneta preta.

Assisti a muitas aulas de literatura inglesa nos meus dois últimos anos na Lisbon, e também tive muitas matérias sobre redação, ficção e poesia na faculdade, mas John Gould, em menos de dez minutos, me ensinou mais do que qualquer uma delas. Gostaria que o original ainda estivesse comigo — ele merecia ser emoldurado, com todas as correções editoriais —, mas ainda me lembro bem de como era e de como ficou depois que Gould passou um pente fino no texto com aquela caneta preta. Eis um exemplo:

> Last night, in the ~~well-loved~~ gymnasium of Lisbon High School, partisans and Jay Hills fans alike were stunned by an athletic performance unequalled in school history. Bob Ransom, ~~known as "Bullet" Bob for both his size and accuracy,~~ scored thirty-seven points. Yes, you heard me right. ~~Plus~~ he did it with grace, speed . . . and with an odd courtesy as well, committing only two personal fouls in his ~~knight-like~~ quest for a record which has eluded Lisbon ~~thinclads~~ players since ~~the years of Korea~~ 1953. . .

Noite passada, no ~~adorado~~ ginásio da Lisbon High School, torcedores e fãs de Jay Hill ficaram igualmente admirados por uma performance atlética jamais vista na história do colégio. Bob Ransom~~, conhecido como "Bullet" Bob, por seu tamanho e precisão,~~ marcou 37 pontos. Sim, você leu corretamente. ~~Mais que isso,~~ ele marcou cada ponto com graça, velocidade... e uma estranha delicadeza, já que cometeu apenas duas faltas em sua busca ~~cavalheirosa~^jogadores^~ pelo recorde que escapava aos ~~esportistas~^1953.^~ de Lisbon desde ~~os anos da Guerra da Coreia~...

Gould parou em "Coreia" e me olhou.

— O recorde anterior era de que ano? — perguntou ele.

Felizmente eu estava com minhas anotações.

— De 1953 — respondi.

Gould grunhiu e voltou ao trabalho. Quando acabou de fazer as alterações, levantou os olhos e viu algo em meu rosto. Acho que pensou que eu estivesse aterrorizado. Pelo contrário, eu estava tendo uma revelação. Por que, perguntei a mim mesmo, os professores de inglês não faziam o mesmo? Era como estar diante do boneco transparente que o Velho Diehl mantinha na mesa da sala de biologia, aquele boneco em que se veem as partes internas do corpo humano.

— Eu só tirei as partes ruins, sabe? — explicou Gould. — No geral, está muito bom.

— Eu sei — respondi, querendo dizer as duas coisas: que no geral estava bom (ok, passável) e que ele só tinha tirado as partes ruins. — Não vou errar de novo.

Ele riu.

— Se for assim, você nunca vai precisar trabalhar para ganhar a vida. Basta fazer *isso*. Preciso explicar alguma das marcações?

— Não.

— Quando você escreve, está contando uma história para si mesmo — disse ele. — Quando reescreve, o mais importante é cortar tudo o que *não* faz parte da história.

Gould disse outra coisa interessante no dia em que entreguei meus dois primeiros artigos: escreva com a porta fechada, reescreva com a porta aberta. Em outras palavras, você começa escrevendo algo só seu, mas depois o texto precisa ir para a rua. Assim que você descobre qual é a história e consegue contá-la direito — tanto quanto você for capaz —, ela passa a pertencer a quem quiser ler. Ou criticar. Se você tiver muita sorte (a ideia é minha, não de John Gould, mas acredito que ele assinaria embaixo), mais gente vai querer ler a última versão do que a primeira.

21

Logo depois da viagem dos alunos veteranos a Washington, DC, eu consegui um emprego na Fiação e Tecelagem Worumbo, em Lisbon Falls. Não que eu quisesse — o trabalho era árduo e maçante, e a tecelagem não passava de um buraco fétido às margens do poluído rio Androscoggin, um lugar que mais parecia um reformatório saído de um romance de Charles Dickens —, mas era preciso ganhar dinheiro. Minha mãe ganhava um salário ridículo como faxineira de um manicômio, em New Gloucester, mas estava determinada a me mandar para a faculdade, como fizera com meu irmão David (Universidade do Maine, turma de 1966, *cum laude*). Na cabeça dela, a educação universitária tinha se tornado algo quase elementar. Durham, Lisbon Falls e a Universidade do Maine, em Orono, eram parte de um mundo pequeno onde as pessoas moravam próximas e ainda se metiam na vida umas das outras, através de linhas telefônicas compartilhadas entre quatro ou seis pessoas, algo comum nas cidadezinhas da região de Sticksville naquela época. No mundo adulto, jovens que não fossem para a faculdade iam para o exterior, lutar na guerra não declarada do presidente Johnson, e muitos voltavam para casa em caixões. Minha mãe gostava da Guerra contra a Pobreza de Lyndon ("É o tipo de guerra que eu apoio", dizia), mas não aprovava os planos presidenciais no sudeste da Ásia. Certa vez eu disse que me alistar e ir para lá talvez fosse bom para mim — com certeza, daria para escrever um livro sobre o assunto.

— Não seja idiota, Stephen — retrucou ela. — Do jeito que você enxerga, seria o primeiro a levar um tiro. E morto não escreve livro.

Ela falou sério; a decisão estava tomada, racional e emocionalmente. Sendo assim, me candidatei a bolsas e empréstimos e fui trabalhar na tecelagem. Não daria mesmo para ir muito longe com os 5 ou 6 dólares que o *Enterprise* me pagava por semana para escrever sobre torneios de boliche ou campeonato de rolimã.

Durante minhas últimas semanas na Lisbon High, minha rotina diária era mais ou menos assim: acordar às sete, ir para a escola às sete e meia, sair às duas da tarde, bater cartão no terceiro andar da Worumbo às 14h58, empacotar tecidos durante oito horas, bater cartão de saída às 23h02, chegar em casa por volta de quinze para a meia-noite, comer uma tigela de cereal, cair na cama, acordar no dia seguinte, fazer tudo de novo. Nas poucas vezes em que dobrava no trabalho, eu dormia em meu Ford Galaxie 1960 (o antigo carro de Dave) por mais ou menos uma hora antes de ir para a escola, depois dormia durante o quinto e o sexto tempos, logo após o almoço, na enfermaria.

Nas férias de verão, as coisas ficaram mais fáceis. Fui mandado para a sala de tingimento, no porão, que era pelo menos um pouco mais fria. Meu trabalho era tingir de roxo ou azul-marinho os retalhos de um pesado tecido de lã. Imagino que ainda exista muita gente na Nova Inglaterra que tenha nos guarda-roupas jaquetas tingidas por este que vos escreve. Não foi o melhor verão da minha vida, mas consegui não ser engolido pelo maquinário e evitar que meus dedos fossem perfurados por umas das grandes máquinas de costura que usávamos para prender os tecidos que seriam tingidos.

Na Semana da Independência, a tecelagem ficou fechada. Os empregados com pelo menos cinco anos de casa ganharam a semana de folga e receberam o pagamento. Quem estava lá havia menos tempo foi chamado para trabalhar na equipe que limparia a tecelagem de cima a baixo, inclusive o subsolo, que não passava por uma faxina havia quarenta ou cinquenta anos. Eu teria aceitado o trabalho — estavam pagando praticamente o dobro pela hora —, mas todas as vagas foram preenchidas muito antes de o patrão consultar o pessoal da escola, que iria embora em setembro. Quando voltei, na semana seguinte, um dos caras da seção de tingimento me disse que eu deveria ter visto o que havia acontecido, fora uma loucura.

— Os ratos do porão eram grandes como gatos — disse ele. — Alguns, meu Deus, eram do tamanho de cachorros.

Ratos do tamanho de cachorros! Uau!

Certo dia, em meu último semestre no colégio, provas finais feitas e futuro em aberto, me lembrei da história do cara do tingimento sobre os ratos da tecelagem — grandes como gatos, meu Deus, alguns do tamanho de cachorros — e comecei a escrever uma história chamada "Último turno". Eu estava apenas passando o tempo em uma tarde qualquer de fim de primavera, mas dois meses depois a revista *Cavalier* comprou a história por 200 dólares. Eu já tinha vendido duas outras histórias antes, mas ambas, somadas, tinham rendido apenas 65 dólares. Agora, o valor era o triplo, e de uma tacada só. Fiquei sem fôlego, fiquei mesmo. Eu estava rico.

22

Durante o verão de 1969, consegui um trabalho de meio período na biblioteca da Universidade do Maine. Foi uma temporada de glórias e tragédias. No Vietnã, Nixon punha em prática seu plano para dar fim à guerra, que parecia consistir em bombardear o sudeste da Ásia até que tudo ficasse em pedaços. "Conheça o novo chefe", cantava o The Who, "é igual ao antigo chefe". Eugene McCarthy estava concentrado em sua poesia, e hippies felizes vestiam calças boca de sino e camisetas que diziam coisas como MATAR PELA PAZ É COMO FODER PELA CASTIDADE. Eu tinha um belo par de costeletas. O Creedence Clearwater Revival cantava "Green River" [Rio verde] — moças descalças, dançando ao luar —, e Kenny Rogers ainda fazia parte do grupo *The First Edition*. Martin Luther King e Robert Kennedy estavam mortos, mas Janis Joplin, Jim Morrison, Bob "The Bear" Hite, Jimi Hendrix, Cass Elliot, John Lennon e Elvis Presley ainda estavam vivos e fazendo música. Eu morava fora do campus, na pensão de Ed Price (7 dólares por semana, com direito a uma troca de lençóis). O homem tinha chegado à Lua, e eu, à lista dos melhores alunos. Milagres e maravilhas abundavam.

Em um dia daquele verão, no fim de junho, um bando de ratos de biblioteca almoçava no gramado que ficava atrás da livraria da universidade. Sentada entre Paolo Silva e Eddie Marsh estava uma garota linda, com uma risada rouca, cabelos tingidos de vermelho e as pernas mais bonitas que eu já tinha visto na vida sob uma minissaia amarela. Ela estava com um exemplar de *Alma no exílio*, de Eldridge Cleaver. Eu nunca tinha esbarrado com ela na biblioteca e não acreditava que uma estudante universitária pudesse ter uma risada tão maravilhosa e destemida. Além disso, leitora voraz ou não, ela praguejava como um operário, não como uma universitária. (Por ter sido operário em uma tecelagem, eu tinha conhecimento de causa.) O nome dela era Tabitha Spruce. Nós nos casamos um ano e meio depois. Ainda estamos juntos, e ela nunca me deixou esquecer que, quando a conheci, pensei que fosse a namoradinha de Eddie Marsh na faculdade. Talvez fosse uma garçonete literata de alguma pizzaria, aproveitando a tarde de folga.

23

Funcionou. Nosso casamento durou mais que todos os líderes mundiais, com exceção de Fidel Castro, e enquanto continuarmos conversando, discutindo, fazendo amor e dançando ao som dos Ramones — gabba gabba hey —, é bem provável que continue funcionando. Temos religiões diferentes, mas, como feminista, Tabby nunca morreu de amores pelo catolicismo, no qual os homens fazem as regras (inclusive a diretriz divina de sempre transar sem camisinha) e as mulheres lavam a cueca deles. E, embora eu acredite em Deus, não consigo ver a utilidade das religiões organizadas. Viemos de família humilde, ambos comemos carne, somos democratas e temos as típicas desconfianças ianques com relação à vida fora da Nova Inglaterra. Somos sexualmente compatíveis e monogâmicos por natureza. Porém, o que mais nos une são as palavras, a linguagem e o trabalho de nossa vida.

Nós nos conhecemos enquanto trabalhávamos em uma biblioteca e nos apaixonamos durante um *workshop* de poesia, no outono de 1969, quando eu era veterano e Tabby, caloura. Uma das razões que me fizeram ficar caidinho por ela foi saber o que ela queria dizer com seu trabalho. Outra foi *ela* saber o que queria dizer. O vestido preto sexy que ela estava usando e a meia-calça de seda, do tipo que se usa com cinta-liga, também contaram.

Não quero falar mal demais da minha geração (na verdade, quero; nós tivemos a chance de mudar o mundo e preferimos ficar assistindo ao canal de compras na TV a cabo), mas os escritores que eu conhecia naquela época acreditavam que a boa escrita vinha espontaneamente, em uma onda de sentimentos que tinha que ser agarrada de uma vez só; enquanto se construía essa indispensável escadaria para o paraíso, não dava para ficar parado, com a marreta nas mãos. Em 1969, a melhor expressão da *ars poetica* deve ter sido a música de Donovan Leitch, que dizia: *First there is a mountain / Then there is no mountain / Then there is* [Primeiro existe uma montanha / Depois não existe montanha / Depois existe]. Pretensos poetas viviam em um mundo nebuloso de ar *tolkieniano*, apanhando poemas no éter. Era quase unânime: a arte de verdade vinha... *de algum lugar além*! Os escritores eram taquígrafos abençoados, colocando no papel ditados divinos. Não quero constranger nenhum dos meus colegas da época, então aqui vai uma versão ficcional do que estou falando, criada a partir de trechos de poemas reais:

i close my eyes	[eu fecho meus olhos
in th dark i see	n'escuro eu vejo
Rodan Rimbaud	Rodan Rimbaud
in th dark	n'escuro
i swallow th coth	eu engulo o tecido
of lonelines	da solidão
crow i am here	corvo estou aqui
raven i am here	gralha estou aqui]

Se alguém perguntasse ao poeta o que *significava* o poema, era bem possível que recebesse um olhar de desdém. Um silêncio desconfortável provavelmente emanaria dos presentes. Com certeza, o fato de o poeta ser incapaz de dizer algo sobre a mecânica da criação não era considerado importante. Se pressionado, ele ou ela poderia dizer que *não havia* mecânica, apenas aquele jorro seminal de sentimento: primeiro existe uma montanha, depois não existe montanha, depois existe. E se o poema resultante fosse desleixado, baseado na suposição de que palavras gerais como "solidão" significam a mesma coisa para todos nós — qual é o problema, cara, pare com essa bobagem datada e mergulhe no que é profundo. Eu não compartilhava dessa atitude (embora não ousasse dizer isso em voz alta, pelo menos não em tantas palavras), e fiquei eufórico quando descobri que a moça bonita de vestido preto e meias de seda tinha a mesma opinião. Ela não assumiu isso de cara, mas nem era preciso. O trabalho falava por ela.

O grupo do *workshop* se encontrava uma ou duas vezes por semana na sala de estar da casa de nosso orientador, Jim Bishop; éramos cerca de 12 estudantes e três ou quatro docentes trabalhando em uma maravilhosa atmosfera de igualdade. Os poemas eram batidos à máquina e mimeografados na secretaria do Departamento de Letras no dia dos encontros. Os poetas liam enquanto os outros acompanhavam em seus exemplares. Eis um dos poemas que Tabby escreveu naquele outono:

A Gradual Canticle for Augustine

The thinnest bear is awakened in the winter
by the sleep-laughter of locusts,
by the dream-blustering of bees,
by the honeyed scent of desert sands
that the wind carries in her womb
into the distant hills, into the houses of Cedar.

The bear has heard a sure promise.
Certain words are edible; they nourish
more than snow heaped upon silver plates
or ice overflowing golden bowls. Chips of ice
from the mouth of a lover are not always better,
Nor a desert dreaming always a mirage.
The rising bear sings a gradual canticle
woven of sand that conquers cities
by a slow cycle. His praise seduces
a passing wind, traveling to the sea
wherein a fish, caught in a careful net,
hears a bear's song in the cool-scented snow.

[Cântico gradual para Agostinho

O mais magro dos ursos é acordado no inverno
pelo riso-sono dos gafanhotos,
pela vanglória-sonhada das abelhas,
pelo perfume melífluo das areias desérticas
que o vento carrega no útero
até as colinas distantes, até as casas de Cedro.

O urso ouviu uma promessa sincera.
Certas palavras são comestíveis; elas alimentam
mais que a neve servida em bandejas de prata
ou o gelo que transborda de tigelas douradas. Lascas de gelo
vindas da boca de um amante nem sempre são o melhor,
Nem um sonho no deserto é sempre miragem.
O urso que acorda canta um cântico gradual
tecido com a areia que conquista cidades
em um ciclo lento. Seu louvor seduz
o vento que passa, viajando para o mar
onde um peixe, pescado em pressurosa rede,
ouve o canto de um urso na neve de aroma sereno.]

  Fez-se silêncio quando Tabby terminou a leitura. Ninguém sabia muito bem como reagir. O poema parecia perpassado de cabos que apertavam os versos até que quase zumbissem. Achei a combinação entre a dicção envolvente e a imagética delirante algo empolgante e inspirador. O poema também me fez sentir que eu não estava sozinho na crença de que escrever bem podia ser algo, ao mesmo tempo, inebriante e planejado. Se gente ferrenhamente sóbria pode transar como se estivesse fora de si — e pode estar de fato fora de si no momento de êxtase —, por que os escritores não podem ficar ensandecidos e ainda assim continuar sãos?
  Havia também uma ética de trabalho no poema que me agradava, pois sugeria que escrever poesia (ou histórias ou ensaios) tinha tanto em comum com varrer o chão quanto com momentos místicos de revelação. Existe um trecho na peça *A Raisin in the Sun* [Uma uva-passa ao

sol], de Lorraine Hansberry, em que um personagem grita: "Eu quero voar! Eu quero tocar o sol!", e sua esposa responde: "Termine de comer o ovo primeiro".

Na discussão após a leitura de Tabby, ficou claro para mim que ela entendia o próprio poema. Ela sabia exatamente o que queria dizer, e dissera quase tudo. Ela conhecia Santo Agostinho tanto por ser católica quanto por ser estudante de história. A mãe de Agostinho (também santa) era cristã, o pai era pagão. Antes de se converter, Agostinho vivia atrás de dinheiro e mulheres. Depois da conversão, continuou a lutar contra os impulsos sexuais, e é conhecido pela prece do libertino, que diz: "Deus, dai-me castidade... mas não agora". Em seus escritos, ele trata da luta do homem para abrir mão da crença em si pela crença em Deus. E, por vezes, Agostinho se comparava a um urso. Tabby tem um jeito de inclinar o queixo, quando sorri, que a faz parecer sábia e, ao mesmo tempo, arrasadoramente linda. Foi o que ela fez naquela hora, eu me lembro, e depois disse:

— Além do mais, eu gosto de ursos.

Talvez o cântico seja gradual porque o despertar do urso é gradual. O urso é poderoso e sensual, embora esteja fraco e magro por acordar fora da hora. De certa forma, disse Tabby durante a explicação, o urso pode ser visto como um símbolo do hábito humano, ao mesmo tempo problemático e maravilhoso, de sonhar os sonhos certos na hora errada. Esses sonhos são difíceis por serem inadequados, mas são também maravilhosos em suas premissas. O poema também sugere que sonhos são poderosos — o urso é forte o suficiente para seduzir o vento e convencê-lo a levar sua música a um peixe preso na rede.

Nem vou tentar argumentar sobre a qualidade de "A Gradual Canticle" (embora eu o ache muito bom). Toda a questão reside no fato de que era um poema sensato em uma época de histeria, composto a partir de uma ética de trabalho que ecoou por todo o meu coração e por toda a minha alma. Tabby estava em uma das cadeiras de balanço de Jim Bishop naquela noite. Eu estava sentado no chão, ao lado dela. Enquanto ela falava, toquei sua panturrilha, sentindo a curva da pele quente através da meia-calça. Ela sorriu para mim. Sorri em resposta. Às vezes essas coisas não acontecem por acaso. Tenho quase certeza disso.

24

Nós já tínhamos dois filhos quando fizemos três anos de casados. Eles não foram planejados, nem nasceram por acidente; vieram quando tinham que vir, e estávamos felizes por tê-los. Naomi tinha tendência a infecções de ouvido. Joe era saudável, mas parecia nunca dormir. Quando Tabby entrou em trabalho de parto para trazê-lo ao mundo, eu estava em um cinema drive-in em Brewer com um amigo — era um programa triplo do Memorial Day, três filmes de terror seguidos. Estávamos no terceiro filme (*The Corpse Grinders* [Os moedores de cadáveres]) e quase na décima cerveja quando o cara da administração do cinema fez um anúncio. Ainda havia alto-falantes portáteis naquela época; era só estacionar o carro, pegar um deles e pendurar na janela. O anúncio da direção ecoou então por todo o estacionamento: "STEVE KING, POR FAVOR, VOLTE PARA CASA! SUA MULHER ESTÁ EM TRABALHO DE PARTO! STEVE KING, POR FAVOR, VOLTE PARA CASA! SUA MULHER VAI TER O BEBÊ!"

Enquanto eu levava nosso velho Plymouth em direção à saída, um coro de duzentas buzinas fez sua bem-humorada saudação. Muita gente piscou os faróis, me dando um banho de luz intermitente. Meu amigo Jimmy Smith ria tanto que escorregou do banco e foi parar no chão do carro. E ali ficou durante a maior parte da viagem de volta a Bangor, gargalhando entre latas de cerveja. Quando cheguei em casa, Tabby estava calma e de malas prontas. Ela deu Joe à luz menos de três horas depois. Meu filho chegou ao mundo tranquilamente. Durante os cinco anos seguintes, nada mais houve de tranquilo com Joe. Mesmo assim, ele era uma gostosura. Os dois eram, na verdade. Mesmo quando Naomi arrancava o papel de parede que ficava sobre o berço (talvez achasse que estava ajudando na limpeza da casa) e Joe fazia cocô na cadeira de balanço de vime que ficava na varanda do apartamento na rua Sanford, eles eram uma gostosura.

25

Minha mãe sabia que eu queria ser escritor (com todas aquelas cartas de recusa penduradas na parede do meu quarto, como não saber?), mas me encorajou a estudar para ser professor e, assim, "ter algum lugar para onde correr".

— Pode ser que você queira se casar, Stephen, e morar em um sótão à beira do Sena só é romântico para solteiros — disse ela, certa vez. — Não é lugar para se constituir família.

Fiz como ela sugeriu. Entrei na Faculdade de Educação da Universidade do Maine, em Orono, e saí quatro anos depois com um diploma de licenciatura... Como um labrador sai de um lago com um pato morto na boca. Estava morto, e este é o ponto. Não consegui arrumar emprego como professor e então comecei a trabalhar na lavanderia New Franklin por um salário pouco maior do que o que ganhava na Fiação e Tecelagem Worumbo, quatro anos antes. Eu vivia de sótão em sótão com minha família, e nenhum deles dava para o Sena, mas sim para algumas das ruas menos agradáveis de Bangor, onde os carros de polícia costumavam fazer rondas às duas da madrugada de sábado.

Eu quase nunca via roupas de uso pessoal na lavanderia New Franklin, a menos que fosse uma lavagem de "rescaldos de incêndio" paga pela seguradora (roupas de rescaldos de incêndio costumavam estar em boas condições, mas tinham cheiro de carne de macaco grelhada). A maior parte do que eu colocava e tirava das máquinas eram lençóis de hotéis das cidades costeiras do Maine e toalhas de mesa dos restaurantes costeiros do Maine. A imundície das toalhas era desesperadora. Os turistas que saem para jantar no Maine costumam comer mariscos e lagosta. Lagosta, principalmente. Quando chegavam a mim, as toalhas em que essas iguarias haviam sido servidas empesteavam todo o ambiente e, não raro, estavam fervilhando de vermes. As criaturas tentavam escalar meus braços enquanto eu enchia as máquinas de lavar; era como se aqueles bichinhos horrendos soubessem que eu ia cozinhá-los. Pensei que me acostumaria a eles com o tempo, mas nunca fui capaz. Os vermes eram terríveis, mas o cheiro de marisco e carne de lagosta em decomposição era ainda pior. "Por que as pessoas são tão porcas?" era a pergunta que eu me fazia enquanto enchia as máquinas com toalhas manchadas de vermelho, vindas do restaurante Testa's, de Bar Harbor. "Por que as pessoas são tão porcas, porra?"

As roupas de cama e banho vindas de hospitais eram ainda piores. Também ficavam tomadas por vermes no verão, mas estes se alimentavam de sangue em vez de carne de lagosta ou caldo de marisco. Roupas, fronhas e lençóis infectados eram enfiados no que chamávamos de "bolsas empesteadas", que se dissolviam quando imersas em água quente, embora o sangue, naqueles tempos, não fosse considerado particularmente perigoso. As remessas do hospital para a lavanderia costumavam trazer alguns extras; pareciam caixas imundas de salgadinhos que guardavam brindes bizarros. Achei uma comadre metálica em um lote e um par de tesouras cirúrgicas em outro (a comadre não tinha uso prático, mas as tesouras viraram um acessório de cozinha dos bons). Um cara com quem eu trabalhava, chamado Ernest "Rocky" Rockwell, encontrou 20 dólares em um lote do Centro Médico do Leste do Maine, e bateu o cartão ao meio-dia e saiu para beber. (Ele sempre chamava a hora de sair de "*slitz o'clock*"*.)

Certa vez, ouvi um tilintar estranho vindo de dentro de uma das lavadoras. Interrompi a lavagem na hora, pensando que a porcaria da máquina estava batendo pino ou algo assim. Abri as portas e puxei para fora uma massa ensopada de túnicas cirúrgicas e toucas verdes e me molhei todo no processo. Embaixo das roupas, espalhada por todo o interior da máquina, que lembrava um escorredor, estava o que parecia ser uma coleção completa de dentes humanos. Primeiro passou por minha cabeça que os dentes dariam um colar interessante, mas depois preferi tirá-los da lavadora e jogá-los no lixo. Minha mulher já suportou muitas bobagens minhas ao longo dos anos, mas seu senso de humor tem limite.

26

Do ponto de vista financeiro, ter dois filhos era demais para dois universitários que trabalhavam um em uma lavanderia e outro no turno da noite da cafeteria Dunkin' Donuts. A única vantagem que tínhamos era o livre acesso a revistas como *Dude*, *Cavalier*, *Adam* e *Swank* — que meu tio Oren chamava de "livros de peitos". Em 1972, as revistas mos-

---

* Trocadilho com "six" [seis] e "slitz" [puta, em sueco, e, em inglês, gíria para chapado de maconha]. (N. E.)

travam bem mais que seios desnudos, e a ficção tinha cada vez menos espaço; mesmo assim, tive sorte e consegui pegar a última onda. Eu escrevia depois do trabalho e, às vezes, no período em que moramos na rua Grove, que ficava perto da New Franklin, um pouco durante a hora do almoço também. Imagino que isso pareça quase impossível de fazer, mas, para mim, não era — eu estava me divertindo. Aquelas histórias, por mais macabras que fossem, serviam como breves fugas do sr. Brooks, o chefe, e de Harry, o gerente.

Harry tinha ganchos no lugar das mãos por causa de uma queda em uma calandra durante a Segunda Guerra Mundial (ele estava limpando as vigas que ficavam acima da máquina quando se desequilibrou e caiu). Comediante nato, ele costumava entrar escondido no banheiro para jogar água fria em um dos ganchos e água quente no outro. Depois se aproximava sorrateiramente de quem estivesse carregando a máquina com roupas e colava os ganchos na nuca do desavisado. Eu e Rocky passávamos bastante tempo especulando como Harry cumpria certos rituais de limpeza no banheiro.

— Bom — disse Rocky certo dia, enquanto bebíamos na hora do almoço, no carro dele. —, pelo menos ele não precisa lavar as mãos.

Certas vezes —, em especial no verão, depois de engolir o comprimido de sal à tarde — me ocorria que eu estava simplesmente repetindo a vida da minha mãe. Geralmente eu achava esse um pensamento engraçado. Se, no entanto, eu estivesse cansado ou tivesse que pagar uma conta extra e não tivesse dinheiro para isso, a ideia era desoladora. "A vida não devia ser assim", pensava eu. Depois completava o raciocínio: "Meio mundo pensa a mesma coisa".

As histórias que vendi para revistas entre agosto de 1970, quando recebi o cheque de 200 dólares por "Último turno", e o início de 1974 só foram suficientes para criar uma margem mínima entre nós e o serviço de assistência social do governo (minha mãe, republicana a vida toda, expressara seu profundo horror de "ir até o condado" por mim; Tabby compartilhava desse horror).

Minha memória mais clara daqueles dias é a volta ao apartamento da rua Grove, em uma tarde de domingo, depois de passar o fim de semana na casa da minha mãe em Durham — exatamente na época em que os sintomas do câncer que a matou começaram a aparecer. Tenho uma foto daquele dia — minha mãe, cansada e sorridente, está sentada em uma cadeira na varanda, segurando Joe no colo, enquanto Naomi está de pé, firme, ao lado dela. Naomi, porém, não estava tão firme naquela tarde de domingo. Ela teve uma infecção de ouvido e estava ardendo em febre.

A caminhada arrastada do carro ao prédio foi um momento particularmente difícil. Eu carregava Naomi e uma sacola com um kit de sobrevivência para bebês (mamadeiras, loções, fraldas, macacões, roupas de baixo, meias), enquanto Tabby carregava Joe, que tinha golfado nela, e arrastava um saco de fraldas sujas atrás de si. Nós dois sabíamos que Naomi precisava da COISA ROSA, que era como nos referíamos à amoxicilina líquida. A COISA ROSA era cara, e nós estávamos duros. Completamente falidos.

Consegui abrir a porta sem deixar minha filha cair e estava entrando com todo o cuidado (Naomi estava tão febril que transmitia uma onda de calor para meu peito, como um carvão em brasa) quando vi um envelope pulando para fora de nossa caixa de correio — uma rara entrega dominical. Casais jovens não costumam receber correspondência; todo mundo, com exceção das companhias de gás e luz, parece esquecer que eles existem. Peguei o envelope, rezando para que não fosse outra conta. Não era. Meus amigos da Dugent Publishing Corporation, mantenedores da *Cavalier* e de muitas outras publicações adultas de qualidade, tinham me enviado um cheque por "Às vezes eles voltam", uma história longa que, achava eu, jamais seria vendida. O cheque era de 500 dólares, de longe o maior pagamento que eu já tinha recebido na vida. De repente, podíamos não só pagar a consulta do médico e um frasco da COISA ROSA, mas também um bom jantar de domingo. E lembro que, depois que as crianças dormiram, eu e Tabby pudemos namorar.

Acho que tivemos muitos momentos felizes naqueles dias, mas também muitos assustadores. Éramos pouco mais que crianças (como diz a sabedoria popular), e namorar ajudava a não sucumbir ao desespero. Nós cuidávamos um do outro e das crianças da melhor maneira possível. Tabby vestia o uniforme cor-de-rosa da Dunkin' Donuts e chamava a polícia quando os bêbados que entravam na loja para tomar café faziam escândalo. Eu lavava lençóis de hotéis de beira de estrada e continuava a escrever curtas de terror.

27

Quando comecei a escrever *Carrie, a estranha*, consegui um emprego como professor de inglês em Hampden, uma cidade vizinha. Eu receberia 6.400 dólares por ano, o que parecia uma soma incrível depois de ganhar 1/60 de dólar por hora na lavanderia. Se tivesse feito as contas com mais cuidado e incluído o tempo gasto em reuniões após o horário escolar e na correção de provas, eu talvez tivesse percebido que o valor era bem crível e que nossa situação ficara ainda pior. No fim do inverno, em março de 1973, estávamos morando em Hermon, uma cidadezinha a oeste de Bangor. (Muitos anos depois, em uma entrevista para a *Playboy*, chamei Hermon de "cu do mundo". Os moradores da cidade ficaram furiosos, e, por isso, peço desculpas aqui. Hermon é apenas o sovaco do mundo.) Eu dirigia um Buick com problemas de transmissão que não tínhamos dinheiro para consertar, Tabby continuava trabalhando na Dunkin' Donuts, e não tínhamos telefone. Simplesmente não tínhamos dinheiro para pagar a tarifa mensal. Tabby tentou escrever histórias femininas em tom confessional durante aquela época ("Too Pretty to Be a Virgin" [Bonita demais para ser virgem] — coisas assim) e imediatamente recebeu respostas do tipo "isso não é para nós, mas tente novamente". Ela teria conseguido, se tivesse mais uma ou duas horas por dia, mas estava presa às 24 de sempre. Além disso, a diversão mínima que ela tirava da fórmula de histórias femininas confessionais para revistas (chamada de três R — rebelião, ruína e redenção), no início, se esvaiu rapidamente.

Eu também não estava tendo muito sucesso com o que escrevia. As histórias de terror, ficção científica e crime, em revistas masculinas, estavam sendo substituídas por contos de sexo cada vez mais explícitos. Esse era um dos problemas, mas não era o único. O maior de todos era que, pela primeira vez na vida, estava difícil escrever. O problema eram as aulas. Eu gostava de meus colegas e adorava as crianças — mesmo os jovens de estilo Beavis and Butt-Head da matéria "Vivendo o Inglês" podiam ser interessantes —, mas na maioria das tardes de sexta eu tinha a sensação de que passara a semana com cabos de bateria presos ao cérebro. Se em algum momento cheguei perto de entrar em desespero com meu futuro como escritor, foi nessa época. Eu conseguia me ver trinta anos à frente, vestindo os mesmos ternos tweed com reforço nos cotovelos e a barriga de chope caindo sobre as mesmas calças cáqui da Gap. Eu teria uma tosse crônica causada pelos maços sem fim de Pall Malls, óculos mais grossos, mais caspa e, em minha escrivaninha, seis ou sete manuscritos inacabados que eu abriria e revisaria de tempos em tempos, geralmente quando estivesse bêbado. Se me perguntassem o que eu fazia nas horas vagas, a resposta seria "estou escrevendo um livro" — o que mais um professor respeitável de escrita criativa faria no tempo livre? E, claro, eu mentiria para mim mesmo, dizendo que ainda havia tempo, que não era tarde demais, que havia romancistas que só começaram aos 50 anos, ou até mesmo aos 60. Devia haver muitos deles.

Minha mulher fez toda a diferença nesses dois anos que passei dando aulas em Hampden (e lavando lençóis na lavanderia New Franklin durante as férias de verão). Se, na época, ela tivesse insinuado que o tempo que eu gastava escrevendo histórias na varanda de nossa casa na rua Pond ou na lavanderia de nossa casa alugada na rua Klatt, em Hermon, era um desperdício, acho que grande parte do meu entusiasmo teria ido por água abaixo. Tabby, no entanto, jamais demonstrou qualquer dúvida. O apoio dela era constante, uma das poucas coisas com que eu podia contar. E sempre que vejo um primeiro romance dedicado à mulher (ou ao marido), sorrio e penso: "Aí está alguém que sabe". Escrever é um trabalho solitário. Ter alguém que acredita em você faz muita diferença. Eles não precisam fazer discursos motivacionais. Basta acreditar.

28

Nos tempos de faculdade, meu irmão trabalhava durante o verão como zelador na Brunswick High, sua velha *alma mater*. Durante parte de um verão também trabalhei lá. Não lembro quando, só sei que foi antes de conhecer Tabby, mas depois de começar a fumar. Eu devia ter 19 ou 20 anos, imagino. Fiz dupla com um sujeito chamado Harry, que usava fardas verdes, tinha um chaveiro enorme e mancava. (Ele tinha mãos em vez de ganchos, no entanto.) Uma vez, na hora do almoço, Harry me contou como foi encarar um ataque banzai na ilha de Tarawa, com todos os oficiais japoneses brandindo espadas feitas de latas de café Maxwell House, e todos os soldados na retaguarda completamente chapados e fedendo a papoula queimada. Meu colega Harry era um belo contador de histórias.

Certo dia, ele e eu tínhamos que limpar as marcas de ferrugem das paredes do chuveiro feminino. Analisei o vestiário com o interesse de um jovem muçulmano que, por alguma razão, se vê no meio do alojamento feminino. Era igual ao masculino, mas, ainda assim, completamente diferente. Não havia mictórios, é claro, e nas paredes de azulejo havia duas caixas de metal a mais — sem nenhuma identificação e em um tamanho que não condizia com as toalhas de papel. Perguntei o que havia nelas.

— Rolhas de xoxota — respondeu Harry. — Para certos dias do mês.

Também notei que os chuveiros, diferentemente daqueles no vestiário masculino, tinham trilhos em U com cortinas de plástico cor-de-rosa. Realmente dava para ter privacidade na hora do banho. Comentei isso com Harry, e ele respondeu, dando de ombros:

— Acho que as meninas têm mais vergonha de tirar a roupa.

Essa lembrança me voltou enquanto eu trabalhava na lavanderia, e comecei a imaginar a cena de abertura de uma história: meninas tomando banho em um vestiário em que não havia trilhos em U, nem cortinas de plástico cor-de-rosa, nem privacidade. E uma delas começa a menstruar. O problema é que a menina não sabe o que está acontecendo, e as outras — enojadas, aterrorizadas, entretidas — começam a jogar absorventes nela. Ou absorventes internos, que Harry chamou de rolhas de xoxota. A menina começa a gritar. Tanto sangue! Ela acha que está morrendo, e que as outras estão rindo de sua cara enquanto ela se esvai em sangue... ela reage... luta... mas como?

Eu tinha lido, alguns anos antes, um artigo na revista *Life* que dizia que pelo menos alguns fenômenos *poltergeist* podiam ser, na verdade, atividades telecinéticas. Telecinesia é a capacidade de mover objetos com o pensamento. Segundo o artigo, alguns indícios sugeriam que jovens tinham esse poder, especialmente meninas no início da adolescência, por volta da época da primeira...

Pou! Dois fatos sem qualquer relação, crueldade adolescente e telecinesia, se uniram, e eu tive uma ideia. Não deixei meu posto na

Washex nº 2, nem saí correndo pela lavanderia agitando os braços e gritando "Eureca!". Já tivera muitas ideias tão boas quanto essa, e outras ainda melhores. Ainda assim, achei que tinha o início de uma boa história para a *Cavalier*, e em algum lugar de minha cabeça a esperança de chegar à *Playboy* acenava discretamente. A *Playboy* pagava até 2 mil dólares por contos de ficção. Duas mil pratas dariam para comprar uma nova transmissão para o Buick e ainda teríamos dinheiro de sobra para fazer compras. A história ainda ficou cozinhando por um tempo, ganhando corpo naquele lugar que ainda não é consciente mas também não é exatamente inconsciente. Comecei minha carreira de professor antes de ter chance de me sentar e burilar a ideia. Escrevi três páginas em espaço simples com a primeira versão e depois, desgostoso, as amassei e joguei fora.

Eu via quatro problemas no que tinha escrito. O primeiro e menos importante era o fato de que a história não mexia comigo, emocionalmente falando. O segundo, ligeiramente mais importante, era que eu não gostava muito da personagem principal. Carrie White parecia obtusa e passiva, uma vítima pronta. As outras meninas jogavam absorventes nela, gritando "Enfia! Enfia!", e eu não dava a mínima. O terceiro problema, ainda mais importante, era que eu não estava me sentindo confortável com o cenário, nem com o elenco totalmente feminino. Eu tinha acabado de aterrissar no Planeta Fêmea, e minha única incursão no vestiário feminino da Brunswick High School, anos antes, não era uma bússola muito útil. Para mim, a escrita é sempre melhor quando é íntima, tão sexy quanto pele na pele. Com *Carrie, a estranha*, era como se eu estivesse metido em uma roupa de mergulho que não conseguia tirar. O quarto problema, e o mais importante de todos, foi perceber que a história não valeria a pena a menos que fosse bastante longa, mais até que "Às vezes eles voltam", que estava no limite máximo do que o mercado de revistas masculinas aceitaria, em termos de contagem de palavras. Era preciso espaço para fotos de *cheerleaders* que, por alguma razão, tinham se esquecido de vestir a calcinha — era por causa delas que os homens compravam as revistas. Eu não conseguia me ver perdendo duas semanas, talvez um mês, em um romance de que eu não gostava nem conseguiria vender. Então joguei tudo fora.

Na noite seguinte, quando voltei da escola, Tabby estava com as páginas nas mãos. Ela tinha visto o texto enquanto esvaziava a lata de lixo, espanara as cinzas de cigarro das bolas de papel amassado, alisara as páginas e começara a ler. Tabby queria que eu continuasse a história. Queria saber o resto. Eu disse que não sabia nada de nada sobre meninas adolescentes. Ela disse que me ajudaria com essa parte. Tabby estava com o queixo inclinado e abriu aquele sorriso arrasadoramente lindo.

— Você tem coisa boa aí — disse ela. — Tenho certeza disso.

29

Nunca consegui gostar de Carrie White e nunca confiei nos motivos que levaram Sue Snell a mandar o namorado ir ao baile com Carrie, mas eu realmente tinha algo bom ali. Como uma carreira inteira pela frente. De alguma forma, Tabby sabia disso, e, quando cheguei a uma pilha de cinquenta páginas em espaço simples, eu também soube. No mínimo, eu sabia que os personagens que foram ao baile com Carrie White jamais esqueceriam o que aconteceu. Os poucos que sobreviveram à ocasião, é claro.

Antes de *Carrie, a estranha* eu tinha escrito três romances: *Fúria*, *A longa marcha* e *O concorrente* foram publicados depois. *Fúria* é o mais perturbador de todos. *A longa marcha* deve ser o melhor. Nenhum deles, porém, me ensinou as lições que aprendi com Carrie White. A mais importante delas é que a percepção original do escritor sobre um personagem ou personagens pode ser tão equivocada quanto a do leitor. A segunda lição, quase tão importante quanto a primeira, foi perceber que parar uma história só porque ela é emocional ou criativamente custosa é uma péssima ideia. Às vezes é preciso perseverar, mesmo quando não se tem vontade, e às vezes você está fazendo um bom trabalho mesmo quando parece estar sentado escavando merda.

Tabby me ajudou em vários pontos, a começar pela informação de que absorventes nas escolas americanas geralmente são gratuitos — "a ideia de ver meninas andando pelos corredores com a saia suja de sangue porque estavam sem dinheiro não agradava nem um pouco aos docentes e à administração", explicou minha mulher. Também me ajudei um pouco, escavando as memórias dos tempos de colégio (meu trabalho como professor de inglês não ajudava; eu já tinha 26 anos e estava do lado errado da mesa) em busca do que eu sabia sobre as duas meninas mais solitárias e sacaneadas da minha turma — como se vestiam, como se comportavam, como eram tratadas. Poucas vezes na carreira explorei territórios tão desagradáveis.

Vou chamar uma dessas meninas de Sondra. Ela morava com a mãe e um cachorro, chamado Cheddar Cheese, em um trailer não muito longe de minha casa. Sondra tinha uma voz vacilante e irregular, como se sempre falasse com as cordas vocais carregadas de catarro. Não era gorda, mas sua pele tinha uma aparência pálida e flácida, como a parte de baixo de alguns cogumelos. O cabelo, muito cacheado, no estilo da personagem de quadrinhos *Annie, a pequena órfã*, grudava nas bochechas cheias de espinhas. Ela não tinha amigos (com exceção de Cheddar Cheese, acho). Certo dia, a mãe dela me pagou para trocar alguns móveis de lugar. Dominando a sala do trailer havia um Cristo crucificado quase em tamanho natural, olhos virados para cima, boca pendendo para baixo, sangue escorrendo por baixo da coroa de espinhos. Ele estava quase nu, coberto apenas pelo pano enrolado em torno do quadril. Acima do pano ficava a barriga funda e as costelas aparentes de prisioneiro de campo de concentração. Então me ocorreu que Sondra crescera sob o olhar agonizante daquele deus moribundo, e que isso, com certeza, tivera um papel preponderante em transformá-la na menina que conheci: uma excluída tímida e desajeitada, que passava correndo pelos corredores da Lisbon High como um ratinho assustado.

— Este é Jesus Cristo, meu Senhor e Salvador — disse a mãe de Sondra, ao perceber que eu olhava para a estátua. — *Você* já foi salvo, Steve?

Rapidamente respondi que tinha sido salvo, sem sombra de dúvida, embora achasse que ninguém jamais seria bom o suficiente para conseguir que aquela versão de Jesus intercedesse em seu nome. A dor o deixara fora de si. Dava para ver na expressão dele. Se *aquele* cara um dia voltasse, duvido que ainda estivesse a fim de salvar a humanidade.

Vou chamar a outra menina de Dodie Franklin; apenas as outras garotas a chamavam de Dodo ou Doodoo. Os pais de Dodie só tinham um interesse: participar de concursos. E eles eram bons nisso. Ganharam todo tipo de coisas estranhas, tais como um suprimento de um ano de atum da marca Three Diamonds e um automóvel Maxwell igualzinho ao que Jack Benny usava em seu programa de TV. Estacionado do lado esquerdo da casa da família, na parte de Durham conhecida como Southwest Bend, o Maxwell gradualmente se misturou à paisagem. Ano sim, ano não, um dos jornais da região — *Portland Press Herald, Lewiston Sun, Lisbon Weekly Enterprise* — fazia uma matéria sobre todas as coisas estranhas que os pais de Dodie tinham ganhado em rifas, bingos e loterias. Geralmente aparecia uma foto do Maxwell, ou de Jack Benny com seu violino, ou de ambos.

    Apesar de tudo o que os Franklin ganhavam, um suprimento de roupas para adolescentes não fazia parte do pacote. Dodie e o irmão, Bill, vestiram o mesmo traje todos os dias durante o primeiro ano e meio do ensino médio: calça preta e camisa xadrez de mangas curtas para ele, saia preta longa, meias soquete cinzentas e blusa branca sem mangas para ela. Alguns de meus leitores podem não acreditar que estou sendo literal quando digo *todos os dias*, mas quem cresceu em cidadezinhas americanas durante os anos 1950 e 1960 vai saber que sim. Na Durham da minha infância, a vida nunca (ou quase nunca) usava maquiagem. Fui para a escola com crianças que passavam meses com a mesma marca de sujeira no pescoço, crianças cuja pele estava infestada de erupções e feridas, crianças com o rosto parecendo maçãs secas, resultado de queimaduras não tratadas, crianças que eram mandadas para a escola com pedras na merendeira e nada além de ar na garrafa térmica. Não era a Arcádia; para a maioria, era a *A família Buscapé* sem senso de humor.

    Dodie e Bill Franklin se viraram bem no ensino fundamental; chegar ao ensino médio, porém, significava ir para uma cidade bem maior, e para crianças como Dodie e Bill, Lisbon Falls também significava cair no ridículo e, depois, em desgraça. Nós vimos, com um misto de diversão e horror, a camisa de Bill começar a desbotar e descosturar nas mangas. Ele trocou um botão perdido por um clipe. Uma fita, cuidadosamente pintada de preto com giz de cera para ficar da cor da calça, apareceu sobre o rasgo que ficava atrás de um dos joelhos. A blusa branca sem mangas de Dodie começou a ficar amarelada com o uso, o tempo e o acúmulo de manchas de suor. À medida que o tecido ficava mais fino, as alças do sutiã começaram a aparecer cada vez mais. As outras meninas riam dela. Primeiro, pelas costas, depois, na cara. O que era bullying virou terrorismo. Os meninos não participavam daquilo; nós tínhamos Bill para nos ocupar (sim, eu participei — não perdi a linha, mas estava lá). Dodie sofreu mais, eu acho. As meninas não apenas riam dela; elas a odiavam, também. Dodie era tudo o que elas mais temiam.

Em nosso último ano de escola, logo depois das férias de Natal, Dodie voltou às aulas resplandecente. A velha saia preta démodé fora trocada por uma vermelha que ia até os joelhos, em vez de parar na metade das canelas. As velhas meias soquete foram trocadas por uma meia-calça de nylon que caiu muito bem, porque ela finalmente tinha decidido raspar o exuberante tapete de pelos negros das pernas. A velha blusa sem mangas deu lugar a um confortável suéter de lã. Ela tinha até feito permanente. Dodie tinha passado por uma transformação, e dava para ver em seu rosto que a garota tinha consciência disso. Não faço ideia se ela economizou para comprar as roupas novas, se foram presente de Natal dos pais ou se ela implorou tanto que finalmente conseguiu o que queria. Não importa, porque meras roupas não conseguiram mudar a situação. Naquele dia, a zombaria foi pior do que nunca. As colegas de Dodie não tinham a menor intenção de deixá-la sair da geladeira em que a haviam colocado; ela foi punida pela ousadia de tentar escapar. Eu tinha várias aulas com ela e pude ver em primeira mão sua descida aos infernos. Vi seu sorriso se desfazer, vi a luz em seus olhos se apagar até desaparecer. No fim do dia, ela já tinha voltado a ser a menina que era antes das férias — um espectro sardento e sem expressão, se esgueirando pelos corredores com os olhos no chão e os livros colados ao peito.

Ela vestiu a saia e o suéter novos no dia seguinte. E no outro. E no outro. Quando o ano escolar terminou, Dodie ainda usava as mesmas roupas, embora estivesse quente demais para se usar lá e houvesse sempre suor em suas têmporas e no lábio superior. O permanente feito em casa não foi repetido e as roupas novas adquiriram uma aparência fosca, sem graça, mas o bullying recuou aos níveis pré-natalinos e o terrorismo cessou completamente. Alguém tinha tentado escapar da prisão e teve que ser abatido, só isso. Como a tentativa de fuga não deu certo, com os prisioneiros mais uma vez reunidos, a vida pôde voltar ao normal.

Sondra e Dodie já tinham morrido na época em que comecei a escrever *Carrie, a estranha*. Sondra saiu do trailer de Durham, para longe do olhar agonizante do salvador moribundo, e se mudou para um apartamento em Lisbon Falls. Ela deve ter trabalhado em algum lugar nas redondezas, talvez em uma tecelagem ou fábrica de calçados. Era epilética e morreu durante uma convulsão. Morava sozinha, então não havia alguém para ajudar quando ela caiu com a cabeça inclinada para o lado errado. Dodie se casou com um homem do tempo da TV que ganhou certa reputação na Nova Inglaterra pela dicção arrastada característica do Maine. Após o nascimento de um filho — acho que o segundo —, Dodie foi até o porão e colocou uma bala de calibre 22 na barriga. Foi um tiro certeiro (ou equivocado, dependendo do ponto de vista), que atingiu a veia porta e a matou. Disseram na cidade que foi depressão pós-parto, muito triste. Eu, por minha vez, suspeito que a ressaca pós-colégio possa ter contribuído para a tragédia.

Nunca gostei de Carrie, a versão feminina de Eric Harris e Dylan Klebold — os adolescentes responsáveis pelo massacre de Columbine —, mas através de Sondra e Dodie consegui, pelo menos, entendê-la um pouco. Tenho pena dela e também de seus colegas, porque muito tempo atrás também fui um deles.

30

Enviei o manuscrito de *Carrie, a estranha* para a editora Doubleday, onde trabalhava um amigo chamado William Thompson. Deixei o assunto de lado e segui com a vida, que naquele período consistia em dar aulas, cuidar das crianças, amar minha mulher, ficar bêbado nas tardes de sexta e escrever histórias.

Naquele semestre, eu tinha o quinto período livre, logo após o almoço. Costumava ficar na sala dos professores, corrigindo trabalhos e desejando me esticar no sofá e tirar um cochilo — no começo da tarde, minha energia era comparável à de uma jiboia que acaba de engolir uma cabra. O interfone tocou, e Colleen Sites, da diretoria, perguntou se eu estava ali. Respondi que sim, e ela me disse para ir até lá. Era uma ligação. Da minha mulher.

A caminhada da sala dos professores, na ala inferior, até o escritório da diretoria parecia longa mesmo durante o horário das aulas, quando os corredores ficavam praticamente vazios. Andei rápido, sem correr, com o coração aos pulos. Tabby teria tido que colocar botas e vestir casaco nas crianças para ir usar o telefone na casa do vizinho, e só consegui pensar em duas razões para ela fazer isso. Ou umas das crianças caíra da escada e quebrara a perna, ou eu tinha conseguido vender *Carrie*.

Minha mulher, sem fôlego, mas delirantemente feliz, leu para mim um telegrama. Bill Thompson (que depois descobriria um escrevinhador do Mississippi chamado John Grisham) o enviara depois de tentar me ligar e descobrir que os King não tinham mais telefone. "PARABÉNS", dizia a correspondência. "CARRIE É OFICIALMENTE UM LIVRO DA DOUBLEDAY. ADIANTAMENTO PODE SER US$ 2.500? O FUTURO ESTÁ DIANTE DE VOCÊ. ABRAÇOS, BILL."

Um adiantamento de 2.500 dólares para a edição de capa dura* era bem pequeno, mesmo para o início da década de 1970, mas eu não sabia disso e não tinha agente literário para me dizer. Antes de pensar que eu poderia precisar de um agente, gerei bem mais de 3 milhões de dólares em lucro, um ótimo negócio para a editora. (O contrato-padrão da Doubleday naquela época era melhor que trabalho escravo, mas não muito.) Meu pequeno romance de terror colegial marchou para a publicação com exasperante lentidão. Embora a história tivesse sido aprovada no fim de março ou no início de abril de 1973, a publicação só foi programada para o segundo trimestre de 1974. O que não era incomum. Naqueles tempos, a Doubleday era uma enorme usina de ficção, produzindo mais de cinquenta livros de mistério, romances, séries de ficção científica e faroestes Double D por mês, além de uma enorme linha de frente composta por obras de pesos-pesados como Leon Uris e Allen Drury. Eu era apenas um peixe pequeno em um rio bem caudaloso.

Tabby perguntou se eu poderia parar de dar aulas. Respondi que não, pelo menos não com base no adiantamento e em algumas possibilidades nebulosas. Se eu estivesse sozinho, talvez (que se dane, *provavelmente*). Mas com mulher e dois filhos? De jeito nenhum. Eu me lembro de nós dois deitados na cama, naquela noite, comendo torradas e conversando até altas horas. Tabby perguntou o quanto ganharíamos se a Doubleday conseguisse vender os direitos de publicação em brochura

---

* Nos Estados Unidos, uma edição de capa dura (hardcover) normalmente é lançada antes da edição brochura (paperback). (N. E.)

de *Carrie, a estranha*, e eu respondi que não sabia. Eu tinha lido que Mario Puzo acabara de receber um enorme adiantamento com a venda dos direitos de publicação para edição de bolso de *O poderoso chefão* — 400 mil dólares, de acordo com o jornal —, mas eu achava que *Carrie* não chegaria nem perto desse valor, isso se os direitos para edição em brochura fossem de fato vendidos.

Tabby perguntou — de maneira até tímida para minha mulher, normalmente direta — se eu *acreditava* que o livro teria uma edição em brochura. Respondi que considerava as chances bastante boas, talvez sete ou oito em dez. Ela perguntou quanto a publicação traria de lucro. Respondi que meu palpite era algo entre 10 mil e 60 mil dólares.

— Sessenta mil dólares? — Ela pareceu quase em choque. — É possível chegar a um valor tão alto?

Respondi que sim — não era *provável*, mas era *possível*. Também lembrei a ela que meu contrato especificava uma divisão meio a meio no caso de edição brochura, ou seja, se a Ballantine ou a Dell *pagassem* 60 mil, nós só levaríamos 30. Tabby não se dignou a dar resposta — não era preciso. Trinta mil dólares era o que eu ganharia em quatro anos de magistério, contando com os aumentos de salário anuais. Era muito dinheiro. Parecia bom demais para ser verdade, mas aquela era uma noite para sonhar.

31

Carrie, a estranha caminhava a passos lentos para a publicação. Usamos o adiantamento para comprar um carro novo (um carro com câmbio manual que Tabby odiou e xingou com os palavrões mais cabeludos que existiam em seu repertório de trabalhadora braçal) e eu assinei um contrato para dar aulas durante o ano letivo de 1973/74. Eu estava escrevendo um novo romance, uma mistura peculiar de *A caldeira do diabo* e *Drácula*, que chamei de *Second Coming* [O segundo advento].* Nós nos mudamos para um apartamento térreo em Bangor, um verdadeiro buraco, mas estávamos de volta à cidade, tínhamos um carro com seguro e um telefone em casa.

---

* Essa obra, mais tarde, por influência de Tabitha e dos editores de King, foi intitulada *'Salem's Lot*, *'Salem* no Brasil. (N. E.)

Para dizer a verdade, *Carrie* saiu quase que completamente de minha cabeça. As crianças davam muito trabalho, tanto as da escola quanto as de casa, e comecei a me preocupar com minha mãe. Ela já tinha 61 anos, ainda trabalhava no Centro de Treinamento Pineland e continuava engraçada como sempre, mas Dave disse que ela se sentia mal a maior parte do tempo. O criado-mudo estava apinhado de analgésicos, e meu irmão temia que algo estivesse errado.

— Você sabe que ela sempre fumou como uma chaminé — disse Dave.

Meu irmão não tinha moral nenhuma para falar, pois também fumava como uma chaminé (assim como eu, e minha mulher odiava as despesas com cigarro e as cinzas constantes), mas entendi o que ele quis dizer. E, embora não morasse tão perto de minha mãe quanto Dave e não a visse tão frequentemente, eu tinha percebido, na última visita, que ela perdera peso.

— O que a gente pode fazer? — perguntei.

Por trás da pergunta estava tudo o que sabíamos sobre nossa mãe, que "guardava suas coisas para si", como costumava dizer. O resultado dessa filosofia era uma enorme lacuna em branco onde outras famílias tinham histórias. Dave e eu sabíamos quase nada sobre nosso pai ou a família dele, e muito pouco sobre o passado de nossa mãe, que incluía incríveis (para mim, pelo menos) oito irmãos mortos e a ambição jamais realizada de se tornar pianista de concerto (ela dizia ter tocado órgão em algumas novelas de rádio da NBC e em shows dominicais da igreja, durante a guerra).

— Não podemos fazer nada — respondeu Dave —, a menos que ela peça.

Em um domingo, não muito depois dessa ligação, recebi outra de Bill Thompson, da Doubleday. Eu estava sozinho no apartamento; Tabby tinha ido com nossos filhos visitar a mãe, e fiquei trabalhando no novo livro, que pensava em chamar de *Vampires in Our Town* [Vampiros em nossa cidade].

— Você está sentado? — perguntou Bill.

— Não. — O telefone ficava na parede da cozinha, e eu estava de pé na soleira da porta entre a cozinha e a sala. — Preciso me sentar?

— É melhor. Os direitos da edição brochura de *Carrie* foram vendidos para a Signet Books por 400 mil dólares.

Quando eu era criança, vovô disse à minha mãe: "Por que você não faz essa criança calar a boca, Ruth? Quando Stephen abre a boca, bota tudo para fora". Era verdade então, e continuou sendo verdade por toda a minha vida, mas naquele Dia das Mães, em maio de 1973, eu fiquei absolutamente sem palavras. Fiquei ali na soleira, como fazia sempre, mas não consegui falar. Bill perguntou, meio rindo, se eu ainda estava ali. Ele sabia que sim.

Eu não tinha ouvido direito. Não era possível. Essa ideia conseguiu trazer minha voz de volta:

— Você quer dizer que foi comprada por 40 mil dólares?

— Quatrocentos mil dólares. Tudo preto no branco — respondeu ele, confirmando que tudo estava de acordo com o contrato que eu assinara. — Duzentos mil são seus. Parabéns, Steve.

Eu continuava de pé na soleira, olhando para a sala, em direção ao nosso quarto e ao berço de Joe. A gente pagava um aluguel de 90 dólares por mês na casa da rua Sanford, e vinha aquele homem que eu só vira uma vez na vida me dizer que eu tinha acabado de ganhar na loteria. Minhas pernas bambearam. Não cheguei a levar um tombo, mas me deixei cair até sentar.

— Tem certeza? — perguntei a Bill.

Ele disse que sim. Pedi para que falasse o valor de novo, lenta e claramente, para que eu tivesse certeza de que tinha entendido certo. Ele disse que o número era um quatro seguido de cinco zeros.

— Além de uma vírgula e mais dois zeros. — acrescentou.

Conversamos por mais meia hora, mas não me lembro de uma única palavra do que dissemos. Depois de desligar, tentei falar com Tabby na casa da mãe dela. Marcella, irmã caçula de Tab, disse que ela já tinha saído. Fiquei andando de meias, de um lado a outro do apartamento, explodindo de vontade de dar as boas notícias e sem ter ninguém para ouvir. Eu tremia feito vara verde. Por fim, calcei os sapatos e andei até o centro da cidade. A única loja aberta na rua principal de Bangor era a drogaria LaVerdiere. De repente, senti que precisava dar um presente de Dias das Mães a Tabby, algo louco e extravagante. Tentei, mas eis uma das verdades da vida: não existem coisas realmente loucas e extravagantes à venda na LaVerdiere. Fiz o melhor que pude. Comprei um secador de cabelo.

Quando voltei para casa, ela estava na cozinha desfazendo as bolsas das crianças e cantando junto com o rádio. Dei-lhe o secador de presente. Ela olhou para o aparelho como se nunca tivesse visto um na vida.

— Pra que isso? — perguntou ela.

Coloquei minhas mãos em seus ombros. E contei sobre a venda da edição em brochura. Ela pareceu não entender. Contei de novo. Por sobre meus ombros, Tabby olhou para nosso apartamento nojento de quatro cômodos, como eu tinha feito, e começou a chorar.

32

Fiquei bêbado pela primeira vez em 1966. Foi na viagem dos veteranos do colégio a Washington, DC. Fomos de ônibus, cerca de quarenta jovens e três responsáveis (um deles, aliás, era o Bola Branca), e passamos a primeira noite em Nova York, onde já se podia beber aos 18 anos. Graças aos meus ouvidos ruins e minhas amígdalas de merda, eu já tinha quase 19. Dava e sobrava.

Eu e os outros meninos mais aventureiros encontramos uma loja de bebidas no quarteirão do hotel. Olhei para as prateleiras, sabendo que o dinheiro que eu tinha estava longe de ser uma fortuna. Era demais para mim — garrafas demais, marcas demais, preços demais acima de 10 dólares. Por fim, desisti e perguntei ao cara atrás do balcão (o mesmo sujeito careca com ar entediado, em roupas cinzentas, que, sem sombra de dúvida, vendeu a primeira garrafa a virgens de álcool desde a aurora do comércio) o que tinha de mais barato ali. Sem dizer palavra, ele botou uma garrafinha de meio litro de uísque Old Log Cabin ao lado da caixa registradora. A etiqueta no rótulo dizia US$ 1,95. O preço estava certo.

Eu me lembro de ter sido levado para dentro do elevador, naquela noite — ou talvez tenha sido na manhã seguinte —, por Peter Higgins (filho do Bola Branca), Butch Michaud, Lenny Partridge e John Chizmar. A imagem que tenho na cabeça mais parece uma cena de programa de TV do que uma lembrança de fato. Parece que estou assistindo a tudo de fora do meu corpo. Sobrou apenas consciência o bastante para eu saber que me fodi incrivelmente.

A câmera nos filma enquanto subimos até o andar das meninas e sou jogado de um lado para outro do corredor, em uma exibição trôpega e bem divertida, ao que parece. As meninas estão de camisola, robe, bobes e cremes no cabelo. Estão rindo de mim, mas não parece ser de um jeito cruel. O som está mudo, como se eu tivesse algodão nos ouvidos. Tento dizer a Carole Lemke que acho o cabelo dela maravilhoso e que ela tem os olhos azuis mais lindos do mundo. O que sai é algo como "uga-buga olhos azuis, munga-unga mundo inteiro". Carole ri e balança a cabeça, como se tivesse entendido tudo. Estou muito feliz. Diante de todos está um completo idiota, com certeza, mas um idiota feliz, que todo mundo adora. Fico vários minutos tentando dizer a Gloria Moore que descobri o segredo de Dean Martin, o comediante que tomava bons goles de bebida durante suas famosas apresentações.

Em algum momento depois disso, já estou na cama. A cama está parada, mas o quarto parece girar em torno dela, cada vez mais rápido. E me ocorre que o quarto gira como minha vitrola Webcor, onde antes eu botava Fats Domino para tocar, e agora escuto Dylan e Dave Clark Five. A sala é o prato, eu sou o eixo, e em pouco tempo o eixo vai começar a jogar os discos longe.

Apago por um momento. Quando volto a mim, estou de joelhos no banheiro do quarto duplo que divido com meu amigo Louis Purington. Não faço ideia de como cheguei ali, mas que bom que cheguei, porque o banheiro está cheio de vômito amarelo. Parece milho enlatado, penso, e basta isso para vomitar de novo. Não sai nada além de saliva com gosto de uísque, mas parece que minha cabeça vai explodir. Não consigo andar. Volto para a cama engatinhando, com o cabelo molhado de suor caindo nos olhos. Vou me sentir melhor amanhã, penso, e apago de novo.

De manhã meu estômago está um pouco melhor, mas a garganta está irritada de tanto vomitar e a cabeça lateja como uma boca cheia de dentes podres. Meus olhos viraram lentes de aumento, a terrível luz brilhante da manhã ainda mais forte entrando pelas janelas do hotel. Luz que, em breve, vai incendiar meu cérebro.

Participar das atividades programadas para aquele dia — uma caminhada até a Times Square, um passeio de barco até a Estátua da Liberdade, uma subida até o topo do Empire State — está fora de questão. Andar? Eca. Barcos? Duas vezes eca. Elevadores? Eca à quarta potência. Meu Deus, eu mal consigo me mexer. Dou alguma desculpa esfarrapada e passo a maior parte do dia na cama. No fim da tarde, me sinto um pouco melhor. Coloco uma roupa, me arrasto pelo corredor até chegar ao elevador e desço até o primeiro andar. Comer é impossível, mas acho que consigo beber um refrigerante, fumar um cigarro e ler uma revista. E então, quem vejo no saguão, sentado em uma cadeira, lendo jornal, se não o sr. Earl Higgins, codinome Bola Branca? Passo por ele tentando não fazer barulho, mas não adianta. Quando volto da loja ele está lá, sentado com o jornal no colo, olhando para mim. Meu estômago embrulha. Ele vai me arrumar mais problema com o diretor, e talvez seja ainda pior do que na época do *Village Vomit*. Ele me chama e então descubro algo interessante: o sr. Higgins, na verdade, é gente boa. Ele me deu um esporro homérico por causa da brincadeira no jornal, mas talvez tenha sido por insistência da srta. Margitan. E eu só tinha 16 anos, afinal de contas. No dia da minha primeira ressaca, eu estava prestes a completar 19, tinha sido aceito na universidade estadual e, quando a viagem acabasse, um trabalho me esperava na tecelagem.

— Soube que você estava mal demais para passear por Nova York com os outros alunos — diz o Bola Branca, me olhando de cima a baixo.

Respondo que sim, que estava doente.

— É uma pena você ter perdido a diversão. Está se sentindo melhor agora?

Estava, sim. Provavelmente uma gastroenterite, um desses vírus de 24 horas.

— Não vá pegar este vírus de novo — adverte ele. — Pelo menos, não nesta viagem. — Ele me encara por mais um momento, os olhos perguntando se estávamos entendidos.

— Com certeza, não — respondo sinceramente.

Agora sei como é estar bêbado — uma vaga sensação de frenética boa vontade, uma sensação mais nítida de que sua consciência está quase toda fora do corpo, pairando como a câmera de um filme de ficção científica e filmando tudo, e depois enjoo, vômitos e dor de cabeça. Digo a mim mesmo que não vou pegar aquele vírus de novo, nem nesta viagem, nem nunca mais. Basta uma vez para descobrir como é. Só um idiota faria uma segunda tentativa, e só um lunático — um lunático *masoquista* — passaria a beber regularmente.

No dia seguinte, seguimos para a capital e, no caminho, paramos em uma comunidade Amish. Há uma loja de bebidas perto de onde o ônibus estaciona. Vou dar uma olhada. Embora a idade legal para beber na Pensilvânia seja 21 anos, eu devo facilmente aparentar ser mais velho que isso, usando meu único terno bom e envergando o velho sobretudo preto de Fazza — na verdade, devo parecer um jovem prisioneiro recém-libertado, alto, faminto e, com certeza, desajeitado. O atendente me vende uma dose de Bourbon Four Roses sem pedir qualquer documento, e assim, na hora em que paramos para dormir, já estou bêbado de novo.

Mais ou menos dez anos depois, estou em um bar irlandês com Bill Thompson. Temos vários motivos para comemorar, e um deles é a conclusão do meu terceiro livro, *O iluminado*. É aquele que, por acaso, fala de um escritor e ex-professor alcoólatra. É julho, noite de um jogo importante de beisebol. Nosso plano é comer comida boa e tradicional, servida em travessas aquecidas a vapor, e depois encher a cara. Tomamos duas no bar, e começo a ler os cartazes. TOME UM MANHATTAN EM MANHATTAN, diz um. TERÇA É DIA DE DOSE DUPLA, diz outro. O TRABALHO É A MALDIÇÃO DA CLASSE BEBEDORA, diz o terceiro. E então, logo à minha frente, há um que diz: ESPECIAL PARA MADRUGADORES! SCREWDRIVERS POR UM DÓLAR SEG./SEX. DAS 8 ÀS 10.

Chamo o garçom. Ele se aproxima. É careca, está usando uma jaqueta cinza e pode muito bem ser o cara que me vendeu a primeira bebida, em 1966. Talvez seja mesmo. Aponto para o cartaz e pergunto:

— Quem chega aqui às 8h15 da manhã e pede um *screwdriver*?

Sorrio, mas ele não sorri em resposta.

— Universitários — responde ele. — Como você.

33

Em 1971 ou 1972, Carolyn Weimer, minha tia, morreu de câncer de mama. Minha mãe e tia Ethelyn (gêmea da tia Cal) foram ao funeral, em Minnesota. Foi a primeira vez que minha mãe entrou em um avião em vinte anos. Na viagem de volta, ela começou a sangrar profusamente "pelas partes íntimas", como ela mesma diria. Embora já tivesse passado havia muito pela menopausa, ela disse a si mesma que era simplesmente um último ciclo menstrual. Trancada no minúsculo banheiro de um avião da TWA, durante um momento de turbulência, ela estancou o sangramento com absorventes (*enfia, enfia*, teriam dito Sue Snell e amigas), depois voltou para seu lugar. Minha mãe não disse nada a Ethelyn, nem a David, nem a mim. Ela não foi se consultar com o dr. Joe Mendes, em Lisbon Falls, seu médico desde tempos imemoriais. Em vez disso, fez o que sempre fazia em períodos difíceis: guardou o problema para si mesma. Por um tempo, as coisas pareceram ficar bem. Ela gostava do trabalho, gostava dos amigos e gostava dos quatro netos, dois da família de Dave, dois da minha. Mas então as coisas deixaram de ficar bem. Em agosto de 1973, durante o check-up após uma cirurgia para "tirar" enormes varizes, minha mãe foi diagnosticada com câncer uterino. Acho que Nellie Ruth Pillsbury King, que uma vez derrubou um pote de gelatina e ficou dançando em cima dela enquanto os dois filhos riam até cair no chão, acabou literalmente morrendo de vergonha.

O fim chegou em fevereiro de 1974. Naquela época, uma pequena parte do dinheiro de *Carrie, a estranha* começou a entrar e eu pude ajudar com algumas despesas médicas — era a única coisa que me dava alguma alegria. Eu estava lá no último dia, dormindo no quarto dos fundos da casa de Dave e Linda. Eu tinha ficado bêbado na véspera, mas estava com uma ressaca leve, o que era bom. Ninguém ia querer estar com uma ressaca homérica ao lado do leito de morte da mãe.

Dave me acordou às 6h15, dizendo baixinho através da porta que achava que ela estava partindo. Quando cheguei ao quarto principal, ele estava sentado na cama, ao lado de nossa mãe, segurando um cigarro Kool para que ela fumasse. Foi o que ela fez entre uma e outra busca desesperada por ar. Minha mãe estava semiconsciente, e seus olhos iam de Dave para mim e de volta para ele. Sentei perto de meu irmão, peguei o cigarro e levei à boca de mamãe. Os lábios se contraíram para apertar o filtro. Ao lado da cama, replicada vezes sem fim em um espelho que refletia outro, estava uma das primeiras provas de *Carrie*. Tia Ethelyn lera a história em voz alta cerca de um mês antes da morte de mamãe.

Os olhos dela iam de Dave para mim, de Dave para mim, de Dave para mim. O peso normal de minha mãe era 72 quilos; ela estava com 40. A pele estava amarelada e tão esticada que ela parecia uma daquelas múmias que os mexicanos levam pelas ruas no Dia dos Mortos. Nós nos revezamos para segurar o cigarro, e, quando só restou o filtro, eu joguei fora.

— Meus meninos — disse ela, depois fechou os olhos e adormeceu, ou perdeu os sentidos.

Minha cabeça doía. Tomei duas aspirinas tiradas de um dos muitos frascos de remédio que estavam no criado-mudo. Dave segurou uma das mãos de nossa mãe, eu segurei a outra. Sob os lençóis não estava o corpo dela, mas o de uma criança faminta e deformada. Dave e eu fumamos e conversamos um pouco. Não lembro o que dissemos. Tinha chovido na noite anterior, depois a temperatura caíra e, de manhã, as ruas estavam cobertas de gelo. Ouvimos as pausas após cada respiração difícil aumentarem mais e mais. Por fim, a respiração cessou e só sobrou a pausa.

34

Minha mãe foi enterrada no cemitério da Igreja Congregacional de Southwest Bend. A igreja que ela frequentava, em Methodist Corners, onde eu e meu irmão crescemos, estava fechada por causa do frio. Fiz o discurso fúnebre. Acho que realizei um ótimo trabalho, considerando meu nível de embriaguez.

35

Alcoólatras constroem defesas como holandeses constroem diques. Passei os 12 primeiros anos do meu casamento garantindo a mim mesmo que eu "gostava de beber, só isso". Também me valia da mundialmente famosa Defesa Hemingway. Embora nunca claramente articulada (não seria másculo fazer isso), a Defesa Hemingway diz mais ou menos o seguinte: como escritor, sou um sujeito muito sensível, mas também sou um homem, e homens de verdade não sucumbem à própria sensibilidade. Só os fracos fazem isso. Por isso, eu bebo. De que outra forma eu conseguiria encarar o horror existencial disso tudo e continuar trabalhando? Além do mais, vamos lá, eu consigo lidar com isso. Um homem de verdade sempre consegue.

Então, no início da década de 1980, a Assembleia Legislativa do Maine aprovou uma lei sobre latas e garrafas retornáveis. Em vez de irem para o lixo, minhas latas de 470 ml de Miller Lite começaram a ficar em um contêiner de plástico na garagem. Então, em uma quinta-feira à noite, fui lá jogar mais alguns soldados mortos em combate e vi que o contêiner, que tinha sido esvaziado na noite de segunda, estava quase cheio. E como só eu bebia Miller Lite em casa...

"Puta merda, sou um alcoólatra", pensei, e não houve opinião contrária em minha cabeça — eu era, no fim das contas, o cara que tinha escrito *O iluminado* sem nem mesmo perceber (pelo menos até aquela noite) que estava escrevendo sobre si mesmo. Minha reação à ideia não foi de negação nem discordância, mas o que chamo de determinação aterrorizada. Eu me lembro claramente de pensar: "Você precisa ter cuidado. Porque, se fizer merda..."

Se eu fizesse merda, capotasse de carro à noite em alguma estradinha ou estragasse uma entrevista ao vivo na TV, alguém me diria que eu precisava maneirar na bebida, e dizer a um alcoólatra para maneirar na bebida é o mesmo que dizer ao sujeito com a diarreia mais catastrófica da história para maneirar no cocô. Um amigo meu que passou por isso conta uma historinha interessante sobre a primeira tentativa que fez de assumir o controle de sua vida cada vez mais fora dos trilhos. Ele foi a um terapeuta e disse que a mulher estava preocupada com seu vício em bebida.

— E quanto você bebe? — perguntou o terapeuta.

Meu amigo olhou incrédulo para o homem.

— Tudo — respondeu, como se aquilo fosse a coisa mais óbvia do mundo.

Eu sei como ele se sentiu. Já faz quase 12 anos que não bebo, e ainda fico espantado ao ver alguém em um restaurante com uma taça de vinho pela metade ao alcance da mão. Tenho vontade de levantar, ir até lá e gritar na cara da pessoa: "Beba logo isso! Por que você ainda não bebeu tudo?" Eu acho absurda a ideia de beber socialmente — se você não quer ficar bêbado, por que não toma uma Coca-Cola?

Minhas noites durante os últimos cinco anos em que bebi sempre terminavam com o mesmo ritual: eu pegava todas as cervejas que restavam na geladeira e virava na pia. Se não fizesse isso, elas ficariam me chamando enquanto eu estivesse na cama até eu me levantar para pegar outra. E outra. E mais uma.

36

Em 1985, além do problema com o álcool, também me viciei em drogas, mas, ainda assim, continuava a levar uma vida funcional em um nível minimamente competente, como muitos outros que usam substâncias. Eu morria de medo de não conseguir; naquela época, não fazia ideia de como levar outra vida. Escondia da melhor maneira possível as drogas que estava usando, tanto por medo — o que seria de mim sem elas? Eu tinha esquecido como ficar sóbrio/limpo — quanto por vergonha. Eu estava limpando a bunda com urtiga de novo, desta vez diariamente, mas não conseguia pedir ajuda. As coisas não funcionavam assim na minha família. Na minha família, a gente fumava cigarros, dançava sobre a gelatina no chão e guardava os problemas para si.

Ainda assim, a parte de mim que escreve histórias, a parte profunda que sabia do meu alcoolismo desde 1975, quando escrevi *O iluminado*, não aceitava isso. Esta parte definitivamente não gosta de silêncio. Comecei a gritar por socorro da única forma que sabia, através de minha ficção, de meus monstros. Entre o fim de 1985 e o início de 1986, escrevi *Misery, louca obsessão* (o título, que significa "angústia", descreve com bastante precisão meu estado de espírito), em que um escritor é mantido prisioneiro e torturado por uma enfermeira psicótica. Em meados de 1986, escrevi *Os estranhos*, geralmente trabalhando até meia-noite com o coração a 130 batimentos por minuto e cotonetes enfiados no nariz para estancar o sangramento causado pela cocaína.

Os estranhos é uma história de ficção científica, estilo anos 1940, em que a escritora-heroína descobre uma nave alienígena enterrada no chão. A tripulação ainda está a bordo e não está morta, apenas hibernando. As criaturas alienígenas entram na cabeça das pessoas e começam a... bem, a deixar tudo lá dentro estranho. O que o humano ganha é mais energia e um tipo de inteligência superficial (a escritora, Bobbi Anderson, cria uma máquina de escrever telepática e um aquecedor de água atômico, entre outras coisas). O que o humano dá em troca é a própria alma. Foi a melhor metáfora para drogas e álcool que minha cabeça cansada e superestressada conseguiu arranjar.

Não muito tempo depois, minha mulher, finalmente convencida de que eu não sairia daquela horrível espiral descendente por conta própria, tomou uma atitude. Com certeza não foi fácil — à época eu já estava muito longe de minha mente sã para ouvir chamados —, mas ela fez mesmo assim. Tabby organizou um grupo de intervenção formado por familiares e amigos, e eu me senti participando de uma versão infernal do programa *This Is Your Life* [Esta é a sua vida]. A primeira coisa que minha mulher fez foi virar em cima do tapete um saco de lixo cheio de coisas que estavam em meu escritório: latas de cerveja, guimbas de cigarro, cocaína em ampolas, cocaína em sacos plásticos, colheres de cocaína sujas de catarro e sangue, Valium, Frontal, frascos de xarope Robitussine, latinhas de descongestionante Vick e até mesmo frascos de enxaguatório bucal. Cerca de um ano antes, notando a rapidez com que enormes garrafas de Listerine desapareciam do banheiro, Tabby me perguntou se eu estava bebendo aquilo. Respondi cheio de arrogância e superioridade moral que era claro que não. E não estava mesmo. Eu bebia o enxaguatório Scope. Era mais saboroso, tinha gostinho de hortelã.

A razão da intervenção, que certamente foi tão desagradável para minha mulher e meus filhos quanto para mim, era que eu estava morrendo diante deles. Tabby disse que eu tinha que fazer uma escolha: ir para a reabilitação e receber ajuda, ou dar o fora de casa. Minha mulher disse que ela e meus filhos me amavam, e por isso mesmo nenhum deles queria testemunhar meu suicídio.

Barganhei, porque é isso que os viciados fazem. Eu era encantador, porque é assim que viciados são. No fim das contas, consegui duas semanas para pensar sobre o assunto. Em retrospecto, isso parece resumir toda a insanidade daqueles tempos. O sujeito está de pé no alto de um edifício em chamas. Um helicóptero chega, paira no ar e joga uma escada de cordas:

— Suba! — grita o homem de dentro do helicóptero.

O sujeito no alto do edifício em chamas responde:

— Me dê duas semanas para pensar no assunto.

Eu realmente pensei no assunto — tão bem quanto pude, entorpecido como estava —, e o que finalmente me fez tomar a decisão foi Annie Wilkes, a enfermeira psicopata de *Misery*. Annie era a cocaína, Annie era a bebida, por isso decidi que estava cansado de ser o escritor de estimação dela. Eu temia não ser mais capaz de trabalhar se parasse de beber e de me drogar, mas decidi (de novo, tanto quanto eu era capaz de decidir alguma coisa em meu estado mental atormentado e deprimido) que trocaria a escrita pelo casamento e pela chance de ver meus filhos crescerem. Se chegasse a esse ponto.

Não chegou, é claro. A ideia de que criatividade e substâncias que alteram a mente estão ligados é um dos grandes mitos pop-intelectuais do nosso tempo. Os quatro escritores do século XX cujo trabalho é, em grande parte, responsável pelo mito são, provavelmente, Hemingway, Fitzgerald, Sherwood Anderson e o poeta Dylan Thomas. Eles formaram nossa visão de um deserto existencial de língua inglesa, onde as pessoas estão isoladas umas das outras e vivem em uma atmosfera de estrangulamento emocional e desespero. Esses conceitos são muito familiares para a maioria dos alcoólatras; a reação mais comum a eles é o divertimento. Escritores viciados não passam de pessoas viciadas — bêbados e drogados comuns, em outras palavras. Qualquer defesa de drogas e álcool como necessidade para embotar sensibilidades mais refinadas não passa de conversa autopiedosa para boi dormir. Ouvi motoristas de caminhões limpa-neves alcoólatras dizerem a mesma coisa, que bebem para acalmar seus demônios. Não importa se você é James Jones, John Cheever ou um mendigo bêbado que dorme na estação de trem; para um viciado, o direito à bebida ou à droga deve ser preservado a todo custo. Hemingway e Fitzgerald não bebiam porque eram criativos, alienados ou moralmente fracos. Bebiam porque é isso que bêbados estão programados para fazer. É bem provável que gente criativa de fato esteja mais propensa ao alcoolismo do que gente de outras áreas, mas e daí? Somos todos iguais quando estamos vomitando na sarjeta.

37

No fim de minhas aventuras, eu estava bebendo uma caixa com 6 latas de cerveja de 470 ml por noite, e tem um romance, *Cão raivoso*, que mal me lembro de ter escrito. Não digo isso com orgulho ou vergonha, mas com um vago sentimento de tristeza e perda. Eu gosto do livro. E queria muito me lembrar de ter curtido as partes boas quando as coloquei no papel.

No período mais difícil eu não queria mais beber, mas também não queria ficar sóbrio. Eu me sentia excluído da vida. No início da jornada de recuperação, apenas tentei acreditar em quem dizia que as coisas melhorariam com o tempo. E nunca parei de escrever. Algumas das coisas que surgiram eram hesitantes e insossas, mas pelo menos estavam saindo. Eu enterrava essas páginas tristes e sem brilho na gaveta de baixo de minha mesa e partia para o projeto seguinte. Pouco a pouco, consegui reencontrar o ritmo, e depois reencontrei a alegria. Voltei para minha família com gratidão e para meu trabalho com alívio — como quem volta a um chalé de verão depois de um longo inverno, conferindo primeiro para saber se nada foi roubado ou quebrado durante a estação fria. Nada se perdeu. Estava tudo lá, tudo intacto. Quando a tubulação descongelou e a eletricidade foi religada, tudo funcionou perfeitamente.

38

A última coisa sobre a qual quero falar nesta parte é minha mesa. Por anos sonhei com uma peça de carvalho maciço que dominasse uma sala — nada de mesa pequena na lavanderia-closet de um trailer, nada de espaços apertados em uma casa alugada. Em 1981, consegui a mesa que eu queria e a coloquei no meio de um escritório espaçoso, com claraboia (um estábulo convertido em loft nos fundos da casa). Durante seis anos eu me sentei àquela mesa, bêbado ou fora de mim, como o capitão de um navio comandando uma viagem para lugar algum.

Depois de um ano ou dois sóbrio, eu me livrei daquela monstruosidade e montei uma sala de estar onde a mesa ficava antes, escolhendo os móveis e um belo tapete turco com a ajuda de minha mulher. No início da década de 1990, antes de saírem para o mundo, meus filhos costumavam aparecer à noite para assistir a um jogo de basquete, um filme ou comer pizza. Eles geralmente deixavam uma montanha de migalhas quando iam embora, mas eu não me importava. Eles vinham, pareciam gostar de estar comigo, e eu sei que gostava de estar com eles. Comprei outra mesa — artesanal, linda e com metade do tamanho da T. Rex. Coloquei no lado esquerdo do escritório, em uma quina sob o telhado inclinado, que parece muito com aquele sob o qual eu dormia em Durham. Mas não há ratos nas paredes nem uma avó senil no andar de baixo gritando para que alguém alimente Dick, o cavalo. Estou sentado aqui agora, um homem coxo de 53 anos, com visão ruim e nenhuma ressaca. Estou fazendo o que sei fazer, tão bem quanto sou capaz. Passei por todas as coisas que contei aqui (e muitas outras que não contei), e agora vou contar a você tanto quanto puder sobre a profissão. Como prometido, não vai ser longo.

Começa assim: coloque sua mesa em um canto e, todas as vezes em que se sentar para escrever, lembre-se da razão de ela não estar no meio da sala. A vida não é um suporte à arte. É exatamente o contrário.

O que é a escrita

Telepatia, é claro. É muito interessante quando se para e pensa sobre o assunto — por anos muita gente discutiu se a tal da telepatia existe ou não, sujeitos como J.B. Rhine queimaram as pestanas tentando criar um processo válido para isolá-la, e o tempo todo ela estava aqui, bem debaixo de nosso nariz, como *A carta roubada* do sr. Poe. Todas as artes dependem de certo grau de telepatia, mas acredito que a escrita ofereça a destilação mais pura. Posso estar sendo parcial, mas, mesmo que esteja, podemos escolher a escrita, porque, afinal, estamos pensando e falando sobre ela.

Meu nome é Stephen King. Estou escrevendo a primeira versão desta parte em minha mesa (aquela sob o telhado inclinado), em uma manhã nevada de dezembro de 1997. Tenho algumas coisas na cabeça. Umas são ruins (problemas de visão, compras de Natal que ainda nem comecei a fazer, minha esposa resfriada na rua neste frio), outras, boas (nosso filho caçula veio fazer uma visita-surpresa, vou tocar "Brand New Cadillac" [Cadilac novinho em folha] do Vince Taylor com os Wallflowers em um show), mas neste momento tudo isso está aqui em minha mente. Eu, porém, estou em outro lugar, em um porão onde existem muitas luzes brilhantes e imagens claras. Um lugar que construí para mim ao longo dos anos. Daqui se vê ao longe. Sei que é meio estranho e contraditório que um lugar de onde se vê ao longe seja um porão, mas é assim que funciona comigo. Se você quiser construir seu próprio lugar de onde se vê ao longe, pode colocá-lo no alto de uma árvore, no telhado do Empire State ou à beira do Grand Canyon. O trenzinho vermelho é seu para puxar, como diz Robert McCammon em um de seus romances.

Currículo

Este livro está programado para ser publicado nos Estados Unidos no segundo semestre de 2000.* Se as coisas funcionarem como previsto, você está em algum ponto mais distante na linha do tempo... Muito provavelmente em seu próprio lugar de onde se vê ao longe, aquele para onde você vai quando quer receber mensagens telepáticas. Não que você *tenha* que estar lá, livros são uma mágica singularmente portátil. Costumo ouvir um livro quando estou no carro (sempre a versão completa, considero audiolivros resumidos o fim da picada) e levo outro comigo aonde quer que vá. A gente nunca sabe quando vai precisar de uma válvula de escape: filas quilométricas em cabines de pedágio, os 15 minutos que tem que perder no corredor de alguma faculdade enquanto espera o orientador (que está atendendo a algum maluco que ameaçou cometer suicídio porque está reprovando em Patafísica Transcendental Básica) sair para, enfim, conseguir a assinatura dele em um pedido de dispensa de matéria, saguões de embarque em aeroportos, lavanderias em tardes chuvosas e, o pior de tudo, consultórios médicos quando o sujeito está atrasado e você tem que esperar meia hora para sentir dor em alguma parte sensível. Nessas horas, para mim, um livro é vital. Se eu tiver que passar um tempo no purgatório antes de ir para um lugar ou outro, acho que não sofrerei muito se houver uma biblioteca que empreste livros (se tiver, provavelmente só terá romances da Danielle Steel e livros de autoajuda — rá-rá, se ferrou, Steve).

Leio onde posso, mas tenho um lugar favorito, como você também deve ter — um lugar com boa luz e vibrações positivas. Para mim, é a cadeira azul que fica no escritório. Para outros, pode ser o sofá na varanda, a cadeira de balanço na cozinha ou talvez a cama — ler deitado pode ser uma maravilha, desde que a iluminação seja boa e a pessoa não seja dada a derrubar café ou conhaque nos lençóis.

Então, vamos considerar que você esteja em seu lugar favorito de recepção, como eu estou em meu lugar favorito de transmissão. Precisamos desempenhar nossa rotina mentalista não só a distância no espaço, mas também no tempo, embora isso não seja um problema. Se ainda conseguimos ler Dickens, Shakespeare e (com a ajuda de uma nota de pé de página ou duas) Heródoto, acho que podemos lidar bem com a

---

* Nos Estados Unidos foram lançadas duas edições de *On Writing*: a primeira, em 2000; a segunda, da qual foi traduzida a edição brasileira, em 2010. (N. E.)

distância entre 1997 e 2000. E aqui vamos nós — telepatia de verdade em curso. Você vai notar que não tenho nada na manga e que meus lábios nunca se mexem. E é bem provável que os seus também não.

Olha, aqui temos uma mesa coberta com um pano vermelho. Nela está uma gaiola do tamanho de um aquário pequeno. Na gaiola está um coelho branco de nariz e olhos rosados. Nas patas de frente está um toco de cenoura que ele rói alegremente. Nas costas, escrito em tinta azul, está o número 8.

Nós vemos a mesma coisa? Precisaríamos nos reunir e conversar para ter certeza absoluta, mas acho que sim. Claro que haveria as variações necessárias: alguns receptores verão um pano vermelho-vivo, outros, vinho, e outros mais verão tonalidades distintas. (Para daltônicos, a toalha de mesa vermelha tem a cor de cinzas de cigarro.) Alguns verão bordas franzidas; outros, tudo liso. Almas mais decoradoras podem incluir alguns laçarotes. Fiquem à vontade — minha toalha de mesa é sua toalha de mesa.

Da mesma maneira, o material da gaiola deixa muito espaço para interpretação. No mínimo, ela foi descrita com uma comparação tosca, que só é útil se eu e você vemos o mundo e medimos as coisas nele com um olhar parecido. É fácil ser desleixado ao fazer comparações toscas, mas a alternativa é uma excessiva atenção aos detalhes que tira toda a diversão da escrita. O que eu deveria dizer, "na mesa tem uma gaiola com 1 metro de comprimento, 60 centímetros de largura e 36 centímetros de altura"? Isso não é prosa, é um manual de instruções. O parágrafo também não diz de que material é feita a gaiola. Telas soldadas? Vigas de ferro? Vidro? Mas isso realmente importa? Todos entendemos que dá para ver do outro lado da gaiola; nada além disso nos importa. A coisa mais interessante aqui não é nem o coelho que rói a cenoura, mas o número que ele traz nas costas. Não é um seis, nem um quatro, nem 19,5. É um oito. É para isso que estamos olhando, e todos sabemos. Eu não disse a você. Você não me perguntou. Eu jamais abri minha boca, e você jamais abriu a sua. Nós não estamos nem no mesmo ano, quanto mais na mesma sala... mas estamos juntos. Estamos próximos.

Estamos tendo um encontro de mentes.

Mandei uma mesa com um pano vermelho, uma gaiola, um coelho e um número oito escrito em tinta azul. Você recebeu tudo, principalmente o oito azul. Estamos participando de um ato de telepatia. E não é enrolação mística; é telepatia de verdade. Não vou entrar em detalhes sobre o que quero demonstrar, mas, antes que a gente prossiga, você precisa entender que não estou tentando ser engraçadinho; existe *sim* algo que pretendo demonstrar.

Você pode encarar o ato de escrever com nervosismo, animação, esperança ou até desespero — aquele sentimento de que nunca será possível pôr na página tudo o que está em seu coração e em sua mente. Você pode ficar com os punhos cerrados e os olhos apertados, pronto para quebrar tudo e dar nome aos bois. Pode ser que você queira que uma garota se case com você, ou deseje mudar o mundo. Encare a escrita como quiser, menos levianamente. Deixe-me repetir: *não encare a página em branco de maneira leviana.*

Não estou pedindo que você comece com reverência ou sem questionamentos. Não estou pedindo que você seja politicamente correto ou deixe de lado seu senso de humor (Deus queira que você tenha um). Isso não é concurso de popularidade, nem os Jogos Olímpicos da moral, nem a Igreja. Mas é a *escrita*, cacete, não é lavar o carro ou passar delineador. Se você levá-la a sério, podemos conversar. Se você não puder ou não quiser, é hora de fechar o livro e ir fazer outra coisa.

Lavar o carro, talvez.

Caixa de ferramentas

1

Grandpa was a carpenter,
he built houses, stores and banks,
he chain-smoked Camel cigarettes
and hammered nails in planks.
He was level-on-the-level,
shaved even every door,
and voted for Eisenhower
'cause Lincoln won the war.

[Vovô era carpinteiro,
ele construía casas, lojas e bancos,
ele fumava um cigarro Camel atrás do
outro e pregava pregos em tábuas.
Era um modelo de retidão,
aplainava todas as portas
e votou em Eisenhower
porque Lincoln ganhou a guerra.]

Essa é uma das minhas letras favoritas de John Prine, provavelmente porque meu avô também era carpinteiro. Não sei nada sobre lojas e bancos, mas Guy Pillsbury construiu muitas casas e passou muitos anos trabalhando para que o oceano Atlântico e os rigorosos ventos marinhos não levassem embora a propriedade de Winslow Homer em Prout's Neck. Fazza, porém, fumava charutos em vez de cigarros Camel. Era meu tio Oren, também carpinteiro, quem fumava Camel. Quando Fazza se aposentou, foi tio Oren quem herdou a caixa de ferramentas do velho. Não me lembro de ter visto a caixa na garagem no dia em que deixei o bloco de cimento cair no pé, mas ela devia estar no lugar de sempre, perto do canto onde meu primo Donald guardava os tacos de hóquei, os patins e a luva de beisebol.

A caixa de ferramenta era das grandes. Tinha três bandejas. As duas de cima eram removíveis e todas as três continham gavetinhas tão práticas quanto caixas chinesas. Foi feita à mão, é claro. Tábuas escuras eram conectadas por pregos bem pequenos e fios de latão. A tampa era fechada com cadeados grandes. Aos meus olhos de criança, pareciam os cadeados da lancheira de um gigante. Na parte interna da tampa havia um forro de seda, bastante estranho naquele contexto, ainda mais por causa da estampa de rosas em tom avermelhado misturadas a marcas de graxa e sujeira. Nas laterais havia alças enormes. Pode acreditar em mim, você nunca vai encontrar uma caixa de ferramentas como aquela à venda em lojas de departamento. Quando meu tio a recebeu, encontrou no fundo uma gravura a água-forte de uma famosa pintura de Homer — acredito que seja *Ressaca*. Alguns anos depois, tio Oren confirmou a autenticidade com um especialista em Homer, de Nova York, e acredito que, mais tarde, ele a vendeu por um bom preço. Como ou por que Fazza tinha aquela gravura permanece um mistério, mas não há segredo algum sobre a origem da caixa de ferramentas — ele mesmo a fez.

Em um dia de verão, ajudei tio Oren a substituir uma tela quebrada nos fundos da casa. Eu devia ter 8 ou 9 anos na época. Eu me lembro de andar atrás dele equilibrando a tela nova na cabeça, como um carregador nativo de um filme do Tarzan. Ele carregava a caixa pelas alças, segurando-a na altura das coxas. Como sempre, tio Oren estava usando calças cáqui e camiseta branca. O suor brilhava nos cabelos que começavam a ficar grisalhos, cortados rentes ao estilo militar. Um Camel lhe pendia dos lábios. (Quando o visitei, anos depois, com um maço de Chesterfields no bolso da camisa, tio Oren sorriu debochado e disse que eram "cigarros de paliçada".)

Quando finalmente chegamos à janela com a tela quebrada, ele colocou a caixa de ferramentas no chão com um grande suspiro de alívio. Ao tentar tirar a caixa do lugar, na garagem, cada um segurando uma das alças, Dave e eu mal conseguimos movê-la. É claro que éramos crianças pequenas na época, mas, mesmo assim, imagino que a caixa de ferramentas de Fazza, quando cheia, pesava entre 35 e 55 quilos.

Tio Oren me mandou abrir os cadeados. As ferramentas mais comuns estavam na primeira bandeja da caixa. Tinha um martelo, uma serra, um alicate, duas chaves de boca grandes e uma chave inglesa; também tinha uma bandeja com aquela mística janela amarela no meio, uma furadeira (as várias brocas estavam cuidadosamente engavetadas nas profundezas da caixa) e duas chaves de fenda. Tio Oren me pediu uma chave de fenda.

— Qual delas? — perguntei.
— Tanto faz.

A tela quebrada era fixa por parafusos com a cabeça em cruz, e não faria diferença se ele usasse uma chave de fenda comum ou uma chave Phillips. Com parafusos em cruz basta enfiar a ponta da chave na fenda da cabeça do parafuso e depois girar como se gira uma chave de roda depois de afrouxar os parafusos da calota.

Tio Oren tirou os parafusos — eram oito, que ele me deu para guardar — e depois removeu a tela velha. Ele a recostou na parede da casa e ergueu a nova. Os buracos da tela casavam perfeitamente com os do batente da janela. Tio Oren grunhiu de satisfação quando viu o encaixe. Ele pegou os parafusos comigo, um após o outro, encaixou-os, depois começou a apertá-los da mesma maneira como os afrouxou, inserindo a ponta da chave nas fendas e girando.

Quando a tela estava firme, tio Oren me mandou colocar a chave de fenda de volta na caixa de ferramentas e depois "passar os cadeados". Foi o que fiz, mas fiquei intrigado. Perguntei por que ele carregara a caixa de ferramentas de Fazza pela casa toda se só precisava de uma chave de fenda. Ele poderia ter levado a chave de fenda no bolso de trás da calça.

— Podia, Stevie — respondeu ele, inclinando-se para pegar as alças —, mas eu não sabia se teria mais alguma coisa para fazer quando chegasse lá, não é? É melhor ter sempre as ferramentas consigo. Se não tiver, pode ser que você encontre alguma coisa inesperada e desanime.

Gostaria de sugerir que, para escrever com o máximo de suas habilidades, convém construir sua própria caixa de ferramentas e depois trabalhar a musculatura para carregá-la com você. Assim, em vez de topar com um trabalho difícil e desanimar, talvez você saiba pegar a ferramenta certa e partir para o trabalho imediatamente.

A caixa de ferramentas de Fazza tinha três bandejas. Acho que a sua deve ter pelo menos quatro. Podem ser cinco ou seis, imagino, mas existe um ponto em que a caixa de ferramentas fica grande demais para carregar, e aí perde sua principal virtude. É bom ter também gavetinhas para parafusos, porcas e pregos, mas o lugar onde elas ficam e o que você põe nelas... bem, é o seu trenzinho vermelho, não é? Você vai descobrir que tem a maioria das ferramentas de que precisa, mas é bom examinar cada uma delas enquanto as guarda na caixa. Tente olhar para todas como se fossem novas, lembre-se da função de cada uma e, se algumas estiverem enferrujadas (devem estar, se você não tem levado a escrita a sério), limpe-as.

As ferramentas mais comuns ficam em cima. A mais comum de todas, o pão da escrita, é o vocabulário. Nesse caso, você pode guardar alegremente o que tem sem qualquer traço de culpa ou inferioridade. É como a puta disse ao marinheiro tímido: "Não é o que você tem, amorzinho, é como você usa".

Alguns escritores têm vocabulários portentosos; são sujeitos que sabem se realmente existem coisas como ditirambos insalubres ou narradores safardanos, gente que, em trinta anos ou mais, jamais errou uma pergunta de múltipla escolha do livro *It Pays to Increase Your Word Power* [Vale a pena aumentar seu poder com as palavras], clássico da lexicologia americana, de autoria de Wilfred Funk. Veja um exemplo:

> A qualidade coriácea, infungível e quase indestrutível era um atributo inerente da organização da criatura e pertencia a algum ciclo palco-arcaico de evolução invertebrada inteiramente fora de nossas qualidades especulativas.
>
> H. P. Lovecraft, "Nas montanhas da loucura"*

Gostou? Aqui tem outro:

> Em alguns [dos vasos] não havia qualquer evidência de que alguma coisa havia sido plantada; em outros, caules marrons esmorecidos davam testemunho de alguma depredação inescrutável.
>
> T. Coraghessan Boyle, *Budding Prospects*
> [Chance em desenvolvimento; tradução livre]

---

* Lovecraft, H. P. *A casa das bruxas*. Trad. Donaldson M. Garschagem. Rio de Janeiro: Francisco Alves, 1983 (Coleção Mestres do Horror e da Fantasia).

E um terceiro — este é bom, você vai gostar:

Alguém arrancou a venda da mulher e ela e o malabarista foram enxotados às bofetadas e quando a companhia se arrumou para dormir e a fogueira agonizante rugia sob o açoite do vento como uma coisa viva aqueles quatro ainda se agachavam na orla da luz entre seus estranhos pertences e observavam o modo como as chamas desiguais vergavam ao sabor do vento como que sugadas por algum *maelstrom* ali no meio do nada, algum vórtice naquela vastidão desolada para o qual tanto a passagem do homem como seus juízos houvessem sido abolidos.
Cormac McCarthy, *Meridiano de sangue**

Outros escritores usam um vocabulário menor e mais simples. Exemplos dessa escrita quase não são necessários, mas vou oferecer alguns de meus favoritos, mesmo assim:

Ele foi ao rio. O rio estava lá.
Ernest Hemingway, "Big Two-Hearted River"
[O grande rio de dois corações; tradução livre]

Pegaram o menino fazendo algo sujo debaixo das arquibancadas.
Theodore Sturgeon, *Some of Your Blood*
[Parte de seu sangue; tradução livre]

Foi o que aconteceu.
Douglas Fairbairn, *Shoot*
[Tiro; tradução livre]

Alguns dos senhorios eram bons porque detestavam o que tinham que fazer; outros ficavam irritados porque detestavam ser cruéis, e ainda outros eram frios, porque havia muito tinham descoberto que não se podia ser senhorio de terras sem se ser frio.
John Steinbeck, *As vinhas da ira* [tradução livre]

---

* McCarthy, Cormac. *Meridiano de sangue ou O rubor crepuscular no oeste*. Trad. Cássio de Arantes Leite. Rio de Janeiro: Alfaguara, 2009.

Caixa de ferramentas

A frase original de Steinbeck é especialmente interessante. Em inglês, são cinquenta palavras. Dessas, 39 têm apenas uma sílaba. Sobram 11, mas mesmo este número é enganador; Steinbeck usa "because" [porque] três vezes, "owner" [senhorio], duas, e "hated" [detestavam], duas. Não existe palavra de mais de duas sílabas na frase. A estrutura é complexa; o vocabulário não está muito distante daquele usado em antigas histórias infantis. *As vinhas da ira* é, obviamente, um grande romance. Acredito que *Meridiano de sangue* seja outro, embora haja grandes trechos do livro que não entendo completamente. E qual é o problema disso? Também não consigo decifrar as letras de muitas músicas que adoro.

Também têm palavras que você nunca vai encontrar no dicionário, mas que fazem parte do vocabulário. Veja só:

"Egggh, whaddaya? Whaddaya want from me?" [Iiiih, quequié? Quequié que cê quer que eu faça?]
"Here come Hymie!" ["Lá vem o Hymie*!"]
"Unnh! Unnnh! Unnnhh!"
"Chew my willie, Yo' Honor." [Chupa minha caceta, otoridade.]
"Yeggghhh, fuck you, too, man!" [Iiiih, vai se fudê cê também, mané!]
Tom Wolfe, *A fogueira das vaidades* [tradução livre]

Esse último é uma transcrição fonética do vocabulário de rua. Poucos escritores têm a capacidade de Wolfe para traduzir este tipo de fala para a página. (Elmore Leonard é outro que consegue fazer isso.) Algumas palavras do rap de rua acabam chegando ao dicionário, mas, por segurança, só depois de caírem em desuso. E duvido que você algum dia vá encontrar palavras como "Yeggghhhh" em um dicionário tradicional.

Coloque seu vocabulário na primeira bandeja de sua caixa de ferramentas e não faça qualquer esforço consciente para melhorá-lo. (Você vai fazer isso enquanto lê, é claro... mas vamos deixar esse assunto para depois.) Uma das piores coisas que se pode fazer é tentar enfeitar o vocabulário, procurando por palavras longas porque tem vergonha de usar as curtas de sempre.** Fazer isso é como enfeitar seu animal de estimação

---

* Termo pejorativo para judeu. (N. T.)
** Em inglês, as palavras com mais de três sílabas tendem a ser eruditas. (N. E.)

com roupas sociais. O bichinho fica morrendo de vergonha, e a pessoa que cometeu esse ato de fofurice premeditada deveria ficar ainda mais. Faça agora mesmo uma promessa solene de nunca usar "gratificação" quando quiser dizer "gorjeta" e jamais usar "John parou tempo suficiente para realizar um ato de excreção" quando quiser dizer "John parou tempo suficiente para cagar". Se você acha que "cagar" seria ofensivo ou inadequado para seu público, fique à vontade para dizer "John parou tempo suficiente para se aliviar" (ou talvez "John parou tempo suficiente para 'empurrar'"). Não estou tentando fazer com que você use palavrões, mas que seja objetivo e direto. Lembre que a regra básica do vocabulário é: *use a primeira palavra que lhe vier à cabeça, se for adequada e interessante*. Se hesitar e ponderar, você vai encontrar outra palavra — claro que vai, sempre existe outra palavra —, mas é bem provável que ela não seja tão boa quanto a primeira, ou tão próxima do que você realmente quer dizer.

O sentido é importantíssimo. Se você duvida, pense em todas as vezes em que ouviu alguém dizer "não consigo descrever" ou "não foi isso que eu quis dizer". Pense nas vezes em que você mesmo disse coisas assim, geralmente com um tom de leve ou grande frustração. A palavra é apenas uma representação do sentido. Mesmo nos seus melhores momentos, a escrita quase sempre fica aquém do sentido como um todo. Dito isso, por quê, em nome de Deus, tornar as coisas ainda piores escolhendo uma palavra que seja parente distante daquela que você quer usar?

E fique *realmente* à vontade para levar em conta a adequação; como George Carlin observou certa vez, na companhia de certas pessoas é perfeitamente aceitável "prick your finger" [furar o dedo], mas pega muito mal "finger your prick" [pegar seu pênis]*.

2

A gramática também tem que ficar na bandeja de cima da caixa de ferramentas, e não me chateie com suspiros exasperados ou argumentos de que você não entende gramática, nunca entendeu gramática, que levou

---

* Trocadilho com a palavra "prick", que como substantivo virou gíria para "pênis". (N. E.)

bomba nessa matéria no último ano, que escrever é divertido, mas a gramática é um saco.

Relaxe. Fique tranquilo. Não vamos perder muito tempo aqui, porque não é preciso. Ou você absorve os princípios gramaticais de sua língua nativa por meio de conversação e leitura, ou não absorve. O que as aulas no colégio fazem (ou tentam fazer) é pouco mais do que dar nome aos bois.

E isto aqui não é o ensino médio. Agora que você já não se preocupa mais: a) que sua saia esteja curta ou longa demais e todas as outras crianças riam de você, b) com o fato de não conseguir vaga para a equipe de natação da universidade, c) em ainda ser virgem e ainda ter o rosto coberto de espinhas quando se formar (ou até morrer), d) que o professor de física não dê uma ajuda na nota final, ou e) com o fato de que ninguém gosta mesmo de você, E NUNCA GOSTARAM... agora que todas as babaquices irrelevantes estão fora do caminho, você pode estudar certos assuntos acadêmicos com um grau de concentração que jamais teria quando frequentava aquele hospício cheio de apostilas. Além disso, depois que começar, você vai descobrir que sabe quase tudo do assunto — pois essa é, como eu disse, muito mais uma questão de tirar a ferrugem das brocas e afiar a lâmina da serra.

Além do mais... ah, dane-se. Se você consegue se lembrar de todos os acessórios que combinam com sua roupa, do que está em sua bolsa, do time titular do New York Yankees ou do Houston Oilers, ou por qual gravadora saiu a música "Hang On Sloopy" [Segure-se, Sloopy], do grupo The McCoys, então é capaz de lembrar a diferença entre gerúndio (forma verbal usada como substantivo*) e particípio (forma verbal usada como adjetivo).

Pensei longa e profundamente na possibilidade de incluir uma seção detalhada sobre gramática neste livro. Parte de mim gostaria de ter feito isso; dei aulas de gramática no ensino médio (disfarçada sob o nome de inglês empresarial) e gostei de estudá-la quando aluno. A gramática do inglês americano não tem a robustez da gramática britânica (um publicitário britânico que tenha cursado boas escolas pode fazer com que propagandas de camisinhas pareçam ter saído diretamente da Magna Carta), mas há encanto na deselegância.

Por fim, decidi não incluir questões gramaticais, provavelmente pela mesma razão pela qual William Strunk decidiu não recapitular o

---

* Em português, usamos o infinitivo com essa finalidade. (N. E.)

básico quando escreveu a primeira edição de *The Elements of Style*: se você não sabe, é tarde demais. E aqueles que são realmente incapazes de entender a gramática — como sou incapaz de tocar determinados *riffs* e progressões na guitarra — não vão encontrar muito uso para este livro, afinal. Nesse sentido, estou ensinando padres a rezar missas. De qualquer modo, permita-me ir um pouquinho mais longe — você me daria o prazer?

O vocabulário usado na fala ou na escrita em inglês se organiza em sete classes gramaticais (oito, se você contar interjeições como "Ah!", "Meu Deus!" e "Oxalá"). A comunicação composta dessas classes precisa ser organizada por regras gramaticais aceitas por todos. Quando essas regras são quebradas, o resultado é confusão e desentendimento. Uma construção gramatical ruim produz frases ruins. Meu exemplo favorito na obra de Strunk e White é o seguinte: "Como mãe de cinco, com outro a caminho, minha tábua de passar está sempre aberta".

Substantivos e verbos são as duas classes indispensáveis na escrita. Sem uma delas, nenhum grupo de palavras pode ser uma oração, pois uma oração é, por definição, um grupo de palavras contendo um sujeito (substantivo) e um predicado (verbo); esses grupos de palavras começam com uma letra maiúscula, acabam com um ponto e se combinam para fazer um pensamento completo que tem origem na cabeça do escritor e salta para a do leitor.

Você *precisa* escrever orações completas o tempo todo, todas as vezes? Nem pense nisso. Se seu trabalho for feito apenas de fragmentos e orações flutuantes, a Polícia Gramatical não vai prender você. Mesmo William Strunk, o Mussolini da retórica, reconhece a deliciosa adaptabilidade da língua. "É uma velha observação", escreveu ele, "que os melhores escritores, por vezes, desprezam as regras da retórica". Ele complementa o raciocínio, no entanto, e eu insisto que você leve o adendo em consideração: "A menos que tenha certeza de estar fazendo direito, é provável que [o escritor] se saia melhor quando segue as regras".

Aqui, a parte importante é: "A menos que tenha certeza de estar fazendo direito". Se não tiver um entendimento rudimentar de como as classes gramaticais se traduzem em frases coerentes, como ter certeza de que você *está* fazendo direito? E, sendo assim, como saber se você está fazendo errado? A resposta, obviamente, é que você não sabe, e nunca vai saber. Alguém que domine os rudimentos gramaticais encontra uma reconfortante simplicidade no coração da gramática, onde só precisa haver substantivos, palavras que nomeiam, e verbos, palavras que indicam ação.

Pegue qualquer substantivo, junte com qualquer verbo e você terá uma oração. Nunca falha. "Rochas explodem." "Jane transmite." "Montanhas flutuam." Todas são orações perfeitas. Pensamentos estranhos como esses fazem pouco sentido, racionalmente falando, mas mesmo os mais estranhos ("Ameixas deificam") têm certo peso poético interessante. A simplicidade da construção substantivo-verbo é útil — na pior das hipóteses, pode fornecer uma rede de segurança para sua escrita. Strunk e White alertam contra o exagero no uso de orações simples em sequência, mas orações simples podem servir como um caminho a seguir quando você teme se perder nos emaranhados da retórica — classes restritivas e não restritivas, orações apositivas, subordinadas e coordenadas. Antes de enlouquecer diante desse território desconhecido (desconhecido para você, pelo menos), lembre-se de que rochas explodem, Jane transmite, montanhas flutuam e ameixas deificam. A gramática não é apenas chateação; é a estrutura em que você se apoia para construir os pensamentos e colocá-los no papel. Além disso, todas as orações simples de Hemingway funcionaram bem para ele, não é? Mesmo quando estava bêbado como um gambá, o homem era um gênio.

Se você quiser dar um trato na sua gramática [em inglês], vá até um sebo e procure pelo livro *Warriner's English Grammar and Composition* — o mesmo que muitos de nós levamos para casa e encapamos com papel marrom de sacos de compras quando estávamos no ensino médio. Você sentirá um misto de alívio e alegria, acho, ao descobrir que praticamente tudo de que precisa está resumido nas guardas do livro.

3

Apesar da brevidade de seu manual de estilo, William Strunk encontrou espaço para discutir as próprias antipatias em termos de gramática e uso da língua. Ele odiava a expressão "corpo estudantil", por exemplo, insistindo que "estudantado" era mais claro e não tinha a conotação repugnante existente no primeiro termo. Também considerava "personalizar" uma palavra pretensiosa. (Strunk sugere substituir "personalize seu material de escritório" por "mande fazer papel timbrado".) Ele odiava frases como "o fato de que" e "ao longo destas linhas".

Eu tenho minhas próprias antipatias — para mim, qualquer um que use a frase "isso é tão legal" deveria ficar de castigo, e quem usa frases ainda mais odiosas como "neste momento do tempo" e "no fim das contas" deveria ir para cama sem jantar (ou sem papel para escrever, no caso). Duas outras idiossincrasias minhas têm a ver com o nível mais básico de escrita, e quero desabafar antes de seguirmos adiante.

Existem dois tipos de verbos: ativos e passivos. Com um verbo ativo, o sujeito da frase está fazendo alguma coisa. Com um verbo passivo, algo está sendo feito ao sujeito da frase. O sujeito só está deixando acontecer. *Evite a voz passiva.* Não sou o único que diz isso; você encontra o mesmo conselho em *The Elements of Style*.

Os senhores Strunk e White não especulam o porquê da atração de tantos escritores de língua inglesa pela voz passiva, mas eu gostaria de dar minha opinião: acho que escritores tímidos gostam dela pela mesma razão por que pessoas tímidas buscam parceiros passivos. A voz passiva é segura. Não existe ação problemática a enfrentar; parafraseando a rainha Vitória, o sujeito só tem que fechar os olhos e pensar na Inglaterra. Acho que escritores inseguros também sentem que, de algum modo, a voz passiva empresta autoridade a seus trabalhos, talvez até um quê de majestade. Se você considera manuais de instrução e argumentações de advogados algo majestoso, então a voz passiva tem seu valor.

O sujeito tímido escreve "a reunião será realizada às sete horas" porque, de alguma forma, a frase diz a ele "escreva dessa maneira e todos vão acreditar que *você realmente sabe*". Livre-se desse pensamento traidor. Não seja um trouxa! Aprume-se, erga o queixo e assuma o controle da tal reunião! Escreva "a reunião será às sete". É isso, meu Deus do céu! Você está se sentindo melhor, não está?

Não estou dizendo que não existe lugar para a voz passiva. Faça de conta, por exemplo, que um sujeito morreu na cozinha, mas foi parar em outro lugar. "O corpo foi tirado da cozinha e colocado no sofá da sala" é um jeito aceitável de se dizer o que aconteceu, embora "foi tirado" e "foi colocado" ainda me desagradem profundamente. Eu aceito a construção, mas não a usaria. Prefiro "Freddie e Myra carregaram o corpo para fora da cozinha e o deitaram no sofá da sala". Por que o corpo tem que ser o sujeito da frase? Está morto, pelo amor de Deus! Xapralá!

Duas páginas de voz passiva — praticamente todos os documentos de negócios escritos até hoje, em outras palavras, para não mencionar resmas e resmas de má ficção — me dão vontade de gritar. É fraco, é indireto e muitas vezes tortuoso, também. Que tal isso: "Meu primeiro beijo sempre será lembrado por mim como a maneira como meu romance com a Shayna começou". Cara, quem peidou? Uma maneira mais simples de expressar a ideia — mais doce e mais forte, também — pode ser esta: "Meu romance com Shayna começou com nosso primeiro beijo. Nunca vou me esquecer". Não amo de paixão essa construção porque ela usa *com* duas vezes em meia dúzia palavras, mas pelo menos nos livramos da maldita voz passiva.

Você também deve ter percebido que fica muito mais simples entender o pensamento quando é dividido em dois. Assim fica mais fácil para o leitor, e ele deve ser sua maior preocupação sempre. Sem o Leitor Constante, você é apenas uma voz grasnando no vácuo. E não é simples ser o cara do lado receptor. "[Will Strunk] sentia que o leitor estava em grandes apuros a maior parte do tempo", escreveu E. B. White na introdução de *The Elements of Style* — "é um homem atolado em um pântano, e o dever de qualquer um que tente escrever é drenar esse pântano rapidamente para levar o leitor a algum lugar seco, ou ao menos lhe jogar uma corda". E lembre-se: "o escritor jogou a corda", não "a corda foi jogada pelo escritor". Faça-me o favor.

Outro conselho que dou a você antes de seguirmos para a próxima bandeja da caixa de ferramentas é: *o advérbio não é seu amigo.*

Os advérbios, como você deve se lembrar das aulas de Inglês Empresarial ou coisa que o valha, são palavras que modificam verbos, adjetivos ou outros advérbios. Eles geralmente terminam em "-mente". Os advérbios, como a voz passiva, parecem ter sido criados para o escritor tímido. Com a voz passiva, o autor em geral demonstra medo de não ser levado a sério; é a voz de menininhos usando bigodes de canetinha e de menininhas andando para lá e para cá com os saltos altos da mamãe. Com os advérbios, o escritor nos diz que tem medo de não se expressar com clareza, de não conseguir passar a mensagem. Considere a frase "Ele fechou a porta firmemente".

Não é, de forma alguma, uma frase horrível (pelo menos tem um verbo ativo), mas pergunte a si mesmo se "firmemente" precisava de fato estar ali. Você pode argumentar que a palavra expressa um grau de diferença entre "ele fechou a porta" e "ele bateu a porta", e eu não vou contra-argumentar... mas, e o contexto? E toda a prosa esclarecedora (para não dizer comovente) que veio *antes* de "Ele fechou a porta firmemente"? Ela não deveria nos dizer como ele fechou a porta? E se tal prosa nos disse como foi, "firmemente" não estaria sobrando? Não é redundante?

Alguém por aí agora está me acusando de ser chato e detalhista. Eu nego. Acredito que a estrada para o inferno esteja pavimentada com advérbios, e vou continuar bradando isso aos quatro ventos. Dizendo de outra forma, advérbios são como dentes-de-leão. Se você tem um no seu gramado, ele é bonito e singular. Se, no entanto, você não arrancá-lo, vai encontrar cinco deles no dia seguinte... cinquenta no outro... e depois, irmãos e irmãs, seu gramado estará *total*, *completa* e *extravagantemente* coberto com dentes-de-leão. Então você vai enxergá-los como as pragas que realmente são, mas aí — GLUP! — será tarde demais.

Eu consigo conviver bem com advérbios, no entanto. Consigo, sim. Com uma exceção: verbos dicendi. Insisto que você só use advérbios com verbos dicendi na ocasião mais rara e especial de todas... e nem mesmo nessa hora, se puder evitar. Só para ter certeza de que todos sabemos do que estamos falando, examine as três frases a seguir:

— Largue isso! — gritou ela.
— Devolve — pediu ele. — É meu.
— Não seja tolo, Jekyll — disse Utterson.

Nessas frases, "gritou", "pediu" e "disse" são verbos dicendi. Agora veja estas revisões dúbias:

— Largue isso! — gritou ela, ameaçadoramente.
— Devolve — pediu ele, abjetamente. — É meu.
— Não seja tolo, Jekyll — disse Utterson, desdenhosamente.

As três últimas frases são mais fracas que as três primeiras, e a maioria dos leitores logo vai perceber a razão. "'Não seja tolo, Jekyll', disse Utterson, desdenhosamente" é a melhor de todas; não passa de um clichê, enquanto as outras são absolutamente ridículas. O uso de advérbios junto a verbos dicendi é conhecido em inglês como *swiftie* por causa de Tom Swift, o bravo inventor-herói de uma série de histórias de aventura para meninos escrita por Victor Appleton II. Appleton gostava de frases como "'Faça o seu pior', gritou Tom, bravamente" e "'Meu pai me ajudou com as equações', disse Tom, modestamente". Quando eu era adolescente, havia uma brincadeira que fazíamos em festas que se baseava na capacidade de criar *swifties* inteligentes (ou quase inteligentes). "'Que belos peitos, madame', disse ele, respeitosamente" é uma de que me lembro. Outra: "'Sou encanador', disse ele, com jeito desencanado". (Nesse caso o modificador é uma locução adverbial.) Ao avaliar se vale a pena fazer perniciosos dentes-de-leão/advérbios acompanharem verbos dicendi ao construir diálogos, eu sugiro que você se pergunte se quer mesmo escrever o tipo de prosa que pode acabar virando piada durante uma festa.

Alguns escritores de língua inglesa tentam escapar da regra contra o uso de advérbios vitaminando os verbos dicendi. O resultado é bastante familiar para leitores de literatura barata e edições de banca:

— Largue a arma, Utterson! — vociferou Jekyll.
— Jamais pare de me beijar! — arquejou Shayna.
— Seu provocador maldito! — metralhou Bill.

Não faça isso também. Faça-me o favor.

O melhor verbo dicendi é dizer, como em "disse ele", "disse ela", "disse Bill", "disse Monica". Se quiser ver isso em funcionamento, não deixe de ler, ou reler, um romance de Larry McMurtry, o melhor no uso dos verbos dicendi. Isso pode parecer sarcástico no papel, mas falo com absoluta sinceridade. McMurtry permitiu que poucos dentes-de-leão adverbiais crescessem em seu gramado. Ele acredita no "disse ele/disse ela" mesmo em momentos de crise emocional (e existem muitos nos romances de Larry McMurtry). Vá e faça o mesmo.

Este é um exemplo de "faça o que eu digo, não faça o que eu faço"? O leitor tem todo o direito de perguntar, e tenho a obrigação de dar uma resposta honesta. É. Mesmo. Basta olhar alguns exemplos de livros meus para saber que também sou culpado disso. Eu sou muito bom em evitar a voz passiva, mas já derramei minha cota de advérbios ao longo da carreira, até mesmo (morro de vergonha de admitir isso) acompanhando verbos dicendi. (Mas nunca cometi absurdos como "vociferou ele" ou "metralhou Bill".) Quando fiz, em geral foi pela mesma razão que outros escritores: porque tinha medo de que o leitor não me entendesse.

Estou convencido de que o medo é a raiz de toda má escrita. Se você escreve por prazer, o medo pode ser moderado — *timidez* é a palavra que usei aqui. Se, no entanto, estiver trabalhando sob pressão, com um prazo apertado — um trabalho escolar, um artigo de jornal, uma redação do vestibular —, o medo pode ser grande. Dumbo aprendeu a voar com a ajuda da pena mágica; você pode precisar usar a voz passiva ou algum desses lamentáveis advérbios pela mesma razão. Lembre-se, porém, antes de recorrer a esses artifícios, de que Dumbo não precisava da pena, a mágica estava nele.

Você provavelmente *sabe* do que está falando, e pode fortalecer sua prosa com segurança ao usar a voz ativa. E você provavelmente contou sua história bem o suficiente para acreditar que quando usa "disse ele", o leitor vai saber como ele disse — rápido ou devagar, com alegria ou tristeza. Seu leitor pode estar atolado em um pântano, e em hipótese alguma deixe de lhe jogar uma corda... mas não é preciso deixá-lo inconsciente atirando 30 metros de um cabo de aço em sua cabeça.

A boa escrita costuma vir ao deixarmos o medo e a afetação de lado. A própria afetação, que começa com a necessidade de definir certos tipos de escrita como "bons" e outros como "ruins", é um reflexo do medo. A boa escrita também vem de fazer boas escolhas na hora de separar as ferramentas com que você planeja trabalhar.

Nenhum escritor está livre de pecados nesse departamento. Embora William Strunk tenha exercido enorme influência sobre E. B. White quando o autor de *A teia de Charlotte* [que inspirou o filme *A menina e o porquinho*] era apenas um universitário ingênuo em Cornell (entregue-os a mim enquanto ainda são jovens e eles serão para sempre meus, he-he-he), e embora White tenha entendido e compartilhado a oposição de Strunk em relação à escrita fraca e ao pensamento fraco que a gera, ele admite: "Acho que escrevi 'o fato de que' mil vezes no calor do momento, eliminando talvez quinhentos na revisão, com a cabeça fria. Ter conseguido rebater apenas metade, a esta altura do campeonato, e não ter conseguido acertar os outros arremessos me entristece..." E. B. White, no entanto, continuou a escrever durante muitos anos após a revisão inicial do "livrinho" de Strunk, em 1957. Eu vou continuar escrevendo, apesar de lapsos estúpidos como: "'Você não pode estar falando sério', disse Bill, incredulamente". Espero que você faça o mesmo. Existe uma simplicidade inata na língua inglesa e em sua variante americana, mas é uma simplicidade enganadora. Tudo o que peço é que você faça o melhor que puder, e não esqueça que usar advérbios é humano, mas escrever "disse ele" ou "disse ela" é divino.

4

Retire a parte de cima de sua caixa de ferramentas — seu vocabulário e tudo que envolva gramática. Logo abaixo estão os elementos de estilo que já mencionamos. Strunk e White oferecem as melhores técnicas (e as melhores regras) que você poderia desejar, descrevendo-as de maneira simples e clara. (Elas são expostas com um rigor revigorante, começando pela regra de formação de possessivos: no inglês, sempre se deve adicionar o 's, mesmo quando a palavra que está sendo modificada acaba em s — escreva sempre "Thomas's bike" [a bicicleta de Thomas] e nunca "Thomas' bike". Eles falam também sobre o melhor lugar para se colocarem as partes mais importantes de uma frase. Eles dizem que o mais importante deve vir no fim, e todos têm direito a concordar ou não, mas eu duvido que "Com um martelo, ele matou Frank" possa algum dia substituir "Ele matou Frank com um martelo".)

Antes de deixar para trás os elementos básicos de forma e estilo, precisamos refletir por um instante sobre o parágrafo, a forma de organização que vem em seguida à frase. Para essa finalidade, pegue um romance — de preferência um que você não tenha lido — de sua estante (as coisas que estou dizendo se aplicam à maioria das prosas, mas, como sou um escritor de ficção, é nela que costumo pensar quando reflito sobre a escrita). Abra o livro e observe duas páginas quaisquer. Observe o padrão — as linhas, as margens e, mais particularmente, os blocos de espaço branco onde começam e terminam os parágrafos.

Você consegue dizer *sem nem mesmo ler* se o livro escolhido é propenso a ser fácil ou difícil, certo? Livros fáceis contêm muitos parágrafos curtos — inclusive parágrafos de diálogos que podem ter apenas uma ou duas palavras — e muitos espaços em branco. São tão arejados quanto um desses chocolates aerados. Livros difíceis, aqueles cheios de ideias, narrações ou descrições, têm uma aparência mais robusta. Uma aparência *abarrotada*. Os parágrafos são quase tão importantes em aparência quanto em conteúdo; são mapas de intenção.

Em prosa expositiva, os parágrafos podem (e devem) ser organizados e utilitários. O parágrafo expositivo ideal contém uma frase síntese seguida por outras frases que explicam ou ampliam a primeira. Aqui estão dois parágrafos de uma crônica que ilustram esse gênero de escrita simples, porém poderoso, e sempre popular:

Quando eu tinha 11 anos, morria de medo de Megan, minha irmã. Sempre que ela entrava em meu quarto, quebrava pelo menos um dos meus brinquedos favoritos, geralmente aquele de que eu mais gostava. O olhar dela tinha uma espécie de mágica destruidora; qualquer pôster que ela visse parecia cair da parede poucos segundos depois. As roupas que eu adorava desapareciam do guarda-roupas. Ela não as pegava (pelo menos, eu acho que não), só as fazia desaparecer. Eu encontrava minha camiseta favorita ou meus melhores tênis Nike embaixo da cama, meses depois, parecendo tristes e abandonados em meio às bolas de poeira. Quando Megan estava em meu quarto, as caixas de som estouravam, as cortinas esvoaçavam fazendo barulho, e a lâmpada do abajur em minha mesa queimava.

Às vezes ela era cruel de propósito, também. Em uma ocasião, ela despejou suco de laranja no meu cereal. Em outra, colocou pasta de dente dentro de minhas meias enquanto eu tomava banho. E, embora nunca tenha admitido, tenho certeza de que sempre que eu cochilava no sofá durante o intervalo do jogo de futebol na TV, aos domingos, ela passava meleca no meu cabelo.

Crônicas são, em sua maioria, textos simples e prosaicos; a menos que você vire colunista de jornal, escrever coisas leves é uma habilidade que nunca vai usar no mundo editorial. Os professores passam esse tipo de trabalho quando não conseguem pensar em outra maneira de fazer o aluno perder tempo. O assunto mais notório, obviamente, é "Como foram minhas férias". Lecionei escrita durante um ano na Universidade do Maine, em Orono, e a turma era lotada de atletas e líderes de torcida. Eles gostavam de crônicas, saudando-as como se fossem velhos amigos do colégio. Passei um semestre inteiro resistindo à tentação de pedir a eles que escrevessem duas páginas de prosa bem-construída com o tema "Se Jesus fosse meu colega de time". O que me segurou foi a terrível certeza de que a maioria abraçaria o trabalho com entusiasmo. Alguns chegariam a chorar durante a labuta da composição.

Mesmo na crônica, no entanto, é possível ver a força da forma básica do parágrafo. A estrutura frase-síntese-seguida-de-frases-descritivas-e-complementares exige que o escritor organize os pensamentos e também evita que fuja do tema. Fugir do tema não é um grande problema na crônica, é quase *obrigatório*, aliás — mas é um hábito muito ruim quando se está trabalhando em assuntos mais sérios e com maior formalidade. Escrita é pensamento refinado. Se sua tese de mestrado não é mais organizada que uma redação de escola intitulada "Por que Shania Twain mexe comigo", você está com sérios problemas.

Na ficção, o parágrafo é menos estruturado — é a batida, não a melodia. Quanto mais ficção você lê e escreve, mais verá seus parágrafos se formando por conta própria. E é isso que você quer. Ao escrever um texto, é melhor não pensar demais sobre o início e o fim dos parágrafos; o truque é deixar a natureza seguir seu curso. Se depois você não gostar, é só corrigir. É isso que significa reescrever. Agora, veja só isso:

> *O quarto de Big Tony não era o que Dale esperava. A luz tinha um aspecto amarelado e estranho que o fazia lembrar os hotéis baratos em que se hospedara, e nos quais sempre acabava com uma vista panorâmica do estacionamento. A única imagem era uma foto da Miss Maio pendurada torta com uma tachinha. Um pé de sapato preto-brilhante saía de debaixo da cama.*

> — *Num sei por que ocê fica me perguntando do O'Leary* — disse Big Tony. — *Ocê acha que a minha história vai mudar?*
> — *E vai?* — *perguntou Dale.*
> — *Quando a tua história é verdade ela num muda. A verdade é sempre a mesma merda, entra dia, sai dia.*
> Big Tony se sentou, acendeu um cigarro, passou a mão pelo cabelo.
> — *Num vejo aquele irlandês safado desde o verão. Deixei ele sair comigo porque o safado era engraçado. Uma vez ele me mostrou uma coisa que ele escreveu sobre como ia ser se Jesus jogasse no time de futebol da escola. Ele tinha até um desenho de Cristo com um capacete, joelheiras e tudo mais, mas que encrenqueiro de merda ele virou, no fim das contas! Queria nunca ter conhecido ele!*

Podemos ter uma aula de escrita de cinquenta minutos usando só esse pequeno trecho. Ela englobaria uso de verbos dicendi (desnecessário se você souber quem está falando; Regra 17, omitir palavras desnecessárias, em ação), linguagem fonética ("num sei" e "ocê"), uso de vírgulas (não existe nenhuma na frase "Quando a tua história é verdade ela não muda" porque quero que você a ouça saindo em um só fôlego, sem pausa)... e todo tipo de coisa que pertence à primeira bandeja da caixa de ferramentas.

Vamos continuar com os parágrafos, no entanto. Perceba como eles fluem facilmente, com as viradas e o ritmo da história ditando onde cada um começa e termina. O parágrafo de abertura é do tipo clássico: começa com uma frase-síntese, complementada pelas outras em seguida. Outros, porém, existem apenas para diferenciar as falas de Dale das de Big Tony.

O parágrafo mais interessante é o quinto: "Big Tony se sentou, acendeu um cigarro, passou a mão pelo cabelo". Tem uma única frase, e parágrafos expositivos quase nunca têm apenas uma frase. Nem é uma frase *muito boa*, tecnicamente falando; para que ficasse perfeita no sentido de Warriner, deveria haver uma conjunção ("e"). Então, qual é exatamente a função desse parágrafo?

Em primeiro lugar, a frase pode ser problemática, tecnicamente falando, mas o trecho como um todo é bom. Seu estilo breve e telegráfico dita o ritmo e mantém o frescor da escrita. Jonathan Kellerman, autor de obras de suspense, usa muito bem essa técnica. Em *Os escolhidos*, ele escreveu: "O barco era feito de uns 9 metros de fibra de vidro reluzente com detalhes cinza. Mastros altos, velas amarradas. *Satori* pintado no casco em letras pretas circundadas de dourado".

É possível exagerar no uso de fragmentos bem-construídos (e Kellerman às vezes faz isso), mas eles também podem funcionar maravilhosamente para dar agilidade à narração, criar imagens claras e uma atmosfera de tensão, bem como variar a linha da prosa. Uma série de frases gramaticalmente adequadas pode retesar a linha, deixando-a menos flexível. Os puristas odeiam ouvir esta afirmação e a negarão até a morte, mas é verdade. A língua nem sempre usa gravata e sapato social. O objetivo da ficção não é a correção gramatical, mas fazer o leitor se sentir à vontade e, depois, contar uma história... Fazer com que ele esqueça, sempre que possível, que está lendo uma história. O parágrafo de uma única frase lembra mais a fala que a escrita, e isso é bom. Escrever é seduzir. Falar bem é parte da sedução. Se não fosse, por que tantos casais começariam a noite jantando e a terminariam na cama?

Os outros usos desse tipo de parágrafo incluem direção de palco; pequenos, porém úteis, aprimoramentos de caráter e de cenário; e um momento vital de transição. Depois de reafirmar que sua história é verdadeira, Big Tony passa às lembranças que tem de O'Leary. Como a fonte do diálogo não muda, seria possível que a descrição de Tony sentando e acendendo o cigarro acontecesse no mesmo parágrafo, com o diálogo sendo retomado em seguida, mas o autor preferiu fazer diferente. Como Big Tony toma um novo rumo, o autor quebra o diálogo em dois parágrafos. É uma decisão tomada instantaneamente durante a escrita, baseada inteiramente no ritmo que o autor ouve na própria cabeça. O ritmo é parte do arcabouço genético (Kellerman escreve muitos fragmentos porque *ouve* muitos fragmentos), mas também é o resultado de milhares de horas que o escritor passou escrevendo, e de *dezenas* de milhares de horas que passou lendo textos alheios.

Eu poderia argumentar que é o parágrafo, e não a frase, a unidade básica da escrita — o lugar onde começa a coerência e onde as palavras têm a chance de se tornar algo mais que meras palavras. Se a inspiração vier, será no nível do parágrafo. É um instrumento maravilhoso e flexível que pode ter apenas uma palavra ou se alongar por várias páginas (um parágrafo do romance histórico *Paradise Falls*, de Don Robertson, tem 16 páginas; alguns parágrafos de *Raintree County*, de Ross Lockridge, têm quase isso). Você precisa aprender a usá-lo, se quiser escrever bem, aprender o que isso significa em termos de prática. Você precisa pegar o ritmo.

5

Pegue de novo aquele livro que você estava olhando, por favor. O peso dele em suas mãos diz outra coisa que você pode apreender sem ler uma única palavra. O número de páginas do livro, naturalmente, mas tem outra coisa: o compromisso do escritor para conseguir criar o trabalho, o compromisso que o Leitor Constante deve ter para lê-lo. É claro que o peso e o número de páginas, por si só, não indicam excelência; muitas histórias épicas são uma porcaria — perguntem aos meus críticos, que vão lamentar o massacre de florestas canadenses inteiras para imprimir meus disparates. Da mesma forma, livros curtos nem sempre são doces. Em alguns casos (*As pontes de Madison*, por exemplo), a concisão significa doçura *demais*. Existe a questão do compromisso, seja um livro bom ou ruim, um fracasso ou um sucesso. As palavras têm peso. Pergunte a qualquer um que trabalhe no departamento de expedição de uma editora ou no depósito de uma grande livraria.

Palavras criam frases; frases criam parágrafos; às vezes, parágrafos dão sinal de vida e começam a respirar. Imagine, se quiser, o monstro de Frankenstein sobre a maca. Vem o relâmpago, não do céu, mas de um humilde parágrafo. Talvez seja o primeiro parágrafo realmente bom que você tenha escrito, algo tão frágil e, ainda assim, tão cheio de possibilidades que chega a ser assustador. Você se sente como Victor Frankenstein deve ter se sentido quando o conglomerado de partes mortas costuradas juntas abre os olhos úmidos e amarelados. "Ah, meu Deus, está respirando", percebe você. "Talvez até esteja pensando. O que, em nome de Deus, eu faço agora?"

Vá para a terceira bandeja, é claro, e comece a escrever ficção de verdade. Por que não? O que você tem a temer? Carpinteiros não constroem monstros, no fim das contas. Constroem casas, lojas e bancos. Constroem com uma tábua de cada vez, com um tijolo de cada vez. Você vai construir um parágrafo de cada vez, feitos do seu vocabulário e do seu conhecimento de gramática e estilo básicos. Se mantiver tudo nivelado e continuar aplainando todas as portas, pode construir o que quiser — mansões inteiras, se tiver disposição para isso.

    Existe alguma razão lógica para se construir mansões de palavras? Acho que sim, e acho que os leitores de *E o vento levou*, de Margaret Mitchell, e *Casa soturna*, de Charles Dickens, a entendem: às vezes até mesmo um monstro não é um monstro. Às vezes é belo e faz com que nos apaixonemos por toda aquela história, que nos move muito mais do que qualquer filme ou programa de TV. Mesmo depois de mil páginas, não queremos deixar o mundo que o autor criou para nós, ou as pessoas verossímeis que vivem lá. Não queremos deixar, mesmo depois de duas mil páginas, se houver tantas. A trilogia de *O Senhor dos Anéis*, de J. R. R. Tolkien, é um exemplo perfeito. Mil páginas de hobbits não foram suficientes para três gerações pós-Segunda Guerra Mundial de fãs de fantasia; mesmo quando incluímos aquele epílogo tosco e lerdo chamado *O Silmarillion*, ainda não é suficiente. Daí vem Terry Brooks, Piers Anthony, Robert Jordan, os coelhos aventureiros de *A longa jornada* e centenas de outros. Os escritores desses livros criam hobbits porque ainda os amam e querem mais; estão tentando trazer Frodo e Sam de volta dos Portos Cinzentos porque Tolkien já não está aqui para fazer isso por eles.

    No nível mais básico, estamos apenas discutindo uma habilidade aprendida, mas acho que concordamos que mesmo as habilidades mais básicas podem criar coisas muito além de nossas expectativas. Estamos falando de ferramentas e carpintaria, palavras e estilo... mas, à medida que avançarmos, você fará bem se não esquecer que também estamos falando de mágica.

Sobre a escrita

Não existem cachorros malvados, de acordo com o título de um popular manual de treinamento canino, mas não diga isso aos pais de uma criança atacada por um pit bull ou rottweiler; é bem capaz que eles torçam o nariz para você. E, apesar de toda a minha vontade de encorajar quem está tentando escrever a sério pela primeira vez, não dá para mentir e dizer que não existem escritores ruins. Lamento, mas existem *muitos* escritores ruins. Alguns trabalham no jornal de sua cidade, geralmente fazendo a crítica de pequenas peças de teatro ou opinando sobre as equipes esportivas da região. Alguns tiveram sucesso e compraram casas no Caribe, deixando para trás um rastro de advérbios pulsantes, personagens canhestros e construções vis em voz passiva. Outros se apresentam em concursos de poesia vestindo camisas de gola rulê pretas e calças cáqui amarrotadas e declamando versos burlescos sobre "meus furiosos peitos lésbicos" e "os becos íngremes onde gritei o nome de minha mãe".

 Escritores se organizam na mesma pirâmide que vemos em todas as áreas do talento e da criatividade humanos. Na base ficam os ruins. Acima deles está um grupo um pouco menor, mas ainda grande e acolhedor: os escritores competentes. Eles também podem ser encontrados no jornal de sua região, nas prateleiras das livrarias e em leituras de poesia. Eles entendem que, embora uma lésbica possa estar com raiva, seus peitos vão continuar sendo peitos.

 O próximo nível é bem menor. São os escritores bons de verdade. Acima deles — acima de quase todos nós — pairam os Shakespeares, Faulkners, Yeatses, Shaws e Eudora Weltys. São gênios, acidentes divinos, com um talento que está além de nossa capacidade de compreensão, absolutamente fora de alcance. A maioria dos gênios sequer compreende a si mesmo. Muitos deles levam vidas infelizes, percebendo (pelo menos em algum nível) que não passam de aberrações sortudas, a versão intelectual das modelos, que por acaso nasceram com as maçãs do rosto certas e com seios que se adequam ao padrão de uma era.

Estou chegando ao coração deste livro com duas teses, ambas simples. A primeira é que a boa escrita consiste em dominar os fundamentos (vocabulário, gramática, elementos de estilo) e depois colocar os instrumentos certos na terceira bandeja de sua caixa de ferramentas. A segunda é que, embora seja impossível transformar um escritor ruim em competente, e embora seja igualmente impossível transformar um escritor bom em um incrível, é sim possível, com muito trabalho duro, dedicação e conselhos oportunos, transformar um escritor meramente competente em um bom escritor.

Temo que essa ideia seja rejeitada por inúmeros críticos e também por vários professores de escrita criativa. Muitos deles são liberais na política, mas verdadeiras ostras nos campos que escolheram. Os homens e mulheres que saem às ruas para protestar contra a exclusão de afro-americanos ou americanos nativos (posso imaginar o que o sr. Strunk faria com estes termos politicamente corretos, porém canhestros) costumam ser os mesmos que dizem nas aulas que a habilidade para escrever é fixa e imutável. Uma vez trabalhador braçal, sempre trabalhador braçal. Mesmo que um escritor caia nas graças de um ou dois críticos influentes, ele sempre carrega a reputação inicial consigo, como uma respeitável mulher casada que teve uma adolescência rebelde. Algumas pessoas nunca esquecem, simples assim, e boa parte da crítica literária serve apenas para reforçar um sistema de castas tão antigo quanto o esnobismo intelectual que o alimenta. Raymond Chandler até pode ser reconhecido agora como uma figura importante da literatura americana do século XX, uma das primeiras vozes a descrever a anomia da vida urbana nos anos após a Segunda Guerra Mundial, mas existem muitos críticos que rejeitam essa avaliação de antemão.

— Ele é um trabalhador braçal! — gritam, indignados. — Um trabalhador braçal pretensioso! Do pior tipo! O tipo que acha que pode se passar por um de *nós*!

Os críticos que tentam se afastar desse endurecimento das artérias intelectuais não costumam ter muito sucesso. Seus colegas até podem aceitar a presença de Chandler entre os grandes, mas vão colocá-lo ao pé da mesa. E sempre haverá cochichos: "Veio da tradição de livros populares, sabe... Até que se sai bem para um desses, não é?... Sabia que ele escreveu para a revista de *pulp fiction Black Mask*, nos anos 1930? Pois é, lamentável".

Até mesmo Charles Dickens, o Shakespeare do romance, enfrentou ataques constantes da crítica por, às vezes, tratar de temas sensacionalistas, por sua admirável fecundidade (quando Dickens não estava criando romances, ele e a mulher estavam criando filhos) e, é claro, por seu sucesso com leitores das classes populares, tanto naquela época quanto hoje. Críticos e acadêmicos sempre desconfiaram do sucesso popular. Muitas vezes, a desconfiança é justificada. Em outras, ela é usada como desculpa para não pensar. Ninguém é tão intelectualmente preguiçoso quanto uma pessoa realmente inteligente; se tiverem qualquer chance, pessoas inteligentes fazem malas mentais e viajam... pensam na morte da bezerra, você poderia dizer.

Então, acho que serei acusado de promover uma filosofia feliz e descerebrada de Horatio Alger e de, no caminho, defender a própria reputação, que está longe de ser unânime, encorajando pessoas que "simplesmente não são como nós, velho camarada" a se candidatarem ao clubinho exclusivo dos bons escritores. Acho que posso viver com isso. Porém, antes de prosseguirmos, quero repetir minha premissa básica: se você é um escritor ruim, ninguém vai conseguir transformá-lo em um bom, nem mesmo em um competente. Se você é bom e quer ser incrível... deixe pra lá.

O que segue é tudo que sei sobre como escrever boa ficção. Serei o mais breve possível, porque seu tempo é valioso e o meu também, e ambos entendemos que as horas gastas falando sobre a escrita são um tempo em que não estamos *escrevendo*. Serei tão encorajador quanto possível, porque é da minha natureza e porque amo esse trabalho. Quero que você o ame também. Se, no entanto, você não quiser sentar o rabo e trabalhar, não há razão em tentar escrever bem — acomode-se na competência e seja grato por poder se apoiar nisso, pelo menos. Existe uma musa*, mas ele não vai cair do céu e espalhar pó de pirlimpimpim criativo por sua máquina de escrever ou seu computador. Ele mora no chão. É um cara que fica no porão. Você tem que descer até lá, e precisará mobiliar o apartamento para ele morar. É preciso fazer todo o trabalho braçal, e tudo isso enquanto a musa fuma charuto, admira os troféus que conquistou no boliche e finge ignorar você. Você acha isso justo? *Eu* acho. Mesmo que o tal sujeito-musa não pareça nada de mais e não seja de conversar muito (o que costumo receber do meu são grunhidos mal-humorados, a menos que ele esteja trabalhando), é dele que vem a inspiração. É justo que você faça todo o trabalho e queime a cachola até altas horas da noite, porque o cara com charuto e as asinhas tem o saco de magias. Tem coisas ali que podem mudar sua vida.

Acredite em mim, eu sei.

1

Se você quer ser escritor, existem duas coisas a fazer, acima de todas as outras: ler muito e escrever muito. Que eu saiba, não há como fugir dessas duas coisas, não há atalho.

Leio devagar, mas costumo ler de setenta a oitenta livros por ano, a maioria de ficção. Não leio com o objetivo de estudar o ofício, e sim porque gosto de ler. É o que faço à noite, recostado em minha cadeira azul. Da mesma forma, não leio ficção para estudar a arte da ficção, mas porque gosto de histórias. Ainda assim, há um processo de aprendizado em curso. Cada livro que se pega para ler tem uma ou várias lições, e geralmente os livros ruins têm mais a ensinar do que os bons.

Quando estava no oitavo ano, topei com um romance de Murray Leinster, um escritor de ficção científica que trabalhou principalmente durante as décadas de 1940 e 1950, quando revistas como *Amazing Stories* pagavam um centavo por palavra. Eu já tinha lido outros livros do sr. Leinster, o suficiente para saber que a qualidade de sua escrita oscilava. Essa história, em particular, que falava de mineração em um

---

* Tradicionalmente, as musas são mulheres, mas a minha é um cara. Tenho que conviver com isso, infelizmente.

cinturão de asteroides, era um de seus piores trabalhos. Estou sendo bondoso, na verdade. Era horrível, uma trama cheia de personagens tão densos quanto uma folha de papel e marcada por reviravoltas bizarras. O pior de tudo (pelo menos para mim, à época) era que Leinster estava apaixonado pela palavra "arrebatador". Os personagens acompanhavam a chegada dos asteroides cheios de minério com "sorrisos arrebatados". Eles se sentavam para jantar a bordo da nave mineradora com "ansiedade arrebatadora". Perto do fim do livro, o herói envolveu a heroína loura de seios grandes em um "abraço arrebatador". Para mim, foi o equivalente literário da vacinação contra varíola: até onde sei, nunca usei a palavra "arrebatador" em qualquer história ou romance. E, se Deus quiser, nunca vou usar.

Asteroid Miners (o título não era esse, mas era algo parecido com mineradores de asteroides) foi um livro importante na minha vida de leitor. Quase todo mundo se lembra de quando perdeu a virgindade, e a maioria dos escritores se lembra do primeiro livro que lhe trouxe à mente o pensamento: "Eu consigo fazer melhor que isso. Porra, eu *já estou* fazendo melhor do que isso!" Nada mais encorajador para o escritor novato do que perceber que seu trabalho é inquestionavelmente melhor do que o de alguém que ganha para escrever.

Aprendemos mais sobre o que não fazer quando lemos uma prosa ruim; romances como *Asteroid Miners* (ou *O vale das bonecas*, *O jardim dos esquecidos* e *As pontes de Madison*, para citar apenas alguns) valem tanto quanto um semestre em um bom curso de escrita, mesmo com a presença de autores famosos como professores convidados.

A boa escrita, por sua vez, ensina ao escritor aprendiz sobre estilo, narração elegante, desenvolvimento de enredo e criação de personagens críveis, e também sobre como a dizer verdade. Um romance como *As vinhas da ira* pode gerar a boa e velha inveja e levar o novato ao desespero — "Nunca serei capaz de escrever algo tão bom, nem que viva mil anos" —, mas tais sentimentos também podem servir como estímulo, motivando o escritor a trabalhar mais e mirar mais alto. Ser emocionalmente atingido pela combinação de grande história com grande escrita — ser humilhado, na verdade — faz parte da formação necessária a todo escritor. Nem sonhe em humilhar alguém com a força de sua escrita até que você tenha sofrido isso na pele.

Nós lemos para experimentar a mediocridade e a podridão indiscutíveis; essa experiência nos ajuda a reconhecer esse tipo de coisa quando ela começa a se infiltrar em nosso próprio trabalho e a nos livrar dela. Também lemos para nos compararmos aos bons e aos grandes, para ter uma noção de tudo o que pode ser feito. E também lemos para ter contato com diferentes estilos.

Você pode acabar adotando um estilo de que goste muito, e não há nada de errado com isso. Quando li Ray Bradbury na juventude, comecei a escrever como ele — tudo verde e assombroso e visto por uma lente manchada pela gordura da nostalgia. Quando li James M. Cain, passei a escrever de um jeito objetivo e cru, com enredos pesados. Quando li Lovecraft, minha prosa ficou exuberante e intrincada. Quando adolescente, escrevi histórias que misturavam todos esses estilos, criando uma mistureba hilária. Esse tipo de fusão estilística é necessária para o desenvolvimento do estilo do escritor, mas não ocorre no vácuo. Você tem que ler de tudo, refinando (e redefinindo) constantemente o próprio trabalho no caminho. Acho difícil acreditar na existência de pessoas de pouca (ou nenhuma) leitura que tentam escrever e esperam que os leitores gostem de seus textos, mas sei que elas estão por aí. Se eu ganhasse um centavo por cada um já que me disse que queria ser escritor, mas "não tinha tempo para ler", daria para pagar um bom jantar em uma churrascaria. Posso ser direto? Se você não tem tempo de ler, não tem tempo (nem ferramentas) para escrever. Simples assim.

A leitura é o centro criativo da vida de um escritor. Eu levo um livro comigo aonde quer que vá, e não faltam oportunidades para mergulhar na leitura. O truque é aprender a ler tanto de pouquinho em pouquinho como de uma sentada só. Salas de espera são perfeitas para livros — é claro! Também são perfeitos os saguões de teatro antes da peça, as longas e cansativas filas de supermercado, e o meu favorito de todos: o banheiro. Você pode até ler enquanto dirige, graças à revolução do audiolivro. Dos livros que leio a cada ano, de seis a doze são em áudio. E quanto às maravilhosas transmissões radiofônicas perdidas, deixa disso — quantas vezes você aguenta ouvir o Deep Purple tocando "Highway Star [Estrela da estrada]"?

Ler durante as refeições é considerado algo rude pela sociedade, mas, se você pretende ser um escritor bem-sucedido, a rudeza deve ser a penúltima de suas preocupações. A última deve ser a sociedade e o que ela espera de você. De qualquer forma, se você pretende escrever com a maior sinceridade possível, seus dias como membro da sociedade estão contados.

Onde mais você pode ler? Tem sempre a esteira ou qualquer outro aparelho aeróbico que você use na academia. Eu tento fazer exercícios aeróbicos pelo menos uma hora por dia, e acho que ficaria louco sem a companhia de um bom romance. Hoje, a maioria dos aparelhos para exercícios (dentro ou fora de casa) está equipada com monitores de TV, mas a televisão — seja na academia ou em qualquer outro lugar — é uma das últimas coisas de que um escritor precisa.

Se você não consegue ficar sem os apresentadores exagerados dos noticiários da CNN enquanto se exercita, ou os analistas de mercado exagerados da NBC, ou os repórteres de esportes exagerados da ESPN, é melhor questionar a seriedade de seu desejo de se tornar escritor. Você deve estar preparado para fazer uma grande virada em direção à vida da imaginação, e isso significa, lamento dizer, deixar para trás os apresentadores de programas de variedades, os narradores esportivos e os entrevistadores. A leitura demanda tempo, e a telinha lhe rouba horas preciosas.

Uma vez livres da efêmera dependência da TV, muitas pessoas acabam descobrindo que adoram passar o tempo lendo. Digo que desligar aquela máquina barulhenta vai melhorar não só sua escrita, mas também sua qualidade de vida. E seria muito sacrifício fazer o que estou sugerindo? Quantas reprises de *Frasier* e *ER* são necessárias para fazer uma vida americana completa? Quantos comerciais? Quantos repórteres trazendo as notícias da capital? Ah, melhor nem começar a falar disso. Jornais televisivos, musicais, séries de comédia, filmes água com açúcar... Para mim, fim de papo.

Quando tinha uns 7 anos, meu filho Owen se apaixonou pela E Street Band de Bruce Springsteen, e particularmente por Clarence Clemons, o corpulento saxofonista do grupo. Owen decidiu que queria aprender a tocar como Clarence. Minha mulher e eu ficamos felizes e empolgados com aquela ambição. Também esperávamos, como qualquer pai e qualquer mãe, que nosso filho demonstrasse talento para a coisa, ou melhor, que fosse um prodígio. Demos um sax tenor de Natal para ele e o colocamos para ter aula com Gordon Bowie, um músico de nossa cidade. Então cruzamos os dedos e torcemos para que desse tudo certo.

Sete meses depois eu disse à minha mulher que era melhor acabar com as aulas de saxofone, se Owen concordasse. Ele concordou, claramente aliviado. Owen não queria admitir, ainda mais depois de ter pedido o sax de presente, mas sete meses foram mais do que suficientes para perceber que, embora adorasse o som de Clarence Clemons, o instrumento não era para ele — Deus não lhe tinha concedido talento para aquilo.

Eu já sabia, não porque Owen tivesse parado de praticar, mas porque só praticava durante os períodos que Bowie estipulara: meia hora depois da escola, quatro dias por semana, mais uma hora nos fins de semana. Owen dominava as escalas e as notas — não havia problema de memória, pulmões ou coordenação motora —, mas nunca o ouvíamos decolar, surpreendendo-se com algo novo, florescendo. Assim que ele acabava de praticar, o saxofone voltava para o estojo e ficava lá até a próxima aula ou prática. Percebi que ele nunca tocaria o instrumento de verdade, nunca se divertiria; tudo seria ensaio. Isso não é bom. Se não há alegria em tocar, não é bom. É melhor tentar outra coisa, onde os mananciais de talento sejam mais ricos e o quociente de diversão seja mais alto.

O talento faz a própria ideia de ensaio parecer sem sentido; quando alguém encontra algo em que seja talentoso, a pessoa faz aquilo (seja o que for) até os dedos sangrarem ou os olhos quase caírem das órbitas. Mesmo quando não há ninguém ouvindo (ou lendo, ou assistindo), todo esforço é digno de aplausos, porque a pessoa, como criadora, está feliz. Quem sabe até em êxtase. Isso vale para a leitura e a escrita, como vale para tocar um instrumento musical, marcar um gol ou correr o revezamento 4x400. O programa exigente de leitura e escrita que defendo — quatro a seis horas por dia, todos os dias — não vai parecer exaustivo se você realmente gostar de fazer e tiver aptidão para as duas coisas; na verdade, pode ser que você já o siga. Se você acha que precisa de permissão para se dedicar a toda leitura e toda escrita que seu coraçãozinho deseja, considere-se autorizado por este que vos fala.

A verdadeira importância da leitura é criar intimidade e facilidade com o processo de escrita; ou seja, chegar ao país dos escritores com os documentos e as identificações em ordem. A leitura constante vai colocar você em um lugar (ou estado mental, se preferir) em que é possível escrever com paixão e sem inibição. Ela também oferece um conhecimento crescente sobre o que já foi feito e ainda está por fazer, o que é velho e o que é novo, o que funciona e o que está morrendo (ou já morreu) sobre a página. Quanto mais você ler, menos estará propenso a fazer papel de bobo quando for escrever algo.

2

Se "leia muito, escreva muito" é o Grande Mandamento — e posso garantir que é —, o que significa escrever muito? Isso varia, é claro, de escritor para escritor. Uma das minhas histórias favoritas sobre o assunto — provavelmente um mito — envolve James Joyce*. Dizem que um amigo foi visitá-lo certo dia e encontrou o grande homem tombado sobre a escrivaninha, em uma postura de profundo desespero.

— James, o que aconteceu? — perguntou o amigo. — É o trabalho?

Joyce assentiu sem ao menos levantar a cabeça para olhar o outro. É claro que era o trabalho; não era sempre?

— Quantas palavras você escreveu hoje? — insistiu o homem.

Joyce (ainda desesperado, ainda com a cabeça apoiada na mesa):

— Sete.

— Sete? Mas, James... isso é bom. Pelo menos para você!

— É — respondeu Joyce, finalmente olhando para cima. — Acho que sim... mas eu ainda não sei em que *ordem* elas ficam!

Do outro lado do espectro, existem escritores como Anthony Trollope. Ele escreveu romances caudalosos (*Can You Forgive Her?* [Você consegue perdoá-la?] é um ótimo exemplo; para o público moderno, o livro poderia se chamar *Você consegue terminar?*), e os produzia com impressionante regularidade. Trollope trabalhava como escrivão no De-

---

* Existem muitas histórias deliciosas sobre Joyce. A minha preferida é esta: quando a visão começou a falhar, ele começou a usar um uniforme de leiteiro enquanto escrevia. Segundo se diz, Joyce acreditava que a roupa recebia a luz do sol e a refletia na página.

partamento Postal Britânico (as caixas de correio vermelhas que existem em toda a Grã-Bretanha foram invenção dele) e escrevia durante duas horas e meia toda manhã, antes de sair para o trabalho. O cronograma era seguido à risca. Se estivesse no meio de uma frase quando as duas horas e meia terminassem, ele a deixava inacabada até a manhã seguinte. E se acabasse um de seus calhamaços de seiscentas páginas faltando ainda 15 minutos, ele escrevia "Fim", punha o manuscrito para o lado e começava a trabalhar no livro seguinte.

John Creasey, romancista britânico de livros de mistério, escreveu quinhentos (sim, você leu direito) romances sob dez pseudônimos. Escrevi cerca de 35 — alguns trollopianos no número de páginas — e sou considerado prolífico, mas, diante de Creasey, eu praticamente sofro de bloqueio criativo. Muitos outros romancistas contemporâneos (tais como Ruth Rendell/Barbara Vine, Evan Hunter/Ed McBain, Dean Koontz e Joyce Carol Oates) escreveram tanto quanto eu, alguns até mais.

Por outro lado — o de James Joyce —, existem autores, como Harper Lee, que escreveram apenas um livro (o brilhante *O sol é para todos*). E muitos, como James Agee, Malcolm Lowry e Thomas Harris (até agora) escreveram menos de cinco. Não vejo problema nisso, mas sempre me vêm duas perguntas quando penso nesses caras: quanto tempo levaram para escrever os livros que publicaram e o que fizeram com o resto do tempo? Tricotaram tapetes? Organizaram bazares beneficentes? Deificaram ameixas? Sei que provavelmente estou sendo arrogante aqui, mas também estou, pode acreditar, honestamente curioso. Se Deus lhe deu algo que você sabe fazer, por que, em nome de Deus, não fazê-lo?

Meu cronograma é bem-definido. As manhãs pertencem ao que for novo — à obra atual. As tardes são para cochilos e cartas. As noites são para leitura, família, jogos do Red Sox na TV e revisões que não podem mais esperar. Basicamente, as manhãs são meu principal período de escrita.

Quando começo a trabalhar em um projeto, não paro e não diminuo o ritmo a menos que seja absolutamente necessário. Quando não escrevo todos os dias, os personagens começam a apodrecer em minha cabeça — começam a *parecer* personagens, em vez de gente de verdade. O frescor narrativo começa a desvanecer e perco o controle sobre o enredo e o ritmo da história. Pior de tudo, a excitação de criar algo novo começa a perder força. O trabalho começa a *parecer* trabalho, e para muitos escritores isso é o beijo da morte. A escrita está em seu melhor momento — sempre, sempre, sempre — quando parece um tipo de jogo inspirado para o escritor. Consigo escrever a sangue frio, se precisar, mas gosto mais quando a ideia está fresca e emana tanto calor que fica quase difícil de manipular.

Costumo dizer a entrevistadores que escrevo todos os dias, com exceção do Natal, do Dia da Independência Americana e do meu aniversário. É mentira. Digo isso porque, quando você concorda em dar entrevista, é preciso dizer *alguma coisa*, e fica melhor se for alguma coisa pelo menos meio inteligente. Além disso, eu não quero soar como um nerd *workaholic* (só como *workaholic*, acho). A verdade é que, quando estou escrevendo, escrevo todos os dias, seja eu um nerd *workaholic* ou não. Isso *inclui* o Natal, a Independência e meu aniversário (na minha idade, de qualquer forma, a gente tenta ignorar a porcaria do aniversário). E quando não estou trabalhando, não escrevo nada, embora durante esses períodos de parada completa eu me sinta meio apartado de mim e tenha problemas para dormir. Para mim, o trabalho é ficar sem trabalhar. Quando escrevo, estou no parque de diversões, e mesmo as três piores horas que passo escrevendo ainda são muito boas.

Eu era mais rápido. Um de meus livros (*O concorrente*) foi escrito em uma semana, um feito que John Creasey talvez apreciasse (embora eu tenha lido que Creasey escreveu vários livros de mistério em *dois dias*). Acho que parar de fumar me deixou mais lento; a nicotina é um ótimo estimulante de sinapses. O problema, obviamente, é que o cigarro mata ao mesmo tempo em que ajuda a escrever. Ainda assim, acredito que a primeira versão de um livro — mesmo longo — não deva demorar mais que três meses, a duração de uma estação. Se demorar mais — para mim, pelo menos —, a história começa a parecer meio estranha, nada familiar, como um despacho do Departamento de Relações Públicas da Romênia ou algo transmitido em ondas curtas de alta frequência durante um período de intensa atividade solar.

Gosto de escrever dez páginas por dia, o que dá cerca de 2 mil palavras. São 180 mil palavras ao longo de três meses, um livro de bom tamanho — algo em que o leitor possa se perder alegremente, se a história for bem-contada e mantiver o frescor. Em certos dias, as dez páginas vêm com facilidade, e às onze e meia da manhã já estou de pé e zanzando por aí, feliz como pinto no lixo. Agora que estou mais velho, cada vez mais me vejo almoçando em minha escrivaninha e acabando o trabalho por volta de uma e meia da tarde. Às vezes as palavras custam a sair, e ainda estou me debatendo com elas na hora do chá. De um jeito ou de outro, não vejo problema. No entanto, só em circunstâncias muito terríveis eu me permito fechar o dia antes de chegar a 2 mil palavras.

A maior ajuda para uma produção (trollopiana?) regular é trabalhar em uma atmosfera serena. Até mesmo para o escritor mais produtivo, é difícil trabalhar em um ambiente onde sustos e intromissões são a regra, não a exceção. Quando me perguntam o "segredo do meu sucesso" (essa é uma ideia absurda, da qual é impossível escapar), costumo dizer que são dois: mantive a saúde física (pela menos até o dia em que um furgão me jogou para fora da estrada, no verão de 1999) e mantive o casamento. É uma boa resposta porque faz a pergunta desaparecer e porque tem um fundo de verdade. A combinação de corpo saudável e relacionamento estável com uma mulher autossuficiente que não aceita nenhum desaforo da minha parte tornou possível continuar minha vida profissional. E acredito que o oposto também seja verdade: minha escrita e o prazer que extraio dela contribuíram para a estabilidade de minha saúde e da minha vida familiar.

3

Você pode ler em quase qualquer lugar, mas, na hora de escrever, só recorra a bibliotecas, bancos de praça e, em último caso, flats alugados — Truman Capote dizia que trabalhava melhor em quartos de hotel, mas ele é uma exceção; a maioria de nós funciona melhor em um lugar só nosso. Até conseguir um, você vai descobrir que será difícil de levar a sério sua nova resolução de escrever.

Sua sala de escrita não precisa ser luxuosa como a Mansão da Playboy, você também não precisa de uma escrivaninha rústica para abrigar suas ferramentas de trabalho. Escrevi os dois primeiros romances que publiquei, *Carrie, a estranha* e *'Salem*, na lavanderia de nosso trailer, usando a máquina de escrever Olivetti portátil de minha mulher e equilibrando uma mesa infantil nas pernas. Dizem que John Cheever escrevia no porão de seu apartamento na Park Avenue, perto da caldeira. O espaço pode ser humilde (provavelmente *deve* ser, como acho que já sugeri) e só precisa realmente de uma coisa: uma porta que você possa fechar. A porta fechada é a maneira de dizer ao mundo e a você mesmo que o assunto é sério. Você assumiu o compromisso de escrever e pretende dançar a dança, bem como dizer o que precisa ser dito.

Quando entrar em seu novo espaço de escrita e fechar a porta, você já deve ter estabelecido uma meta diária. Como acontece com os exercícios físicos, é melhor estabelecer uma meta baixa, de início, para não ficar desencorajado. Sugiro mil palavras por dia e, como estou me sentindo magnânimo, também sugiro que você tire um dia de folga por semana, pelo menos no início. Nada mais que isso; você vai perder o senso de urgência e imediatismo de sua história se produzir menos. Estabelecida a meta, tome como lei que a porta permanecerá fechada até que o número de palavras seja atingido. Ao trabalho! Coloque essas mil palavras no papel ou no computador. Em uma entrevista antiga (para promover *Carrie, a estranha*, se não me engano), o apresentador de um programa de rádio me perguntou como eu escrevia. Minha resposta — "uma palavra de cada vez" — pareceu deixá-lo desconcertado. Acho que ele ficou tentando adivinhar se eu estava brincando ou não. Não era brincadeira. No fim das contas, é sempre simples assim. Seja uma vinheta de página única ou uma trilogia épica como O Senhor dos Anéis, o trabalho é sempre feito com uma palavra de cada vez. A porta deixa o restante do mundo do lado de fora. Também serve para fechar você do lado de dentro e mantê-lo focado no trabalho.

Se possível, não tenha telefone em sua sala. E não coloque televisão ou video games que possam distraí-lo. Se tiver janela, feche as cortinas ou baixe as persianas, desde que elas não deem para uma parede nua. Para qualquer escritor, e em particular, para o iniciante, é aconselhável eliminar todas as distrações possíveis. Se você continuar a escrever, começará a filtrar as distrações naturalmente. No início, porém, é melhor tomar providências para afastá-las antes de começar. Eu trabalho ouvindo música alta — adoro bandas de hard rock como AC/DC, Guns n' Roses e

Metallica —, pois, para mim, é mais uma maneira de fechar a porta. A música me envolve e mantém o mundo lá fora. Quando escreve, você quer se afastar do mundo, não é? Claro que quer. Quando você escreve, está criando seus próprios mundos.

Acho que, na verdade, estamos falando de sono criativo. Como seu quarto, sua sala de escrita deve ser privativa, um lugar aonde você vai sonhar. O cronograma — entrar mais ou menos na mesma hora todos os dias, sair quando as mil palavras estiverem no papel ou no computador — existe para que você se habitue e se prepare para sonhar, exatamente como se prepara para dormir ao ir para cama mais ou menos no mesmo horário todas as noites e seguir sempre o mesmo ritual. Na escrita e no sono, aprendemos a estar fisicamente imóveis ao mesmo tempo que encorajamos nossas mentes a se libertarem da monotonia do pensamento racional diário. E assim como sua mente e seu corpo se acostumam com determinada quantidade de horas de sono por dia — seis, sete, talvez as oito recomendáveis —, você também pode deixar sua mente alerta para dormir criativamente e trabalhar os sonhos vividamente imaginados que são as obras de ficção bem-sucedidas.

Para isso, porém, você precisa do espaço, da porta e da determinação para fechá-la. Também precisa de uma meta concreta. Quanto mais tempo você dedicar a esses elementos fundamentais, mais fácil o ato de escrever se tornará. Não espere pela musa. Como eu disse, ela é um sujeito cabeça-dura, não suscetível a grandes voos criativos. Não se trata de brincadeira do copo ou de mensagens enviadas do mundo espiritual; é apenas um trabalho, como consertar canos ou dirigir carretas. Seu trabalho é fazer com que a musa saiba onde você vai estar todos os dias, das nove da manhã ao meio-dia, ou das sete da manhã às três da tarde. Garanto a você que, se ela souber, mais cedo ou mais tarde vai começar a aparecer, mordendo o charuto e fazendo mágica.

4

Certo — aí está você na sua sala, com as persianas abaixadas, a porta fechada e o telefone desligado. Você deu adeus à televisão e se comprometeu a produzir mil palavras por dia, aconteça o que acontecer. Agora vem a grande pergunta: sobre o que você vai escrever? E aí vem a grande resposta: sobre o que você quiser. Qualquer coisa... *desde que você conte a verdade*.

Em aulas de escrita criativa, a regra era: "Escreva sobre o que você sabe". Parece razoável, mas e se você quiser escrever sobre naves espaciais explorando outros planetas ou sobre um homem que mata a mulher e depois tenta se livrar do corpo dela com um triturador de madeira? Como o escritor faz para encaixar essas ideias, ou mil outras igualmente fantasiosas, na diretriz "escreva sobre o que você sabe"?

Acho que você deve começar interpretando "escreva sobre o que você sabe" da maneira mais abrangente e inclusiva possível. Se você é encanador, você conhece encanamentos, mas isso está muito longe de ser toda a dimensão de seu conhecimento; o coração também sabe coisas, bem como a imaginação. Graças a Deus. Se não fosse pelo coração e pela imaginação, o mundo da ficção seria terra de ninguém. Talvez nem existisse, na verdade.

Em termos de gênero, acho justo considerar que você vai começar escrevendo o que mais gosta de ler — eu com certeza já falei do meu caso de amor juvenil com a EC Comics, até que as histórias de terror em quadrinhos da editora fossem para o brejo. Mas eu *realmente* adorava as HQs, bem como filmes de terror como *I Married a Monster from Outer Space*, e o resultado foram histórias como "Eu era um profanador de túmulos juvenil". Até hoje, não faço muito mais do que versões ligeiramente mais sofisticadas daquele conto; nasci com uma paixão pela noite e pelo caixão inquieto, basicamente. Se você não gosta, eu só posso lamentar. É o que tenho.

Se por acaso você for fã de ficção científica, é natural que queira escrever ficção científica (e quanto mais você ler, menor a possibilidade de simplesmente revisitar as convenções mais comuns do gênero, tais como o romance planetário e a sátira distópica). Se você é fã de histórias de mistério, vai querer escrever livros de mistério, e se gostar de romances, é natural que queira escrever os próprios. Não há nada de errado em escrever qualquer um desses gêneros. Muito errado, eu acho, seria dar as costas para o que você conhece e gosta (ou ama, como eu amava as velhas histórias de horror em preto e branco da EC) a favor de outras que, em sua opinião, possam impressionar amigos, parentes e colegas do círculo de escritores. Igualmente errado é deliberadamente se voltar para algum gênero ou tipo de ficção para ganhar dinheiro. Para começar, é moralmente tortuoso — o trabalho de escrever ficção é encontrar a verdade dentro da rede de mentiras da história, e não se comprometer com a desonestidade intelectual em busca de grana. Além disso, irmãos e irmãs, não funciona.

Quando me perguntam por que decidi escrever as coisas que escrevo, sempre penso que a pergunta é mais reveladora do que qualquer resposta que eu possa dar. Escondida na pergunta, como a parte mastigável no meio do pirulito que vira chiclete, está a presunção de que o escritor controla o material, e não o contrário.* Um escritor sério e comprometido é incapaz de avaliar o material da história como um investidor avalia ofertas de ações, escolhendo aquelas mais propensas a dar um bom retorno. Se a coisa pudesse ser feita desta forma, todos os romances publicados seriam best-sellers e os enormes adiantamentos pagos a cerca de uma dezena de "escritores renomados" não existiriam (os editores gostariam disso).

Grisham, Clancy, Crichton e eu — entre outros — recebemos estas grandes quantias em dinheiro porque vendemos quantidades incomuns de livros para um público incomumente grande. A crítica costuma inferir que nós temos acesso a algum tipo de vocabulário místico que outros (e muitas vezes melhores) escritores não conseguem encontrar ou não se dignam a usar. Duvido que isso seja verdade. Também não acredito quando alguns romancistas populares (embora não seja a única, estou pensando na finada Jacqueline Susann) afirmam que seu sucesso se baseia em mérito literário — ou seja, que o público entende a verdadeira grandeza de uma maneira que a velha guarda literária, envolta em conservadorismo e consumida pela inveja, não consegue. É uma ideia ridícula, gerada pela vaidade e pela insegurança.

Na maioria das vezes, os leitores não são atraídos pelos méritos literários de um romance; eles querem uma boa história para levar consigo no avião, algo que primeiro os fascine, depois os impulsione e os

---

* Kirby McCauley, meu primeiro agente de verdade, costumava citar uma frase do escritor de ficção científica Alfred Bester (*Tiger! Tiger!*; *O homem demolido*) sobre o assunto. "O livro é quem manda", costumava dizer Alfie, em um tom de assunto encerrado.

mantenha virando as páginas. Isso acontece, acredito, quando eles reconhecem as pessoas que estão no livro, seus comportamentos, seu ambiente, seu jeito de falar. Quando identifica fortes ecos de sua vida e de suas crenças, o leitor fica propenso a se deixar envolver pela história. Eu argumentaria que é impossível fazer este tipo de conexão de forma premeditada, aferindo o mercado como um especialista em corridas de cavalo que tem uma dica quente.

A imitação estilística é uma coisa, uma forma perfeitamente honrada de começar como escritor (e algo impossível de evitar, na verdade; algum tipo de imitação marca cada novo estágio de desenvolvimento de um escritor), mas não é possível imitar a abordagem de um autor a determinado gênero, não importa quão simples o que ele faz possa parecer. Em outras palavras, você não pode mirar em um livro como um míssil. Gente que decide fazer fortuna escrevendo como John Grisham ou Tom Clancy produz, na maioria das vezes, nada além de pálidas imitações, porque vocabulário não é o mesmo que sentimento, e a trama está a anos-luz da verdade entendida pela mente e pelo coração. Quando você vir um romance com a frase "Ao estilo de (John Grisham/Patricia Cornwell/Mary Higgins Clark/Dean Koontz)" na capa, pode saber que está olhando para uma dessas imitações friamente calculadas (e provavelmente chatas).

Escreva o que quiser, depois encharque a história de vida e a torne única, acrescentando seu conhecimento pessoal e intransferível do mundo, da amizade, do amor, do sexo e do trabalho. Especialmente do trabalho. As pessoas adoram ler sobre trabalho. Sabe-se lá por quê, mas adoram. Se você é um encanador que adora ficção científica, pense em escrever um romance sobre um encanador a bordo de uma nave ou de um planeta alienígena. Parece ridículo? O finado Clifford D. Simak escreveu um romance chamado *Cosmic Engineers* [Engenheiros cósmicos] que é praticamente isso. E é uma leitura excelente. Você só não pode esquecer que existe uma grande diferença entre discorrer sobre o que sabe e usar este conhecimento para enriquecer a história. O último é bom. O primeiro, não.

Pense no romance com que John Grisham estourou, *A firma*. Na história, um jovem advogado descobre que seu primeiro emprego, que parecia bom demais para ser verdade, era de fato uma miragem — ele está trabalhando para a máfia. Cheio de suspense, envolvente e com um ritmo de tirar o fôlego, *A firma* vendeu uns nove zilhões de exemplares. O que parecia fascinar o público era o dilema moral em que o jovem advogado se encontrava: trabalhar para a máfia é ruim, não há o que discutir, mas o salário é *estupendo*! Dá para comprar uma BMW, e isso é só o início!

O público também gostou dos engenhosos esforços que o advogado fez para se desembaraçar desse dilema. Pode não ser a maneira como a maioria das pessoas agiria, e o *deus ex machina* é bastante utilizado nas últimas cinquenta páginas, mas é a maneira como a grande maioria de nós *gostaria* de agir. E quem não gostaria de ter um *deus ex machina* na vida?

Embora não tenha certeza, eu apostaria que John Grisham nunca trabalhou para a máfia. Tudo aquilo é pura invenção (e pura invenção é o maior deleite do escritor de ficção). Ele *já foi* um jovem advogado, no entanto, e claramente não esqueceu como era a rotina de trabalho. Nem esqueceu as várias arapucas financeiras e armadilhas sexuais que fazem o campo do direito societário tão difícil. Usando humor coloquial como um brilhante contraponto e nunca substituindo a história por hipocrisia, ele construiu um mundo de lutas darwinianas onde todos os selvagens usam ternos caros e bem-alinhados. E — aí vem a parte boa — *este é um mundo impossível de não se acreditar*. Grisham esteve lá, espionou o terreno e as posições inimigas e trouxe de volta um relatório completo. Ele contou a verdade do que conhecia, e só por isso já merece cada centavo que ganhou com *A firma*.

Críticos que avaliaram *A firma* e os livros posteriores de Grisham como mal-escritos e que se dizem surpresos com o sucesso dele não entenderam nada, ou porque a razão é óbvia e evidente demais, ou porque estão sendo deliberadamente obtusos. A história fictícia de Grisham está solidamente sustentada por uma realidade que ele conhece e viveu, e sobre a qual escreveu com total (e quase ingênua) honestidade. O resultado é um livro — sejam os personagens rasos ou não, podemos discutir isso — corajoso e singularmente satisfatório. Você, como escritor iniciante, fará bem em não imitar o gênero "advogados enrolados" que Grisham parece ter criado, mas sairá ganhando se emular a abertura e a incapacidade do autor de fazer qualquer outra coisa além de ir direto ao ponto.

John Grisham, é claro, conhece advogados. O que *você* sabe o torna único de alguma outra forma. Seja corajoso. Mapeie as posições dos inimigos, volte e conte para a gente tudo o que você sabe. E lembre-se de que encanadores no espaço não é um cenário tão ruim para uma história.

5

De meu ponto de vista, histórias e romances se dividem em três partes: narração, que leva a história do ponto A para o ponto B e, por fim, até o ponto Z; descrição, que cria uma realidade sensorial para o leitor; e diálogo, que dá vida aos personagens através do discurso.

Você pode estar se perguntando onde está o enredo nisso tudo. A resposta — a minha, pelo menos — é: em lugar nenhum. Não vou tentar convencer você de que nunca construí um enredo, como não vou tentar lhe convencer de que nunca contei uma mentira, mas faço ambas as coisas tão raramente quanto possível. Não confio no enredo por duas razões: em primeiro lugar, porque nossa *vida*, em enorme medida, não tem enredo, mesmo que você tome todas as precauções necessárias e faça um planejamento cuidadoso; em segundo lugar, porque acredito que a construção da trama e a espontaneidade da criação verdadeira não sejam compatíveis. É melhor ser o mais claro possível quanto a isso — quero que você entenda que minha crença básica sobre a criação de histórias é que elas praticamente se fazem sozinhas. O trabalho do escritor é dar-lhes um lugar para crescer (e transcrevê-las, é claro). Se você enxerga as coisas desta maneira (ou pelo menos tenta), podemos trabalhar juntos confortavelmente. Se, por outro lado, você achar que eu sou maluco, tudo bem. Você não será o primeiro.

Quando, durante uma entrevista à *New Yorker*, eu disse ao entrevistador (Mark Singer) que acreditava que histórias eram coisas encontradas, como fósseis na terra, ele não acreditou em mim. Falei que, por mim, tudo bem, se ele pelo menos acreditasse que *eu* acreditava. E acredito mesmo. Histórias não são camisetas promocionais ou joguinhos de videogame. Histórias são relíquias, parte de um mundo pré-existente ainda não descoberto. O trabalho do escritor é usar as ferramentas que tem na caixa para desenterrar o máximo de histórias que conseguir, tão intactas quanto possível. Às vezes o fóssil encontrado é pequeno; uma concha. Às vezes é enorme, como um *Tyrannosaurus Rex*, com aquelas costelas enormes e aqueles dentes sorridentes. Seja o que for, uma história curta ou um romance colossal de mil páginas, as técnicas de escavação continuam sendo basicamente as mesmas.

Não importa o quanto você seja bom, não importa sua experiência, é quase impossível retirar o fóssil inteiro do chão sem quebrar ou perder alguma coisa. Para conseguir tirar, pelo menos, a maior parte, a pá tem que dar lugar a ferramentas mais delicadas: borrifadores, pinças, talvez até uma escova de dente. O enredo é uma ferramenta muito maior; é a perfuratriz do escritor. É possível extrair fósseis do chão usando uma perfuratriz, sem dúvidas, mas você sabe tão bem quanto eu que ela vai quebrar tanta coisa quanto vai extrair. O enredo é tosco, mecânico, anticriativo. O enredo é, penso eu, o último recurso do bom escritor e a primeira escolha do idiota. A história advinda do enredo está propensa a ser artificial e dura.

Eu me apoio mais na intuição, e consigo fazer isso porque meus livros se baseiam em situações mais do que em histórias. Algumas das ideias que produziram os livros são mais complexas que outras, mas a maioria começa com uma simples vitrine de uma loja de departamentos ou uma estátua de cera. Gosto de colocar um grupo de personagens (talvez um par, talvez só um) em algum tipo de situação desagradável e vê-los tentando se libertar. Meu trabalho não é *ajudá-los* a encontrar uma saída, ou manipulá-los para que fiquem a salvo — esses são trabalhos que exigem a barulhenta perfuratriz do enredo —, mas sim acompanhar o que acontece e depois colocar no papel.

A situação vem primeiro. Os personagens — sempre rasos e sem características, no início — vêm depois. Quando essas coisas se fixam em minha mente, começo a narrar. Geralmente tenho uma ideia do possível final, mas nunca pedi a um grupo de personagens que fizessem as coisas do meu jeito. Pelo contrário, quero que façam as coisas do jeito *deles*. Algumas vezes, o final é o que visualizei. Na maioria dos casos, porém, é algo que eu jamais esperava. Para um autor de suspense, isso é algo fantástico. Não sou, no fim das contas, apenas o criador do romance, sou também o primeiro leitor. E se *eu* não sou capaz de adivinhar com exatidão como a situação vai se desenrolar, mesmo com meu conhecimento antecipado dos eventos, tenho certeza de que consigo manter o leitor em um estado de leitura ansiosa. E por que se preocupar com o final? Para que ser tão controlador? Mais cedo ou mais tarde, todas as histórias chegam a *algum lugar*.

No início da década de 1980, minha mulher e eu fomos a Londres em uma viagem de lazer e de negócios. Dormi no avião e tive um sonho sobre um escritor popular (podia ou não ser eu, mas Deus sabe que não era James Caan) que caiu nas garras de uma fã psicótica que morava em uma fazenda lá nos confins do fim do mundo. A fã era uma mulher isolada pela crescente paranoia. Ela criava alguns bichos no estábulo, inclusive uma porca de estimação chamada Misery. A porca tinha o nome da protagonista dos populares romances histórico-eróticos do escritor. Ao acordar, a lembrança mais nítida do sonho foi algo que a mulher disse ao escritor, que estava com a perna quebrada e era mantido prisioneiro no quarto dos fundos. Para não esquecer, escrevi a frase em um guardanapo e o coloquei no bolso. Acabei perdendo o guardanapo, mas consigo me lembrar de quase tudo que anotei:

"Ela fala com seriedade, mas quase nunca faz contato visual. Uma mulher grande e sólida em todos os sentidos: ela é a ausência de hiatos." (Seja lá o que *isso* signifique; não se esqueça, eu tinha acabado de acordar.) "Eu não estava fazendo uma piadinha cruel quando dei o nome de Misery à minha porca, não, senhor. Não pense isso, por favor. Não, eu dei o nome por amor de fã, que é o mais puro que existe. Você devia estar lisonjeado."

Tabby e eu ficamos no Hotel Brown, em Londres, e não consegui dormir em nossa primeira noite lá. Em parte por causa do que parecia ser um trio de menininhas ginastas no quarto logo acima do nosso, em parte por causa do jet lag, mas principalmente por causa daquele guardanapo. Anotada lá estava a semente do que, para mim, poderia ser uma história excelente, que seria engraçada, satírica, mas também assustadora. Achei que era algo rico demais para não ser escrito.

Levantei, desci até o saguão e perguntei ao recepcionista se havia algum lugar tranquilo onde eu pudesse escrever por algum tempo. Ele me levou a uma belíssima mesa no patamar do segundo andar. Era a mesa de Rudyard Kipling, contou ele, com orgulho talvez justificado.

Eu fiquei um pouco intimidado, mas o lugar era silencioso e a mesa parecia bem hospitaleira; tinha quase um acre de superfície em cerejeira, para começar. Tomando uma xícara de chá atrás da outra (bebo chá aos baldes quando escrevo... quando não estava bebendo cerveja, claro), preenchi 16 páginas de um caderno. Gosto de escrever à mão, na verdade; o único problema é que, quando fico acelerado, não consigo mais acompanhar o texto que vai se formando em minha cabeça e fico exausto.

Quando decidi que não dava mais, parei no saguão para agradecer de novo ao recepcionista por me deixar usar a bela mesa do sr. Kipling.

— Fico feliz que o senhor tenha gostado — respondeu ele. O homem tinha um sorrisinho nostálgico, como se tivesse conhecido o escritor pessoalmente. — Kipling morreu nela, na verdade. Ataque do coração. Enquanto escrevia.

Subi para o quarto para dormir umas poucas horas, pensando na frequência com que nos dizem coisas que não precisávamos saber.

O título de trabalho da minha história, que imaginei que seria um romance de cerca de 30 mil palavras, era *The Annie Wilkes Edition*. Quando me sentei à bela mesa de Kipling, eu já tinha a situação básica — escritor aleijado, fã psicótica — firmemente fixada na cabeça. A *história* de fato ainda não existia (bem, existia, mas era uma relíquia enterrada — com exceção de 16 páginas manuscritas, é claro), mas eu não precisava saber a história para começar a trabalhar. O fóssil tinha sido localizado; o resto, eu bem sabia, exigiria cuidadosa escavação.

Eu diria que o que funciona para mim também pode funcionar para você. Se você é escravizado (ou intimidado) pela cansativa tirania do esboço e do caderno cheio de "notas sobre os personagens", isso pode libertar você. No mínimo, vai desviar sua mente para algo mais interessante que o Desenvolvimento do Enredo.

(Uma digressão divertida: o maior defensor do Desenvolvimento do Enredo, no século XX, foi Edgar Wallace, um escritor da década de 1920, cujo objetivo era fazer best-sellers e ganhar dinheiro. Wallace inventou — e patenteou — um aparelho chamado de Roda do Enredo de Edgar Wallace. Quando alguém ficasse empacado no Desenvolvimento do Enredo ou precisasse rapidamente de uma Incrível Virada nos Acontecimentos, bastava girar a Roda do Enredo e ler o que aparecesse na janela: "uma chegada fortuita", talvez, ou "a heroína declara seu amor". Aparentemente, as engenhocas venderam feito pão quente.)

Quando terminei a primeira sessão no Hotel Brown, em que Paul Sheldon acorda e se vê prisioneiro de Annie Wilkes, pensei que sabia o que iria acontecer. Annie exigiria que Paul escrevesse, só para ela, outro romance com a corajosa personagem de sua série, Misery Chastain. Paul primeiro se negaria, mas depois, é claro, concordaria (uma enfermeira psicótica, imaginei, poderia ser bem persuasiva). Annie diria a ele que pretendia sacrificar sua porca amada, Misery, em nome do projeto. *O retorno de Misery* teria, segundo ela, uma única cópia: um manuscrito holográfico gravado em couro de porco!

Aqui haveria um corte, pensei, e voltaríamos ao remoto refúgio de Annie, no Colorado, seis ou oito meses depois, para o final surpreendente.

Paul se foi, seu quarto de doente tendo sido transformado em um altar para Misery Chastain, mas Misery, a porca, continua em evidência, grunhindo serenamente em seu chiqueiro ao lado do celeiro. Nas paredes do "Quarto de Misery" estão capas de livros, fotos dos filmes de Misery, fotos de Paul Sheldon, talvez uma manchete de jornal com o texto ROMANCISTA FAMOSO CONTINUA DESAPARECIDO. No centro do quarto, cuidadosamente iluminado, está um único livro sobre uma mesinha (de cerejeira, é claro, em homenagem ao sr. Kipling). É a Edição de Annie Wilkes de *O retorno de Misery*. A capa é linda, e deveria ser; é a pele de Paul Sheldon. E onde está Paul? Seus ossos podem estar enterrados atrás do celeiro, mas pensei que era bem provável que a porca tivesse comido as partes saborosas.

Não era ruim, e teria dado uma história muito boa (não seria um livro tão bom, no entanto; ninguém gostaria de torcer por um sujeito ao longo de trezentas páginas e depois descobrir que entre os capítulos 16 e 17 a porca o tinha devorado), mas as coisas se desenrolaram de outra maneira. Paul Sheldon acabou se mostrando muito mais astuto do que eu pensava, e seus esforços para assumir o papel de Sherazade e salvar a própria vida me deram a oportunidade de dizer algumas coisas que eu sentia havia muito tempo sobre o poder redentor da escrita, mas nunca tinha articulado. Annie também se mostrou muito mais complexa do que eu havia imaginado, e era muito divertido escrever sobre ela — ali estava uma mulher que não conseguia dizer nada além de "velho trapaceiro" na hora de praguejar, mas não tinha qualquer receio de cortar fora o pé de seu escritor favorito quando ele tentava fugir. No fim, senti que Annie era quase tão digna de pena quanto de medo. Nenhum dos detalhes e incidentes da história derivaram de um enredo; eram orgânicos, cada um surgiu naturalmente da situação inicial, e cada um deles era uma parte desencavada do fóssil. Escrevo isso com um sorriso no rosto. Mesmo doente de drogas e álcool como eu estava, na maior parte do tempo, me diverti muito com esse livro.

Jogo perigoso e *The Girl Who Loved Tom Gordon* [A garota que adorava Tom Gordon] são outros dois romances puramente inspirados por uma situação. Se *Misery* é "dois personagens em uma casa", *Jogo perigoso* é "uma mulher em um quarto" e *The Girl Who Loved Tom Gordon* é "uma menina perdida na floresta". Como disse, eu *já* escrevi romances me baseando em enredo, mas os resultados, em livros como *Insônia* e *Rose Madder*, não foram particularmente inspiradores. Esses são (por mais que eu odeie admitir), romances muito inflexíveis, esforçados demais. O único romance baseado em enredo de que realmente gosto é *A zona morta* (e, para ser justo, devo dizer que gosto muitíssimo dele). Um livro que parece ter uma trama por base — *Saco de ossos* — é, na verdade, outra situação: "escritor viúvo em casa assombrada". O pano de fundo de *Saco de ossos* é satisfatoriamente gótico (pelo menos, eu acho que sim) e muito complexo, mas nenhum dos detalhes foi premeditado. A história do TR-90 e a história sobre as verdadeiras intenções da falecida mulher de Mike Noonan no último verão da vida dela surgiram espontaneamente — em outras palavras, todos os detalhes eram partes do fóssil.

Uma situação suficientemente robusta torna toda a questão do enredo irrelevante, o que acho ótimo. Geralmente, as situações mais interessantes podem ser expressas como uma pergunta do tipo "e se":

E se vampiros invadissem uma pequena cidade da Nova Inglaterra? (*'Salem*)

E se um policial em uma cidade remota de Nevada fosse possuído e começasse a matar quem aparecesse pela frente? (*Desespero*)

E se uma faxineira inocentada de um assassinato que cometeu (o do marido) se tornasse suspeita de outro que não cometeu (o da patroa)? (*Eclipse total*)

E se uma jovem mãe e seu filho ficassem encurralados em um carro pifado por causa de um cachorro raivoso? (*Cão raivoso*)

Todas essas situações me ocorreram em algum momento — no banho, dirigindo, durante minha caminhada diária — e acabaram transformadas em livros. Nenhuma delas foi tramada, não houve sequer uma anotação feita em um pedaço de papel qualquer, embora algumas das histórias (*Eclipse total*, por exemplo) sejam tão complexas quanto as que você encontra em romances policiais. Não se esqueça, no entanto, de que existe uma enorme diferença entre história e trama. A história é honrada e confiável; a trama é enganadora, e funciona melhor quando mantida em cárcere privado.

Cada um dos romances resumidos acima foi refinado e detalhado pelo processo de edição, é claro, mas a maioria dos elementos já existia de início. "O filme já deve aparecer na primeira montagem", disse-me o montador Paul Hirsch, certa vez. O mesmo acontece com livros. Acho difícil alguém consertar incoerências ou uma história mal-estruturada com apenas uma segunda versão.

Este livro não é uma apostila, por isso não há muitos exercícios, mas gostaria de lhe propor um agora, caso você sinta que todo esse papo sobre situação substituindo enredo não passe de conversa para boi dormir. Vou mostrar a você a localização de um fóssil. Sua tarefa é escrever cinco ou seis páginas de narrativa sem enredo relacionadas a esse fóssil. Dito de outra forma, quero que você escave em busca dos ossos e veja como eles são. Acho que você pode ficar bastante surpreso e deliciado com os resultados. Pronto? Aqui vamos nós.

Todo mundo está familiarizado com os detalhes básicos da história a seguir. Com pequenas variações, ela costuma aparecer nas páginas policiais de jornais importantes semana sim, semana não. Uma mulher — vamos chamá-la de Jane — se casa com um homem inteligente, divertido e muito atraente. Vamos chamá-lo de Dick, o nome mais freudiano do mundo.* Infelizmente, Dick tem um lado sombrio. Ele é irascível, controlador, talvez até (isso você vai descobrir a partir das ações e palavras dele) paranoico. Jane faz um enorme esforço para ignorar os problemas de Dick e manter o casamento (por que ela se esforça tanto é algo que você também vai descobrir; ela vai entrar em cena e contar a você). O casal tem uma filha, e durante algum tempo as coisas parecem

---

* Dick, em inglês, é gíria para "pênis". (N. E.)

melhores. Então, quando a menina tem cerca de três anos, os episódios de maus-tratos e ciúme voltam a acontecer. As agressões começam de forma verbal, depois viram físicas. Dick está convencido de que Jane está dormindo com alguém, talvez um colega de trabalho. É alguém específico? Não sei e não me importo. Uma hora Dick vai acabar dizendo a você de quem ele suspeita. Se realmente disser, nós dois vamos saber, não é?

Por fim, a pobre Jane não aguenta mais. Ela se divorcia do imbecil e consegue a guarda da filha, a pequena Nell. Dick começa a persegui-la. Jane consegue uma ordem de restrição, um documento tão útil quanto um guarda-sol durante um furacão, como qualquer mulher que tenha sofrido violência doméstica poderá lhe dizer. Por fim, após um incidente que você vai escrever em detalhes vívidos e aterrorizantes — um espancamento em público, talvez —, Richard, o Imbecil, é preso. Tudo isso é pano de fundo. Como você vai trabalhar com isso — e o quanto vai ser trabalhado — é escolha sua. De qualquer forma, essa não é a situação. A situação é a seguinte.

Certo dia, logo após a condenação de Dick e seu encarceramento, Jane pega a pequena Nell na creche e a leva para a festa de aniversário de uma amiguinha. Jane volta sozinha para casa, ansiando por duas ou três horas de paz e quietude que não tem há muito tempo. "Talvez", pensa ela, "eu tire um cochilo". Ela mora em uma casa, mesmo sendo uma jovem da classe trabalhadora — a situação meio que exige isso. Como Jane encontrou a casa e por que ela tem a tarde livre são coisas que a história vai dizer, e vão parecer competentemente tramadas, se você encontrar razões plausíveis (talvez a casa pertença aos pais dela, talvez ela esteja tomando conta do lugar, talvez algo completamente diferente).

Ela sente uma pontada, logo abaixo do nível da consciência, na hora em que entra na casa. Algo que a deixa incomodada. Jane não consegue distinguir o que é e diz a si mesma que está apenas nervosa, consequência dos cinco anos de inferno com o Mister Simpatia. O que mais *poderia* ser? Dick está atrás das grades, afinal.

Antes de tirar o cochilo, Jane decide tomar uma xícara de chá de ervas e assistir ao noticiário. (Será que dá para usar a chaleira com água fervente que está no fogão depois? Talvez, talvez.) A chamada principal do *Jornal das Três* é um choque: naquela manhã, três homens fugiram da cadeia, matando um guarda durante a fuga. Dois dos três bandidos foram recapturados quase imediatamente, mas o terceiro ainda não foi encontrado. Nenhum dos prisioneiros é identificado pelo nome (não *nesse* jornal, pelo menos), mas Jane, sentada na casa vazia (algo que você já terá explicado de maneira plausível), sabe sem sombra de dúvida que um deles era Dick. Ela sabe porque finalmente identificou a pontada incômoda que sentiu ao abrir a porta. Foi o cheiro, fraco e cada vez menos perceptível, do tônico capilar Vitalis. O tônico capilar de Dick. Jane fica na cadeira com os músculos frouxos de medo, incapaz de se levantar. Ao ouvir os passos de Dick descendo as escadas, ela pensa: "Só Dick continuaria usando tônico capilar, mesmo na prisão." Ela precisa se levantar, precisa correr, mas não consegue se mexer...

É uma história bem boa, não acha? Eu acho, apesar de não ser exatamente original. Como já falei, a manchete EX-MARIDO ESPANCA (ou MATA) EX-MULHER aparece nos jornais quase toda semana. É triste, mas é verdade. O que eu quero que você faça, neste exercício, é *mudar o sexo do antagonista e da protagonista* antes de começar a trabalhar a situação na sua narrativa — faça da ex-mulher a perseguidora, em outras palavras (talvez ela tenha escapado de um hospício e não da cadeia), e do marido a vítima. Narre os acontecimentos sem pensar em enredo — deixe a situação e essa inversão inesperada guiarem você. Prevejo que você vai se sair muito bem... Se, é claro, for honesto sobre como os personagens falam e se comportam. A honestidade na hora de contar histórias compensa muitos erros de estilo, como mostra o trabalho de escritores de prosa dura, como Theodore Dreiser e Ayn Rand, mas mentir é um grande e irreparável erro. Mentirosos prosperam, não há dúvida, mas só em termos absolutos, nunca na selva da composição verdadeira, onde você precisa buscar seu objetivo uma palavra de cada vez. Se você começar a mentir sobre o que sabe e sente quando estiver na selva, tudo irá por água abaixo.

6

A descrição é o que transforma o leitor em um participante sensorial da história. A boa descrição é uma habilidade que se aprende, uma das principais razões pelas quais você não consegue ser bem-sucedido a não ser que leia e escreva muito. Não é apenas uma questão de *como fazer*, mas também de *quanto fazer*. A leitura vai ajudar você a saber *quanto*, e só resmas e resmas de escrita vão ajudar com o *como*. Você só vai aprender fazendo.

A descrição começa com a visualização do que você quer que o leitor experimente. E termina com a tradução do que você vê em sua cabeça para as palavras no papel. Está longe de ser fácil. Como falei antes, todos nós já ouvimos alguém dizer: "Cara, foi tão fantástico (ou horrível/estranho/engraçado) que eu nem sei como descrever!". Se quiser ser um escritor de sucesso, você *precisa* ser capaz de descrever a cena, e de uma maneira que faça o leitor sentir um comichão de reconhecimento. Se conseguir isso, será recompensado pelos seus esforços, e merecidamente. Se não, vai receber muitas cartas de rejeição e talvez explorar uma carreira no fascinante mundo do telemarketing.

A descrição pobre deixa o leitor confuso e míope. A descrição exagerada o enterra em detalhes e imagens. O truque é encontrar um bom meio-termo. Também é importante saber *o que* descrever e o que deixar de lado enquanto você se concentra no trabalho principal, que é contar uma história.

Não sou particularmente fã de textos que descrevem nos mínimos detalhes as características físicas das pessoas e o que estão vestindo (acho o inventário de roupas algo particularmente irritante; se quisesse ler descrições de roupas, eu recorreria a um catálogo de lojas de departamento). Não consigo me lembrar de muitos casos em que tenha sentido necessidade de descrever a aparência das pessoas em minhas histórias — prefiro deixar o leitor fornecer o rosto, a compleição física e também as roupas. Se eu disser a você que Carrie White é uma adolescente sem amigos, com a pele ruim e um guarda-roupa cafona, acho que você consegue fazer o resto, não consegue? Não é preciso fazer um resumo, espinha por espinha, saia por saia. Todos nós temos na lembrança a imagem de um dos excluídos da época de escola; se eu descrever a minha, vou congelar a sua, e assim perco um pouco da identificação mútua que quero forjar. A descrição começa na imaginação do escritor, mas deve terminar na do leitor. Na hora de fazer uma descrição, o escritor tem muito mais sorte do que o diretor de cinema, que quase sempre estará condenado a mostrar demais. Por exemplo, mostrar, em noventa por cento dos casos, o zíper que corre pelas costas do monstro.

Acho que o cenário e a textura são muito mais importantes para que o leitor se sinta *dentro* da história do que qualquer descrição física dos personagens. Também não acho que a descrição física deva ser um atalho para o caráter. Então, me poupem, por favor, dos "astutos olhos azuis" e do "resoluto queixo proeminente" do herói, e também das "arrogantes maçãs do rosto" da heroína. Esse tipo de coisa é técnica ruim e escrita preguiçosa, o equivalente a todos aqueles advérbios cansativos.

Para mim, a boa descrição consiste em apenas alguns detalhes bem-escolhidos que vão falar por todo o resto. Na maioria dos casos, esses detalhes serão os primeiros a lhe ocorrer. E certamente vão ser o bastante para começar. Se depois você decidir mudar, acrescentar ou excluir alguma coisa, faça o que tiver que fazer — é para isso que serve a reescrita. Eu, porém, acho que você vai perceber que, na maioria dos casos, os primeiros detalhes visualizados serão os melhores e mais verdadeiros. Não se esqueça (e suas leituras vão comprovar minha afirmação repetidas vezes, caso você comece a duvidar) de que é tão fácil descrever demais quanto descrever de menos. Talvez seja até mais fácil.

Um de meus restaurantes favoritos em Nova York é o steakhouse Palm Too, na Segunda Avenida. Se eu decidisse criar uma cena naquele lugar, com certeza estaria escrevendo sobre o que conheço, pois já estive lá em várias ocasiões. Antes de começar a escrever, tiro um momento para buscar uma imagem do lugar, desenhando com a memória e preenchendo o olhar de minha mente, que fica cada vez melhor com o uso. Chamo de olhar mental, mas o que realmente quero fazer é abrir *todos* os meus sentidos. Essa busca na memória será breve, porém intensa, um tipo de evocação hipnótica. E, como acontece com a hipnose de verdade, quanto mais vezes você tentar, mais fácil será conseguir.

As primeiras quatro coisas que me vêm à mente quando penso no Palm Too são: a) a escuridão do bar e o contraste com o brilho do espelho ao fundo, que recebe e reflete a luz da rua, b) a serragem no chão, c) as caricaturas peculiares nas paredes; d) o cheiro de carne e peixe cozinhando.

Se eu pensar por mais tempo, consigo me lembrar de mais coisas (o que não lembrar, eu invento — durante o processo de visualização, fato e ficção se mesclam), mas isso não é necessário. Não estamos visitando o Taj Mahal, no fim das contas, e não estou aqui para fazer propaganda. Também é importante lembrar que, afinal, não se trata do cenário, mas da história — *sempre* se trata da história. Não cabe a mim (ou a você) ficar perdido em minúcias de descrição só porque seria mais fácil. Temos coisas mais importantes a fazer.

Com isso em mente, aqui vai um exemplo de narrativa que leva o personagem ao Palm Too:

> *O táxi parou em frente ao Palm Too às quinze para as quatro, em uma clara tarde de verão. Billy pagou ao motorista, pisou na calçada e olhou em volta, procurando Martin. Nem sinal dele. Satisfeito, Billy entrou.*
>
> *Após a claridade e o calor da Segunda Avenida, o Palm Too parecia escuro como uma caverna. O espelho ao fundo do bar capturava o brilho da rua e o refletia na penumbra como uma miragem. Por um instante, foi tudo o que Billy conseguiu ver, mas depois os olhos começaram a se acostumar. Havia alguns poucos bebedores solitários no balcão do bar. Atrás deles, o maître, com a gravata desfeita e as mangas da camisa dobradas para exibir os pulsos peludos, conversava com o barman. Havia serragem espalhada pelo chão, observou Billy, como se aquilo ali fosse um bar ilegal da época da lei seca nos anos 1920, e não um restaurante contemporâneo onde não se pode nem fumar, quanto mais cuspir uma massa de tabaco entre os pés. E os desenhos dançando pelas paredes — caricaturas de políticos corruptos, jornalistas que já se aposentaram havia tempos ou que beberam até morrer, celebridades quase irreconhecíveis — subiam até o teto. O ar recendia a carne e cebola frita. Estava tudo igual a sempre.*
>
> *O maître se aproximou:*
>
> *— Posso ajudá-lo, senhor? Nós só abrimos para o jantar às seis, mas o bar...*
>
> *— Estou procurando por Richie Martin — disse Billy.*

A chegada de Billy no táxi é narração — ação, se você preferir esse termo. O que acontece a partir do momento em que ele passa pela porta do restaurante é, em grande medida, descrição direta. Incluí quase todos os detalhes que me vieram à cabeça quando acessei as memórias do verdadeiro Palm Too, e inseri algumas coisas, também — o *maître* entre um turno e outro é muito bom, eu acho; adoro a gravata desfeita e as mangas dobradas para exibir os pulsos peludos. É como uma fotografia. O cheiro de peixe é a única coisa que falta, e isso porque o cheiro de cebola era mais forte.

Voltamos à história com um pouco de narrativa (o *maître* dá um passo a frente para o centro da cena) e, depois, o diálogo. Nesse ponto, já enxergamos o cenário claramente. Eu poderia ter incluído muitos detalhes mais — o salão estreito, Tony Bennett no aparelho de som, o adesivo dos Yankees na caixa registradora —, mas para quê? No que diz respeito à definição do cenário e todos os tipos de descrição, um jantar é tão bom quanto um banquete. Queremos saber se Billy encontrou Richie Martin — é essa a história que pagamos para ler. Falar mais do restaurante diminuiria o ritmo da história, e talvez nos incomodasse tanto que rompesse o fio mágico que a boa ficção desenrola. Em muitos casos, quando um leitor deixa a história de lado porque ela "ficou chata", o tédio se instaurou porque o escritor ficou encantado demais com seus poderes descritivos e perdeu de vista a prioridade, que é manter a bola rolando. Se o leitor quiser saber mais sobre o Palm Too, ele pode ir ao restaurante na próxima vez em que estiver em Nova York, ou pedir um folheto. Já gastei tinta o suficiente para indicar que o Palm Too será um dos principais cenários de minha história. Se não for, eu faria bem em tirar algumas linhas da descrição na próxima revisão. Eu não poderia manter a descrição só por achar que está boa; ela *tem que* estar boa, se estou sendo pago para isso. O que não estão me pagando para fazer é ser autoindulgente.

Há trechos de descrição direta ("alguns poucos bebedores solitários no balcão do bar") e outros em que ela é mais poética ("O espelho ao fundo do bar capturava o brilho da rua e o refletia na penumbra como uma miragem") no parágrafo descritivo central sobre o restaurante. Ambas são boas, mas eu gosto da coisa figurativa. O uso da metáfora e de outras figuras de linguagem é uma das grandes delícias da ficção — na escrita e na leitura, também. Quando acerta o alvo, uma metáfora nos agrada tanto quanto encontrar um velho amigo em meio a uma multidão de desconhecidos. Ao comparar duas coisas que, aparentemente, não têm qualquer relação entre si — um bar e uma caverna, um espelho e uma miragem —, às vezes conseguimos ver algo velho de forma nova e vívida.* Mesmo que o resultado seja clareza em vez de beleza, acho que o escritor e o leitor estão participando juntos de uma espécie de milagre. Bom, talvez eu esteja forçando um pouco a barra, mas, sim, é nisso que acredito.

Quando uma metáfora ou símile *não* funciona, o resultado pode ser tanto engraçado quanto embaraçoso. Não faz muito tempo, li a frase abaixo em um romance que prefiro não nomear: "Ele se sentou, impassível, ao lado do cadáver, esperando pelo médico tão pacientemente quanto um homem que espera por um sanduíche de peru". Se existe alguma conexão esclarecedora aqui, eu não consegui fazer. Como resultado, fechei o livro sem ler mais nada. Se um escritor sabe o que está fazendo, eu sigo com ele. Se não souber... Bem, estou na casa dos cinquenta agora, e ainda há muitos livros por aí. Não tenho tempo a perder com os mal-escritos.

A metáfora zen é apenas uma das arapucas das figuras de linguagem. A mais comum — e, de novo, cair nesta armadilha geralmente significa falta de leitura — é o uso de metáforas, símiles e imagens clichês. Ele correu "como um louco", ela era linda "como um dia de verão", o cara era um "bilhete premiado", Bob lutou "como um tigre"... não me faça perder meu tempo (ou o de qualquer um) com coisas tão manjadas. Isso faz com que você pareça preguiçoso ou ignorante. Nenhuma dessas descrições vai fazer bem à sua reputação como escritor.

Minhas metáforas favoritas, aliás, vêm das sombrias histórias policiais das décadas de 1940 e 1950, e dos descendentes literários desses escritores. Eis algumas de minhas prediletas: "Estava mais escuro do que um carregamento de cus" (George V. Higgins) e "Acendi um cigarro [que] tinha gosto de lenço de encanador" (Raymond Chandler).

A chave para a boa descrição começa com uma visão clara e termina com uma escrita clara, do tipo que usa imagens novas e vocabulário simples. Comecei a aprender minhas lições sobre este assunto lendo Chandler, Hammett e Ross MacDonald. Passei a ter ainda mais respeito pelo poder da linguagem compacta e descritiva ao ler T. S. Eliot (aquelas garras ásperas se arrastando pelo fundo do oceano; aquelas colheres

---

* Embora "escuro como uma caverna" não seja tão instigante; sem dúvida é algo que já ouvimos. A imagem é, na verdade, meio preguiçosa, não chega a ser um clichê, mas chega perto.

de café) e William Carlos Williams (galinhas brancas, carrinho de mão vermelho, as ameixas que estavam no isopor, tão doces e tão frias).

Como em todos os outros aspectos da arte narrativa, você vai melhorar com a prática, mas ela nunca vai levar à perfeição. E por que deveria? Qual seria a graça disso? E quanto mais se esforçar para ser claro e simples, mais você vai aprender sobre a complexidade do seu idioma. Ele pode ser escorregadio, precioso; sim, ele pode ser muito escorregadio. Pratique a arte, sem se esquecer de que seu trabalho é dizer o que vê, e depois seguir em frente com sua história.

7

Vamos agora falar um pouco sobre diálogo, a parte auditiva de nosso programa. É o diálogo que dá voz ao elenco, e ele é crucial para definir o caráter de cada um — mas as ações dos personagens nos dizem mais sobre eles, e a fala é dissimulada: o que as pessoas dizem costuma mostrar seu caráter aos outros de maneira que eles, os falantes, não conseguem perceber.

Você pode me dizer por meio da narração direta que seu protagonista, Senor Bundis, nunca foi bem na escola, nem mesmo *foi* muito à escola, mas é possível demonstrar a mesma coisa, de maneira muito mais vívida, pelo discurso dele... e uma das principais regras da boa ficção é nunca dizer algo que você pode, em vez disso, nos mostrar:

— O que você acha? — perguntou o menino, enquanto riscava a terra com um graveto, sem olhar para cima. O desenho podia ser uma bola, um planeta ou nada além de um círculo. — Você acredita que a Terra gira em torno do Sol, como dizem?

— Eu não sei o que dizem — respondeu o Senor Bundis. — Eu nunca que aprendi quê que esse ou aquele fala, porque um fala uma coisa e outro fala outra diferente e aí chega uma hora que a cabeça dói e a gente perde o amenite.

— O que é amenite?

— Você nunca que para de fazer pergunta! — gritou Senor Bundis, agarrando e arrancando o graveto do menino. — O amenite tá na

sua barriga quando é hora de comer. Se você não tiver doente. E o povo diz que eu que sou ignorante!

— *Ah, apetite* — *disse o menino, placidamente, e começou a desenhar de novo, agora com o dedo.*

Diálogos bem-construídos vão indicar se o personagem é esperto ou burro (Senor Bundis não é necessariamente um idiota porque não consegue dizer "apetite", é preciso ouvi-lo por mais algum tempo antes de decidir), honesto ou desonesto, divertido ou reservado. Bons diálogos, como os escritos por George V. Higgins, Peter Straub ou Graham Greene, são uma delícia de ler. Diálogos ruins são de matar.

Escritores têm diferentes níveis de habilidade quando se trata de diálogo. Suas habilidades nessa área podem ser melhoradas, mas, como um grande homem disse certa vez (na verdade, foi Clint Eastwood): "Um homem precisa saber quais são suas limitações". H. P. Lovecraft era um gênio quando se tratava de histórias macabras, mas era terrível como escritor de diálogos. Ele parecia saber disso também, pois, dos milhões de palavras que escreveu, menos de *cinco mil* eram diálogos. A seguinte passagem do livro *A cor que caiu do céu*, em que um fazendeiro moribundo descreve o alienígena que invadiu o poço de sua fazenda, mostra os problemas dos diálogos de Lovecraft. Pessoal, ninguém fala assim, nem mesmo no leito de morte:

— *Nada... nada... a cor... queima... é fria e molhada, mas queima... ela vivia no poço... Eu vi... era que nem fumaça... que nem as flor da primavera que passou... o poço brilhava de noite... tudo que vivia... sugou a vida de tudo... naquela pedra... deve ter chegado naquela pedra... envenenou aqui tudo... num sei o que ela quer... aquela coisa redonda que os homem da universidade tiraram da pedra... era da mesma cor... a cor das flor e das planta... das semente... Vi agorinha esta semana... toma com a cabeça da gente e depois... frita tudo... Vem dum lugar onde as coisa num são como cá... um dos professores falou isso...*

E por aí vai, em erupções elípticas de informação cuidadosamente construídas. É difícil dizer exatamente o que há de errado com o diálogo de Lovecraft, além do óbvio: é artificial e sem vida, afundado em linguajar caipira ("dum lugar onde as coisa num são como cá"). Quando o diálogo é bom, reconhecemos na hora. Quando é ruim, também sabemos — machuca os ouvidos como um instrumento musical desafinado.

Lovecraft era, segundo todos os relatos, esnobe e terrivelmente tímido (e também um grandessíssimo racista, com suas histórias cheias de africanos sinistros e do tipo de judeu calculista que meu tio Oren sempre temia depois de quatro ou cinco cervejas), o tipo de escritor que mantém uma prolífica correspondência, mas tem muita dificuldade em lidar com as pessoas. Se estivesse vivo, ele com certeza teria experiências brilhantes em várias salas de bate-papo na internet. O diálogo é uma habilidade que aprendem melhor aqueles que gostam de conversar e de ouvir os outros — principalmente de ouvir, percebendo os sotaques, o ritmo, os dialetos e as gírias de vários grupos. Solitários como Lovecraft costumam escrever diálogos mal, ou com o cuidado de alguém que está escrevendo o texto em um idioma em que não é nativo.

Não sei se o romancista contemporâneo John Katzenbach é solitário ou não, mas seu romance *Hart's War* [A guerra de Hart] contém diálogos inesquecíveis de tão ruins. Katzenbach é o tipo de romancista que deixa os professores de escrita criativa malucos, um maravilhoso contador de histórias cuja arte é desfigurada pela autorrepetição (um problema curável) e um ouvido desastroso para a fala (provavelmente um problema incurável). *Hart's War* é uma história de mistério e assassinato que se passa em um campo de concentração durante a Segunda Guerra Mundial — uma boa ideia, mas problemática nas mãos de Katzenbach assim que a história começa a pegar fogo. Aqui temos o tenente-coronel Phillip Pryce conversando com os amigos logo antes de os alemães responsáveis pelo campo Stalag Luft 13 o levarem embora, não para ser repatriado, como afirmam, mas provavelmente para ser assassinado na floresta.

Pryce segurou Tommy mais uma vez e sussurrou:
— Tommy, isso não é coincidência! Nada é o que parece! Procure saber mais! Salve-o, rapaz. Salve-o! Pois agora, mais do que nunca, eu acredito que Scott é inocente! Vocês estão por conta própria agora, garotos. E não se esqueçam: eu confio que vocês vão conseguir sobreviver! Sobrevivam, aconteça o que acontecer!

Virou-se para os alemães:

— Pois bem, Hauptmann — disse ele, com súbita e transbordante calma e determinação. — Estou pronto agora. Façam o que quiserem comigo.

Ou Katzenbach não percebe que todas as linhas do diálogo do tenente-coronel são clichês de filme de guerra do fim da década de 1940, ou está deliberadamente tentando usar essa semelhança para despertar sentimentos de pena, tristeza e talvez nostalgia nos leitores. Seja como for, não funciona. O único sentimento que o trecho evoca é um tipo de incredulidade impaciente. Você se pergunta se algum editor viu isso e, se viu, o que o impediu de cortar. Dado o considerável talento de Katzenbach em outras áreas, o fracasso dele aqui tende a reforçar minha ideia de que escrever bons diálogos não é só um ofício, mas uma arte.

Muitos dos bons escritores de diálogos parecem ter nascido com um ouvido bem-afinado, assim como alguns músicos e cantores têm uma percepção quase perfeita do tom. Aqui temos um trecho do romance *Be Cool* [Fique tranquilo], de Elmore Leonard. Compare com os trechos de Lovecraft e Katzenbach acima, observando, em primeiro lugar, que aqui temos uma troca absolutamente honesta, e não um solilóquio artificial:

Chili [...] olhou para cima de novo quando Tommy disse:
— Está se dando bem?
— Você quer saber se eu estou pegando alguém?
— Estou falando dos negócios. Como é que anda isso? Sei que você se deu bem com O jogo do leão, *um filme incrível, incrível mesmo. E sabe do que mais? Era muito bom. Mas a continuação, qual era o nome mesmo?*
— O outro jogo do leão.
— Isso. O negócio é que saiu de cartaz de uma hora para outra, nem deu tempo de ver.
— É, ele faturou pouco de cara, então o estúdio deu no pé. Eu nem queria fazer a continuação, mas aí o cara da produção na Tower disse que iam fazer o filme de qualquer jeito, fosse ou não fosse comigo. Aí eu pensei, bom, se eu conseguir bolar uma história boa...

São dois caras almoçando em Beverly Hills, e de cara nós sabemos que são figurões. Eles podem ser impostores (ou não), mas se encaixam instantaneamente no contexto da história de Leonard. Verdade seja dita, nós os recebemos de braços abertos. A fala dos dois é tão real que logo sentimos aquele prazer culpado de alguém que acaba de pegar no ar uma conversa interessante e começa a prestar atenção. Também começamos a conhecer o caráter, embora em pequenas doses. O trecho fica logo no início do livro (na segunda página), e Leonard é um profissional mais do que tarimbado. Ele sabe que não precisa fazer tudo de uma vez. Ainda assim, nós não aprendemos alguma coisa sobre o caráter de Tommy quando ele garante a Chili que *O jogo do leão* não só é incrível, mas muito bom, também?

Podemos nos perguntar se esse diálogo é fiel à vida real ou apenas a certa *ideia* de vida, uma imagem estereotipada dos empresários de Hollywood, dos almoços de Hollywood, dos negócios de Hollywood. Esta é uma pergunta justa, e a resposta é: talvez não. Ainda assim, o diálogo *realmente* soa verdadeiro a nossos ouvidos; em seus melhores momentos (e apesar de ser bastante divertido, *Be Cool* está longe de ser a melhor obra do escritor), Leonard cria algo como uma poesia de rua. A habilidade necessária para escrever um diálogo como esse vem de anos de prática; a arte vem de uma imaginação criativa que está trabalhando duro e se divertindo.

Como acontece com outros aspectos da ficção, a chave para escrever bons diálogos é a honestidade. E se você é honesto com as palavras que saem da boca de seus personagens, vai descobrir que virou alvo de uma grande quantidade de críticas. Não se passa uma semana sem que eu receba pelo menos uma carta irritada (na maioria das semanas, mais do que isso) me acusando de usar linguagem chula, de ser intolerante, homofóbico, mórbido, frívolo ou simplesmente um psicopata. Na maioria dos casos, o que enerva os remetentes é algo nos diálogos: "Vamos sair logo dessa porra de Dogde" ou "Nós não gostamos muito de pretos por aqui" ou "O que você pensa que está fazendo, seu veado de merda?".

Minha mãe, que Deus a tenha, não gostava de palavrões nem de diálogos desse tipo, que chamava de "língua dos ignorantes". Isso, porém, não impedia que ela gritasse "Merda!" se deixasse queimar o assado ou acertasse o dedão ao martelar um prego na parede. Também não impede a maioria das pessoas, cristãos ou pagãos, de dizer algo semelhante (ou até mais pesado) quando o cachorro vomita no tapete ou o carro escorrega do macaco. É importante dizer a verdade; muitas coisas dependem dela, como William Carlos Williams quase disse quando estava escrevendo sobre o trenzinho vermelho. A Legião da Decência pode não gostar da palavra *merda*, e talvez você também não goste muito, mas algumas vezes não dá para fugir dela — nunca uma criança correu para a mãe para dizer que a irmãzinha *defecou* na banheira. Talvez ela dissesse *fez cocô*, mas *cagou* é, lamento dizer, a fala mais provável (crianças pequenas escutam tudo mesmo).

Você *tem que* dizer a verdade se quiser que seu diálogo tenha a ressonância e o realismo que *Hart's War*, por melhor que seja a história, não tem — inclusive sobre o que as pessoas dizem quando martelam o dedo. Se você trocar "merda" por "droga" por se preocupar com a Legião da Decência, estará rompendo o contrato tácito que existe entre o escritor e o leitor — a promessa de dizer a verdade sobre as ações e falas das pessoas por meio de uma história ficcional.

Por outro lado, um de seus personagens (a tia velha e solteirona do protagonista, por exemplo) *talvez* diga mesmo "droga" em vez de "merda" depois de martelar o dedo. Você vai saber o que usar se conhecer bem seu personagem, e nós vamos aprender alguma coisa sobre o falante que o tornará mais vívido e interessante. O objetivo é deixar cada personagem falar livremente, sem preocupação com o que a Legião da Decência do Círculo de Leitura das Senhoras Cristãs aprovaria. Agir de outra forma seria covarde e desonesto e, acredite em mim, escrever ficção nos Estados Unidos, às portas do século XXI, não é trabalho para covardes intelectuais. O que não falta são pretensos censores, e embora possam ter diferentes interesses, todos querem basicamente a mesma coisa: que você veja o mundo que eles veem... ou pelos menos que se cale sobre o que vê de diferente. São todos agentes do *status quo*. Não são necessariamente gente ruim, mas são perigosos para quem acredita em liberdade intelectual.

Na verdade, partilho da opinião de minha mãe: palavrões e obscenidades são o idioma dos ignorantes e dos verbalmente deficientes. *Em grande medida*, é claro. Há exceções, como aforismos obscenos de grande cor e vitalidade. *O drive-thru sempre te fode*; *Mais desesperado que homem sem braço com coceira no cu*; *Passarinho que come pedra sabe o cu que tem* — esses ditos e outros semelhantes não devem ser falados na mesa de jantar, mas são pungentes e impactantes. Veja este trecho de *Vítimas do silêncio*, de Richard Dooling, onde a vulgaridade vira poesia:

> *Prova A: Um pênis rude e cabeçudo, um bárbaro bocetívoro sem um pingo de decência. O mais patife de todos os patifes. Um velhaco vermiforme e vil com um brilho serpentino no olho solitário. Um turco orgulhoso que penetra nos vãos escuros da carne como um raio peniano. Um covarde guloso em busca de sombras, fendas escorregadias, cheiro de bacalhau e sono...*

Embora não seja um diálogo, eu gostaria de reproduzir outro trecho de Dooling aqui, porque é exatamente o oposto do anterior e mostra que se pode ser admiravelmente explícito sem recorrer a palavrões ou vulgaridades:

> *Ela se sentou no colo dele e se preparou para fazer as conexões de porta necessárias, adaptadores macho e fêmea preparados, entrada e saída habilitadas, servidor/cliente, mestre/escravo. Apenas um casal de máquinas biológicas de última geração se preparando para encaixar o cabo do modem e acessar os processadores frontais um do outro.*

Se eu fosse um sujeito com o estilo de Henry James ou Jane Austen e escrevesse sobre janotas ou caras espertos em faculdades, eu quase nunca escreveria palavrões ou frases de baixo calão. É provável que eu nunca tivesse um livro banido das bibliotecas escolares dos Estados Unidos ou recebesse a carta de um sujeito prestativo e fundamentalista que se deu ao trabalho de me informar que eu iria queimar no inferno, onde todos os milhões de dólares que ganhei não dariam para comprar nem um mísero copo d'água. Eu, no entanto, não cresci em meio a gente assim. Cresci na classe média baixa americana, e é sobre essas pessoas que consigo escrever com honestidade e propriedade. Isso significa que elas falam muito mais *shit* [merda] do que *sugar* [droga] quando martelam o dedo, mas estou tranquilo em relação a isso. Na verdade, isso nunca foi um problema para mim.

Quando recebo uma Daquelas Cartas, ou leio outra crítica que me acusa de ser um sujeito vulgar e pouco culto — o que, em certa medida, sou mesmo —, me consolo com as palavras de Frank Norris, autor de obras de realismo social do início do século XX, como *The Octupus* [O polvo], *The Pit* [O pregão] e *McTeague*, uma trilogia excelente de fato. Norris escreveu sobre homens da classe trabalhadora em ranchos, fábricas ou em trabalhos braçais na cidade. McTeague, o personagem principal da obra-prima de Norris, é um dentista sem educação formal. Os livros de Norris provocaram muita indignação pública, ao que ele reagiu com tranquilidade e desdém: "O que me interessa a opinião deles? Eu nunca baixei a cabeça. Falo a verdade".

Algumas pessoas não querem ouvir a verdade, mas isso não é problema seu. O problema seria querer ser escritor sem querer ser sincero. A fala, seja feia ou bonita, é um índice de caráter; também pode ser uma lufada de ar puro em um cômodo que algumas pessoas preferem manter fechado. No fim das contas, não importa se os diálogos de sua história são sagrados ou profanos, o que importa é saber como eles soam na página e no ouvido. Se quiser que soem verdadeiros, é preciso falar. Mais importante ainda, é preciso se calar e ouvir os outros falando.

8

Tudo o que eu disse sobre diálogos também vale para a construção de personagens ficcionais. O trabalho se resume a duas coisas: prestar atenção ao comportamento das pessoas reais à sua volta e dizer a verdade sobre o que vê. Talvez você perceba que seu vizinho tira meleca quando pensa que ninguém está olhando. Este é um grande detalhe, mas não terá utilidade nenhuma para você como escritor a menos que vá aparecer em uma história em determinado momento.

Personagens fictícios são copiados diretamente da vida? Óbvio que não, pelo menos não em todos os detalhes — é melhor *não* fazer isso, a menos que você queira ser processado ou levar um tiro ao sair para pegar a correspondência em uma bela manhã. Em muitos casos, como em romances no estilo *roman à clef** como *O vale das bonecas*, os personagens são *em grande medida* inspirados em pessoas reais, mas depois que os leitores se cansam do inevitável jogo de adivinhações sobre quem é quem, essas histórias acabam sendo pouco satisfatórias, cheias de subcelebridades que se pegam e depois desaparecem em um instante da mente do leitor. Li *O vale das bonecas* logo após o lançamento (eu era ajudante de cozinha em um resort no Maine naquele verão) e o devorei com tanta vontade quanto qualquer um que o tenha comprado, imagino. Não me lembro, porém, de quase nada sobre a história. No geral, acho que prefiro as bobagens semanais servidas em jornais e revistas, onde consigo tanto receitas culinárias e fotos de cheesecakes quanto escândalos.

Para mim, o que acontece aos personagens enquanto a história se desenrola depende apenas do que vou descobrindo sobre eles no caminho — em outras palavras, como eles crescem. Às vezes eles crescem pouco. Se crescem demais, começam a influenciar o curso da história, e não o contrário. Eu quase sempre começo com algo circunstancial. Não digo que é o certo, mas é como sempre trabalhei. Se a história termina da mesma maneira, no entanto, eu a considero um tanto fracassada, não importa o quanto pareça interessante para mim ou para os outros. Acho que as melhores histórias sempre são sobre pessoas, e não sobre acontecimentos, ou seja, são guiadas pelos personagens. Quando, porém, a barreira do conto é ultrapassada (de 2 mil a 4 mil palavras, digamos), eu já não acredito tanto no chamado estudo de personagem; acho que, no fim, é sempre a história que comanda. Ei, se você quiser um estudo de personagem, compre uma biografia ou ingressos para as produções de teatro universitário. Você vai ter todos os personagens que quiser, ou aguentar.

Também é importante lembrar que ninguém é "o vilão", "o melhor amigo" ou "a puta com coração de ouro" na vida real. Fora da ficção, cada um de nós se vê como o personagem principal, o protagonista, o chefão; a câmera está em nós, baby. Se você conseguir levar essa atitude para sua ficção, não vai achar mais fácil criar personagens *brilhantes*, mas será mais difícil criar os cretinos unidimensionais que existem aos montes na ficção popular.

---

* Em português, "romance com chave". Narrativa em que o autor fala de pessoas reais por meio de nomes fictícios. (N. T.)

Annie Wilkes, a enfermeira que aprisionou Paul Sheldon em *Misery*, pode nos parecer uma psicopata, mas é importante lembrar que ela aparenta ser perfeitamente sã e razoável para si mesma — heroica, na verdade. Uma mulher sitiada tentando sobreviver em um mundo hostil cheio de velhos trapaceiros. Nós a vemos passar por perigosas mudanças de humor, mas tentei não ser direto e dizer que "Annie estava deprimida e talvez até com tendências suicidas naquele dia" ou que "Annie parecia particularmente feliz naquele dia". Se eu tiver que dizer ao leitor, eu perco. Se, por outro lado, eu conseguir mostrar uma mulher calada, de cabelos sujos, que come bolos e doces compulsivamente, e você chegar à conclusão de que Annie está no momento de depressão do ciclo maníaco-depressivo, eu ganho. E se eu conseguir, mesmo que apenas por um momento, fazer você enxergar o mundo pelos olhos dela — entender sua loucura —, talvez também consiga fazer de Annie alguém com quem você simpatize ou mesmo se identifique. O resultado? Ela se torna mais assustadora do que nunca, porque parece mais real. Se, por outro lado, eu a transformar em uma velhota enrugada e escandalosa, ela se tornará mais uma das mulheres malvadas que se veem por aí nos livros. Nesse caso, eu perco feio, e o leitor também. Quem gostaria de acompanhar uma megera tão *démodé*? Esta versão de Annie já era velha quando *O mágico de Oz* foi lançado.

Acho que seria justo perguntar se o Paul Sheldon de *Misery* sou eu. Certas *partes* dele são... mas acho que você vai descobrir, se continuar a escrever ficção, que todos os personagens têm um pouco do autor. Ao se perguntar o que determinado personagem vai fazer em vista de certas circunstâncias, a decisão será tomada com base no que você faria (ou não faria, no caso de um vilão). Além das versões de você, entram as características boas e ruins do personagem, observadas em outras pessoas (um cara que tira meleca quando acha que não tem ninguém olhando, por exemplo). Também há um maravilhoso terceiro elemento: pura imaginação, sem limites. Esta é a parte que me permitiu ser uma enfermeira psicótica por algum tempo, enquanto escrevia *Misery*. E, na maior parte do tempo, ser Annie não foi nada difícil. Na verdade, foi até divertido. Ser Paul foi mais complicado. Ele era normal, eu sou normal, aqui não teve nada de quatro dias na Disney.

Meu romance *A zona morta* nasceu de duas perguntas: um assassino político pode estar certo, em alguma situação? E, se estiver, é possível fazer dele o protagonista de um romance? O mocinho? A mim parecia que essas ideias pediam por um político perigosamente instável — um sujeito que subisse na carreira mostrando ao mundo uma pessoa temente a Deus e com um sorriso no rosto, encantando os eleitores por se recusar a jogar o jogo da forma convencional. (As táticas de campanha de Greg Stillson, como eu as imaginei vinte anos atrás, são bastante semelhantes às que Jesse Ventura usou em sua vitoriosa campanha para governador em Minnesota. Ainda bem que Ventura não parece ter nenhuma outra semelhança com Stillson.)

O protagonista de *A zona morta*, Johnny Smith, também é um sujeito comum, do tipo temente a Deus, só que com ele isso não é só fachada. A única coisa que o diferencia dos outros é a capacidade limitada de ver o futuro, desenvolvida após um acidente na infância. Quando Johnny aperta a mão de Stillson em um comício, ele tem uma visão do político se tornando presidente dos Estados Unidos e dando início à Terceira Guerra Mundial. Johnny chega à conclusão de que a única forma de impedir isso, a única maneira de salvar o mundo, é metendo uma bala na cabeça de Stillson. Johnny só é diferente de outros místicos violentos e paranoicos em um aspecto: ele *de fato* enxerga o futuro. Só que todos não dizem o mesmo?

A situação tinha um sabor tenso e criminoso que me atraiu. Achei que a história funcionaria se eu conseguisse fazer de Johnny um homem decente, sem transformá-lo em um santo. A mesma coisa com Stillson, só que ao contrário: eu queria que ele fosse cruel e realmente assustasse o leitor, não só por causa do potencial de violência, mas por ser muitíssimo *persuasivo*. Eu queria que o leitor estivesse sempre pensando: "Esse cara está fora de controle — como é que ninguém percebe isso?" Para mim, o fato de Johnny *perceber* faria o leitor ficar ainda mais do lado do protagonista.

Quando somos apresentados ao potencial assassino, ele está com a namorada em uma feira agropecuária, andando nos brinquedos e participando dos jogos. O que poderia ser mais normal ou simpático? O fato de ele estar a ponto de pedir Sarah em casamento só faz com que a gente goste ainda mais dele. Mais tarde, quando Sarah sugere que eles deem um fim perfeito a um encontro perfeito dormindo juntos pela primeira vez, Johnny diz a ela que quer esperar pelo casamento. Achei que estivesse andando na corda bamba com esta situação — eu queria que os leitores vissem Johnny como um cara sincero e verdadeiramente apaixonado, um homem correto, mas não um conservador ou falso moralista. Consegui anular um pouco da postura cheia de princípios de Johnny ao dar a ele um senso de humor infantil. Ele recebe Sarah usando uma máscara de dia das bruxas que brilha no escuro (minha esperança era de que a máscara funcionasse de maneira simbólica, também, pois Johnny com certeza é visto como um monstro quando aponta a arma para o candidato Stillson). "Típico do Johnny", diz Sarah, rindo. Acho que, quando os dois estão voltando da feira no Fusca velho dele, Johnny Smith já se tornou nosso amigo, um americano típico que sonha em viver feliz para sempre. O tipo de cara que devolve sua carteira com todo o dinheiro dentro se a encontrar na rua, e que para e ajuda você a trocar um pneu furado se passar pelo seu carro parado na beira da estrada. Desde que John Kennedy foi assassinado em Dallas, o grande bicho-papão americano é o cara com um rifle em um lugar alto. Eu queria fazer desse cara o amigo do leitor.

Johnny foi difícil. Pegar um sujeito mediano e torná-lo vívido e interessante é sempre difícil. Greg Stillson (como a maioria dos vilões) era muito mais fácil e divertido. Eu queria determinar seu caráter perigoso e dúbio logo na primeira cena do livro. Nela, muitos anos antes de concorrer à Câmara dos Deputados por New Hampshire, Stillson é um jovem caixeiro-viajante que vende Bíblias para moradores de áreas rurais do Meio-Oeste. Quando para em uma fazenda, ele é ameaçado por um cachorro feroz. Stillson continua sorrindo, com ar amistoso — o sr. Temente a Deus —, até ter certeza de que não há ninguém na fazenda. Então ele joga gás lacrimogêneo nos olhos do cachorro e mata o animal a chutes.

Se medirmos o sucesso pela reação dos leitores, a cena de abertura de *A zona morta* (meu primeiro livro em capa dura a alcançar o topo da lista de best-sellers) é uma das mais bem-sucedidas de minha carreira. Sem dúvida, toquei em um ponto sensível; fui inundado de cartas, a maioria protestando contra minha inadmissível crueldade contra os animais. Respondi a essas pessoas, explicando o de sempre: a) Greg Stillson não era real; b) o *cachorro* não era real; c) nunca em minha vida eu tinha chutado meus bichinhos de estimação, nem os de ninguém. Também destaquei um fato que pode ter ficado um pouco menos óbvio — era importante estabelecer, de cara, que Gregory Ammas Stillson era um homem extremamente perigoso e muito bom em camuflagem.

Continuei a construir o caráter de Johnny e Greg em cenas alternadas até o confronto no final do livro, quando as coisas se resolvem de uma maneira, espero eu, inesperada. As personalidades do protagonista e do antagonista foram determinadas pela história que eu tinha que contar — em outras palavras, pelo fóssil, pelo objeto encontrado. Meu trabalho (e o seu, se você decidir que essa é uma abordagem viável para contar uma história) é fazer com que esses sujeitos fictícios se comportem de maneira que ajude a história e, ao mesmo tempo, pareça razoável, dado o que sabemos sobre eles (e o que sabemos sobre a vida real, é claro). Às vezes, os vilões se sentem inseguros (como Greg Stillson); às vezes sentem pena (como Annie Wilkes). E, às vezes, o mocinho tenta não fazer a coisa certa, como Johnny Smith... como Jesus Cristo, se você pensar naquela oração ("afasta de mim este cálice") no Jardim de Getsêmani. E, se você fizer seu trabalho, seus personagens vão ganhar vida e começar a agir por conta própria. Sei que isso soa um pouco assustador se você nunca tiver vivenciado algo parecido, mas é incrivelmente divertido quando acontece. E vai resolver vários de seus problemas, pode acreditar.

9

Abordamos alguns aspectos básicos sobre como contar bem uma história, e todos nos trazem de volta às mesmas ideias centrais: a prática é inestimável (e deve ser divertida, como se você não estivesse praticando) e a honestidade é indispensável. As habilidades em descrição, diálogos e desenvolvimento de personagem se resumem a ver e ouvir claramente e depois transcrever com a mesma clareza o que foi visto e ouvido (e sem usar uma montanha de advérbios cansativos e desnecessários).

Existem muitos outros recursos interessantes — onomatopeia, polissíndeto, fluxo de consciência, diálogo interior, mudanças de tempo verbal (virou moda contar histórias, especialmente se forem curtas, no tempo presente), a questão complicada do panorama (como inseri-lo na história e quanto ele é pertinente), tema e ritmo (vamos tratar desses dois), além de uma dezena de outros tópicos, todos cobertos — às vezes, exaustivamente — nos cursos de escrita e em textos sobre o assunto.

Minha abordagem em relação a tudo isso é bem simples. As cartas estão todas na mesa, e você deve usar tudo o que melhore a qualidade de sua escrita e não atrapalhe sua história. Se você gosta de aliteração — os cavaleiros das cavernas combatendo os nababos da nulidade —, lance mão dela e veja como fica no papel. Se funcionar, deixe ali. Se não (e para mim essa aí parece muito ruim, como Spiro Agnew cruzado com Robert Jordan), bem, a tecla DELETE está no seu teclado para isso mesmo.

Você não precisa ser tacanho e conservador, e também não é obrigado a escrever prosa experimental e não linear porque o *Village Voice* ou o *New York Review of Books* diz que o romance está morto. O tradicional e o moderno estão aí para você usar. Cara, escreva de cabeça para baixo, se quiser, ou faça desenhos pictográficos com giz de cera. A forma não importa; chega uma hora em que você precisa julgar seu texto e avaliar se escreveu bem. Acho que uma história ou romance só deve cruzar a porta de seu escritório se você estiver convicto de que ela tem um mínimo de apelo para o leitor. Não dá para agradar a todos os leitores o tempo todo; aliás, não dá para agradar nem a *alguns* leitores o tempo todo, mas é preciso se esforçar para agradar pelo menos alguns dos leitores por algum tempo. Acho que foi William Shakespeare quem disse isso. E agora que eu já agitei a bandeira da cautela, satisfazendo todas as diretrizes da OSHA*, MENSA**, NASA e do Sindicato dos Escritores, quero reiterar que as cartas estão todas na mesa para que você pegue as que quiser. Não é uma sensação inebriante? Para mim, é. Experimente qualquer coisa que quiser, não importa se parece normal demais ou ultrajante demais. Se funcionar, ótimo. Se não, jogue fora. Jogue fora mesmo que você adore. Sir Arthur Quiller-Couch disse uma vez: "Matem seus queridinhos". E ele estava certo.

---

* Agência do governo americano responsável pela regulamentação de saúde e segurança ocupacional. (N. T.)
** Associação internacional de pessoas com alto Q.I. (N. T.)

Vejo muitas oportunidades para incluir detalhes interessantes e toques ornamentais depois que termino de contar a história básica. Uma vez ou outra, os adornos vêm mais cedo. Logo depois de começar *À espera de um milagre* e perceber que o protagonista era um homem inocente que seria executado por um crime cometido por outra pessoa, decidi dar-lhe as iniciais J. C., em homenagem ao homem inocente mais famoso de todos os tempos. A primeira vez que vi algo assim foi em *Luz em agosto* (meu romance favorito de Faulkner), em que o bode expiatório se chama Joe Christmas. Assim sendo, o preso no corredor da morte, antes chamado John Bowes, virou John Coffey. Até o final do livro, eu não tinha certeza se meu J. C. morreria ou sobreviveria. Eu *queria* que ele vivesse, porque gostava dele, tinha pena dele, mas pensei que as iniciais não fariam mal algum, de uma forma ou de outra.*

Na maioria das vezes, não enxergo esse tipo de coisa até que a história fique pronta. Quando a termino, consigo voltar ao início, ler o que escrevi e procurar por padrões subjacentes. Se vejo alguns (e quase sempre vejo), trabalho para trazê-los à luz em uma segunda versão da história, mais bem-acabada. A segunda versão serve, por exemplo, para trabalhar o simbolismo e o tema.

Se você estudou na escola o simbolismo da cor branca em *Moby Dick* ou o uso simbólico que Hawthorne fazia da floresta, em histórias como *Young Goodman Brown* [O jovem Goodman Brown] e saiu dessas aulas se sentindo uma besta quadrada, talvez esteja agora se afastando deste livro com os braços esticados, sacudindo a cabeça e dizendo *não, obrigado, passe amanhã*.

Mas espere um pouco. O simbolismo não precisa ser difícil e intelectualmente profundo. Nem precisa ser cuidadosamente elaborado como um tapete persa em que os móveis da história vão se apoiar. Se você aceita o conceito da história como algo preexistente, um fóssil no chão, então o simbolismo também tem que ser preexistente, certo? É só mais um osso (ou conjunto de ossos) em sua nova descoberta. Quer dizer, se estiver lá. Se não estiver, e daí? Você ainda tem a história em si, não tem?

---

* Alguns críticos me acusaram de ser simbolicamente simplista no caso das iniciais de John Coffey. Eu só consegui pensar: "Como assim, precisa ser complicado?" Qual é, gente?

Se *estiver* lá e você perceber, seria bom desenterrá-lo da melhor maneira possível, poli-lo até brilhar, para depois cortar como um joalheiro cortaria uma pedra preciosa ou semipreciosa.

Carrie, a estranha, como já comentei, é um romance curto sobre uma garota perseguida na escola que descobre ter habilidades telecinéticas — ela consegue mover objetos com a mente. Para se redimir de uma brincadeira de muito mau gosto feita no banheiro feminino, Susan Snell, colega de classe de Carrie, convence o namorado a convidar a menina para o baile de formatura da escola. Os dois são eleitos Rei e Rainha. Durante a celebração, outra colega de Carrie, a desagradável Christine Hargensen, faz outra brincadeira de mau gosto, esta de consequências terríveis. Carrie se vinga usando seus poderes telecinéticos para matar a maioria dos colegas de turma (e a mãe, que cometia atrocidades contra ela), e morre. A história é essa, basicamente, tão simples quanto um conto de fadas. Não foi preciso lançar mão de nenhum recurso estilístico, embora eu tenha inserido alguns interlúdios epistolares (passagens de livros fictícios, um trecho de diário, cartas, boletins preenchidos à máquina) entre segmentos narrativos. Em parte, para injetar mais realismo (eu estava pensando na adaptação para o rádio de *A guerra dos mundos* feita por Orson Welles), mas principalmente porque a primeira versão do livro era tão curtinha que mal parecia um romance.

Quando li *Carrie, a estranha* antes de começar a segunda versão, percebi que havia sangue nos três pontos cruciais da história. No início (os poderes paranormais de Carrie aparentemente vieram junto com a primeira menstruação), no clímax (a brincadeira que fazem com ela no baile envolve um balde de sangue de porco. "Sangue de porco para uma porca", diz Chris Hargensen ao namorado) e no fim (Sue Snell, a garota que tenta ajudar Carrie, descobre que não está grávida como desconfiava, meio esperançosa, meio assustada, ao perceber que a menstruação chegou).

Tem muito sangue na maioria das histórias de terror, é claro. É o nosso repertório, poderia-se dizer. Ainda assim, o sangue em *Carrie* parecia ir além dos respingos. Ele parecia ter algum *significado*. Um significado que não foi criado conscientemente, no entanto. Enquanto escrevia o livro, nunca parei para pensar: "Ah, todo esse simbolismo com sangue vai me render muitos pontos com os críticos" ou "Uau, isso com certeza vai me colocar em uma ou duas livrarias universitárias!". No mínimo, um escritor tem que ser muito mais maluco do que eu para pensar que *Carrie* é o tratado intelectual de alguém.

Tratado intelectual ou não, foi fácil perceber o significado de todo aquele sangue quando comecei a ler a primeira versão do meu manuscrito manchado de chá e cerveja. Então comecei a brincar com a ideia, a imagem e as conotações emocionais do sangue, tentando pensar em tantas associações quanto conseguisse. Havia muitas, a maioria muito pesada. O sangue está muito ligado à ideia de sacrifício. Para jovens mulheres, ele está associado à maturidade física e à capacidade de gerar filhos. Na religião cristã (e em muitas outras, também), é símbolo de pecado e salvação. Por fim, está associado a passar adiante características e talentos familiares. Dizem que somos assim ou agimos assado porque "está no nosso sangue". Sabemos que isso não é muito científico, que tais coisas estão, na realidade, nos genes e no DNA, mas usamos o sangue para resumir o conceito.

É essa capacidade de resumir e encapsular que torna o simbolismo tão interessante, útil e — quando bem-usado — fascinante. Pode-se argumentar que o simbolismo não passa de mais um tipo de figura de linguagem.

O simbolismo é necessário para o sucesso de sua história ou do seu romance? Na verdade, não, e pode até ser prejudicial, principalmente se você perder a mão. O simbolismo existe para adornar e enriquecer, não para criar uma sensação de profundidade artificial. *Nenhum* dos adornos estilísticos tem a ver com a história, está bem? Apenas a *história* tem a ver com a história. (Já está cansado de ouvir isso? Espero que não, porque não estou nem *perto* de me cansar de repetir.)

O simbolismo (e os outros adornos, também), no entanto, tem sua utilidade — e é mais do que apenas enfeitar. Serve como um aparelho que melhora o foco, tanto o seu quanto o do leitor, ajudando a criar um trabalho mais coeso e prazeroso. Acho que, quando reler seu manuscrito (e quanto *falar* dele, também), você vai perceber se o simbolismo, ou o potencial para tanto, está lá. Se não, não há por que mexer nisso. Se estiver, no entanto — se for claramente uma parte do fóssil que você está trabalhando para desenterrar —, vá em frente. Aprimore o que puder aprimorar. Seria estúpido não fazer isso.

10

O mesmo se aplica ao tema. As aulas de escrita e literatura costumam se preocupar demais (e serem pretensiosas demais) com o tema, abordando-o como a mais sagrada de todas as vacas sagradas, mas (não se choque) ele não é nada de mais. Se você escrever um romance, passando semanas e depois meses trabalhando nele, palavra por palavra, você deve ao livro e a si mesmo um descanso (ou uma longa caminhada) depois de acabar, e deve se perguntar por que se deu o trabalho — por que dedicou tanto tempo, por que aquela história pareceu tão importante. Em outras palavras, do que se trata, afinal?

Quando escreve um livro, o autor passa dias e dias procurando e identificando as árvores. Quando acaba, é preciso dar um passo para trás e contemplar a floresta. Nem todo livro precisa estar carregado de simbolismo, ironia ou musicalidade (afinal, a prosa tem esse nome por uma boa razão), mas me parece que todos os livros — todos os que valem a leitura, pelo menos — tratam de *alguma coisa*. Seu trabalho, durante ou depois da primeira versão, é decidir de que coisa ou coisas trata o livro. Seu trabalho na segunda versão — um deles, pelo menos — é tornar essa coisa ainda mais clara. E isso pode demandar grandes mudanças e reavaliações. Os benefícios, para você e para o leitor, serão um foco mais apurado e uma história mais coesa. Quase nunca falha.

O livro que levei mais tempo para escrever foi *A dança da morte*. Também parece ser o favorito de meus leitores mais fiéis (é um pouco deprimente quando a opinião comum diz que seu melhor trabalho foi escrito há vinte anos, mas não vamos entrar nesse mérito agora — grato). Terminei a primeira versão cerca de 16 meses depois de começar o trabalho. *A dança da morte* demorou tanto porque quase morreu ao chegar à penúltima curva e se aproximar à linha de chegada.

Eu queria escrever um romance prolixo, com muitos personagens — um épico de fantasia, se eu tivesse capacidade para tal empreitada —, e para isso usei uma narrativa que mudava de perspectiva, inserindo um personagem importante a cada capítulo da longa primeira parte. Assim, o Capítulo 1 tratava de Stuart Redman, operário de uma fábrica no Texas; o Capítulo 2 começava com Fran Goldsmith, uma universitária grávida do Maine, e depois voltava para Stu; o Capítulo 3 começava com Larry Underwood, um cantor de rock de Nova York, depois voltava para Fran e, por fim, para Stuart Redman.

Meu plano era ligar todos esses personagens, o bom, o mau e o feio, em dois lugares: Boulder e Las Vegas. Pensei que acabariam entrando em guerra uns contra os outros. A primeira metade do livro também contava a história de um vírus criado em laboratório que varria os Estados Unidos e o mundo, dizimando 99% da raça humana e destruindo completamente nossa cultura tecnológica.

Escrevi a história na época da chamada Crise do Petróleo, na década de 1970, e passei um tempo absolutamente maravilhoso vislumbrando um mundo estraçalhado em um verão tenebroso e infectado (na verdade, não mais do que um mês). A visão era panorâmica, detalhada, global e (para mim, pelo menos) de tirar o fôlego. Poucas vezes meu olhar mental viu com tanta clareza, desde o engarrafamento que paralisou o Túnel Lincoln em Nova York até o sinistro renascimento de uma Las Vegas nazista comandada pelo vigilante (e muitas vezes alegre) olho vermelho de Randall Flagg. Tudo isso parece terrível, é terrível, mas, para mim, a visão era também estranhamente otimista. No mínimo, não havia mais crise energética, fome, massacres em Uganda, chuva ácida ou buracos na camada de ozônio. *Finito* também para as beligerantes superpotências nucleares e a superpopulação. Em vez disso, havia uma chance para os farrapos da humanidade começarem de novo em um mundo teocêntrico, ao qual milagres, mágica e profecias eram uma realidade. Eu gostava da minha história. Gostava dos personagens. E ainda assim chegou um ponto em que eu não conseguia seguir em frente, porque não sabia o que escrever. Como o peregrino no épico de John Bunyan, eu tinha chegado a um lugar onde o caminho reto estava perdido. Não fui o primeiro escritor a descobrir esse lugar horroroso, e estou longe de ser o último. Eu estava na terra do bloqueio criativo.

Se eu tivesse duzentas ou até trezentas páginas de manuscrito, em vez de mais de quinhentas, acho que teria abandonado *A dança da morte* e partido para outra coisa — Deus é testemunha de que já fiz isso antes. Quinhentas páginas, porém, eram um investimento grande demais em tempo e em energia criativa. Foi impossível desistir. Além disso, havia aquela voz sussurrando que o livro era realmente bom, e que, se eu não terminasse, me arrependeria para sempre. Assim, em vez de partir para outro projeto, comecei a fazer longas caminhadas (um hábito que, duas décadas depois, ia me trazer problemas sérios). Eu costumava levar um livro ou revista nesses passeios, mas raramente os abria, não importava o quanto ficasse entediado olhando para as mesmas árvores e ouvindo a mesma algazarra das malditas gralhas e esquilos. O tédio pode ser uma coisa muito boa para quem está com bloqueio criativo. Eu passava as caminhadas me entediando e pensando sobre meu gigantesco e inútil manuscrito.

Por semanas a fio não cheguei a lugar algum com meus pensamentos — tudo parecia muito difícil, complexo pra cacete. Eu já tinha desperdiçado enredos demais, e eles corriam risco de se misturar uns aos outros. Eu circundava o problema repetidas vezes, o esmurrava, batia a cabeça contra ele... e então, um dia, quando não estava pensando em nada demais, a resposta me veio, pronta e acabada — embrulhada para presente, pode-se dizer — em um único flash. Corri para casa e despejei tudo no papel, a única vez em que fiz isso, porque estava morrendo de medo de esquecer.

Vi que, embora a população dos Estados Unidos em *A dança da morte* tivesse sido dizimada pela peste, minha história estava perigosamente superpopulosa — uma verdadeira Calcutá. A solução para o bloqueio, percebi, seria a mesma situação que me fizera seguir em frente — uma explosão em vez de uma peste, mas ainda assim um corte rápido e seco naquele nó cego. Eu mandaria os sobreviventes para o oeste de Boulder, rumo a Las Vegas, em busca de redenção — iriam todos juntos, de uma vez só, sem suprimentos nem planos, como personagens bíblicos seguindo uma visão ou os desígnios de Deus. Em Las Vegas eles encontrariam Randall Flagg, e tanto mocinhos quanto bandidos seriam forçados a escolher um lado.

Em um momento, eu não tinha nada; no instante seguinte, tinha tudo. Se tem uma coisa que eu adoro na escrita é este instante súbito de percepção, quando você enxerga como tudo se conecta. Eu já ouvi chamarem isso de "pensar além da curva", e é verdade; ouvi chamarem de "sobrelógica", e é isso também. Não importa o nome; o fato é que escrevi uma ou duas páginas de anotações em frenesi de excitação e passei os dois ou três dias seguintes dissecando a solução na cabeça, procurando por falhas e furos (e também trabalhando no fluxo narrativo, que trazia dois personagens secundários plantando uma bomba no armário de um personagem importante), mais por achar que era bom demais para ser verdade. Bom demais ou não, eu sabia que *era* verdade no momento da revelação: a bomba no armário de Nick Andros resolveria todos os meus problemas narrativos. E assim foi. O restante do livro seguiu seu curso em nove semanas.

Mais tarde, quando a primeira versão de *A dança da morte* estava pronta, consegui resolver melhor o que tinha me travado completamente no meio do caminho; ficou muito mais fácil pensar sem aquela voz gritando sem parar em minha cabeça: "Estou perdendo meu livro! Merda, quinhentas páginas e estou perdendo o livro! Alerta vermelho! ALERTA VERMELHO!" Também consegui analisar o que me fez retomar o passo e adorei a ironia da situação: salvei meu livro explodindo metade dos personagens principais em pedacinhos (no fim das contas houve *duas* explosões, a de Boulder foi equilibrada por um ato de sabotagem semelhante em Las Vegas).

A verdadeira fonte de meu desconforto, concluí, era que, no pós-peste, meus personagens de Boulder — os mocinhos — estavam recomeçando a velha viagem tecnológica mortal. As primeiras e hesitantes transmissões radioamadoras que chamavam as pessoas para Boulder em breve levariam à TV. Os comerciais e anúncios de produtos vendidos pelo telefone não tardariam a voltar. O mesmo aconteceria com as usinas de energia. Não demorou muito até que meus amigos de Boulder chegassem à conclusão de que buscar o desígnio do Deus que os poupou era muito menos importante do que botar as geladeiras e os aparelhos de ar-condicionado para funcionar novamente. Em Las Vegas, Randall Flagg e amigos estavam aprendendo a pilotar jatos e caças, além de como religar a luz, mas tudo bem — era de se esperar —, porque eles eram os bandidos. O que me travou foi perceber, em algum recanto da mente, que mocinhos e bandidos começavam a ficar perigosamente parecidos, e o que me fez voltar a escrever foi a percepção de que os mocinhos estavam venerando uma vaca dourada eletrônica e precisavam de uma sacudida que os trouxesse de volta à realidade. Uma bomba no armário cumpriria essa função muito bem.

Tudo isso me fez pensar que o uso da violência como solução está entrelaçado à natureza humana, como uma linha vermelha amaldiçoada. Essa noção se tornou o tema de *A dança da morte*, e escrevi a segunda versão com a ideia firmemente fixada na cabeça. Repetidas vezes, os personagens (tanto os bandidos, como Lloyd Henreid, quanto os mocinhos, como Stu Redman e Larry Underwood) mencionam o fato de que "tudo aquilo [armas de destruição em massa] está largado por aí, esperando que alguém pegue". Quando o povo de Boulder propõe — de maneira inocente, com as melhores intenções — reconstruir a velha Torre de Babel de neon, eles são varridos por mais violência. Os caras que plantam a bomba fazem o que Randall Flagg lhes ordenou, mas Mãe Abagail, contraparte deste, repete inúmeras vezes que "todas as coisas servem a Deus". Se isso é verdade — e dentro do contexto de *A dança da morte* certamente é —, então a bomba é uma dura mensagem do cara lá de cima, uma forma de dizer: "Eu não os coloquei nesta situação para que vocês fizessem a mesma merda de novo".

Perto do fim do romance (*era* mesmo o fim da primeira versão da história, mais curta), Fran pergunta a Stuart Redman se existe alguma esperança, se as pessoas algum dia vão aprender com os próprios erros. Stu responde "Eu não sei" e depois faz uma pausa. No tempo da história, essa pausa dura somente o necessário para que o leitor mova os olhos até a última linha. No escritório do escritor, demorou muito mais. Procurei na mente e no coração algo que Stu pudesse acrescentar, algo esclarecedor. Eu queria achar algo porque, naquele momento, ele estava falando por mim. No fim, porém, Stu apenas repete o que já tinha dito: "Eu não sei." Foi o melhor que consegui. Às vezes o livro lhe dá respostas, mas nem sempre isso acontece, e eu não queria deixar os leitores que me seguiram por centenas de páginas com um clichê vazio que não convencia nem a mim. Não existe *moral* em *A dança da morte*, nenhum "é melhor aprendermos ou da próxima vez provavelmente destruiremos a droga do planeta inteiro" — mas, se o tema aparece claramente, aqueles que o discutem podem chegar à própria moral e às próprias conclusões. Não há nada de errado nisso; essas discussões são um dos grandes prazeres de uma vida de leituras.

Embora eu tenha usado simbolismo, imagística e prestado tributos literários antes de chegar ao meu romance sobre a grande peste (sem *Drácula*, por exemplo, acho que não haveria *'Salem*), tenho quase certeza de que nunca pensei muito sobre o tema antes do bloqueio criativo em *A dança da morte*. Acho que eu pensava que essas coisas eram para Mentes Superiores e Grandes Pensadores. Não sei se teria chegado à solução tão rápido se não estivesse desesperado para salvar a história.

Fiquei estupefato ao perceber como o "pensamento temático" foi útil. Não era apenas uma ideia insubstancial sobre a qual professores mandam escrever no trabalho do fim do semestre ("Discuta as preocupações temáticas de *Sangue selvagem* em três parágrafos argumentativos – 30 pontos"), mas outra ferramenta valiosa para se guardar na caixa, semelhante a uma lupa.

Desde que tive, naquela caminhada, a revelação sobre a bomba no armário, nunca hesitei em me perguntar, antes de começar a segunda versão de um livro ou quando estou travado em busca de uma ideia na primeira versão, sobre o que estou escrevendo, por que estou investindo naquilo o tempo em que poderia estar tocando guitarra ou andando de moto, o que me levou a trabalhar com tanto afinco, para começar, e me manteve trabalhando, depois. A resposta nem sempre me ocorre na hora, mas geralmente existe uma, e não é tão difícil encontrá-la.

Eu não acredito que um romancista, mesmo que tenha escrito mais de quarenta livros, tenha preocupações temáticas demais; tenho muitos interesses, mas apenas alguns são profundos o suficiente para abastecer romances. Entre esses interesses profundos (eu não chego a chamar de obsessões), estão o porquê de ser tão difícil — senão impossível! — fechar a caixa de Pandora da tecnologia (*A dança da morte, Os estranhos, A incendiária*); o porquê de, se existe Deus, tantas coisas terríveis acontecerem (*A dança da morte, Desespero, À espera de um milagre*); a linha tênue entre fantasia e realidade (*A metade negra, Saco de ossos, A Torre Negra: a escolha dos três*); e, acima de tudo, a terrível atração que a violência por vezes exerce sobre pessoas essencialmente boas (*O iluminado, A metade negra*). Também escrevi inúmeras vezes sobre as diferenças fundamentais entre crianças e adultos e sobre o poder curador da imaginação humana.

E repito: *nada de mais*. São apenas interesses provenientes de minha vida e pensamentos, de minhas experiências como menino e como adulto, de meus papéis de marido, pai, escritor e amante. São questões que ocupam minha mente quando apago as luzes e fico sozinho comigo mesmo, olhando para o escuro com uma das mãos enfiada embaixo do travesseiro.

Você com certeza tem os próprios pensamentos, interesses e preocupações, e eles surgiram, como os meus, de suas experiências e aventuras como ser humano. Alguns devem ser semelhantes aos que mencionei e outros devem ser muito diferentes, mas eles fazem parte de você e deve usá-los em seu trabalho. Não é o único uso possível para essas ideias, mas com certeza é uma das coisas a que elas se prestam muito bem.

Quero encerrar este pequeno sermão com um aviso: começar com as questões e as preocupações temáticas é receita certa para má ficção. A boa ficção sempre começa com a história e progride até chegar ao tema, ela quase nunca começa com o tema e progride até chegar à história. As únicas exceções que consigo pensar para esta regra são alegorias como *A revolução dos bichos*, de George Orwell (e suspeito que a ideia de história do livro possa ter vindo antes; se algum dia encontrar Orwell no outro mundo, pretendo perguntar a ele).

Uma vez que sua história esteja no papel, porém, é preciso pensar no que ela significa e enriquecer as versões posteriores com suas conclusões. Fazer menos que isso é privar seu trabalho (e, por consequência, seus leitores) da visão que faz de cada história que você escreve única.

11

Até aqui, tudo bem. Agora chegou o momento de falar sobre a revisão do trabalho — quantas versões? Para mim, a resposta sempre foi duas versões e um polimento final (com o advento dos softwares de texto, meus polimentos se aproximaram de uma terceira versão).

Não se esqueça de que estou falando da minha maneira particular de escrever; na prática, a reescrita varia muito de escritor para escritor. Kurt Vonnegut, por exemplo, reescrevia cada página de seus romances até que conseguisse deixá-los exatamente como queria. Como consequência, havia dias em que ele só trabalhava em uma ou duas páginas do texto final (e a cesta de lixo ficava cheia de páginas 71 e 72 rejeitadas), mas quando o manuscrito estava pronto, o *livro* estava pronto. Era só mandar imprimir. Ainda assim, acho que certas coisas são válidas para a maioria dos escritores, e é sobre essas que quero falar agora. Se você já escreve há algum tempo, não vai precisar muito de minha ajuda nessa parte, pois deve ter a própria rotina. Se, no entanto, você é iniciante, siga meu conselho e faça sua história passar por pelo menos duas versões, a que você faz com a porta do escritório fechada e a que você faz com a porta aberta.

Com a porta fechada, baixando o que estiver na cabeça direto para a página, escrevo o mais rápido possível e continuo me sentindo confortável. Escrever ficção, especialmente livros longos, pode ser um trabalho difícil e solitário; é algo como cruzar o oceano Atlântico em uma banheira. Não faltam ocasiões em que as dúvidas aparecem. Se escrevo rápido, colocando a história no papel exatamente como ela aparece em minha cabeça, voltando atrás apenas para conferir os nomes dos personagens e as partes relevantes do passado de cada um, sinto que consigo manter o entusiasmo original e, ao mesmo tempo, deixar para trás as dúvidas que estão sempre esperando para aparecer.

A primeira versão — a Versão com Toda a História — deve ser escrita sem ajuda (ou interferência) de ninguém. Pode ser que, em determinado momento, você queira mostrar o que está fazendo para alguém (é muito comum que esse alguém seja a pessoa com quem você divide a cama), ou porque está orgulhoso do que está fazendo, ou porque tem dúvidas. A melhor coisa a fazer é resistir a esse impulso. Mantenha a pressão; não a diminua exibindo o que você escreveu às dúvidas, aos elogios ou até mesmo às perguntas bem-intencionadas de alguém do Mundo Exterior. Deixe a esperança de sucesso (e o medo do fracasso) impulsionarem você, por mais difícil que seja. A hora de mostrar sua criação vai chegar quando você terminá-la... mas mesmo depois disso, acho melhor ser cauteloso e se dar uma chance de pensar enquanto a história ainda é um campo cheio de neve recém-caída do céu, sem qualquer pegada além da sua.

A melhor coisa de escrever com a porta fechada é ser forçado a se concentrar na história, a despeito de praticamente todo o resto. Ninguém vai perguntar "O que você estava tentando dizer com aquelas últimas palavras de Garfield?" ou "Qual é o significado do vestido verde?". Talvez você não quisesse dizer *nada* com as últimas palavras de Garfield, e Maura podia estar de verde só porque foi a roupa que ela estava usando quando surgiu em sua cabeça. Por outro lado, talvez essas coisas *signifiquem* algo (ou venham a significar, quando você tiver chance de olhar para a floresta, em vez de para as árvores). Seja como for, a primeira versão é o lugar errado para pensar sobre isso.

Outra coisa — se ninguém lhe disser "Sam (ou Amy), isso é *maravilhoso*!", você fica muito menos propenso a diminuir o ritmo ou a se concentrar na coisa errada... em *ser maravilhoso*, por exemplo, em vez de *contar a droga da história*.

Agora, vamos dizer que você tenha terminado a primeira versão. Parabéns! Bom trabalho! Abra um champanhe, peça uma pizza, faça o que você costuma fazer quando quer comemorar. Se existe alguém que mal pode esperar para ler seu romance — digamos que seu marido ou mulher, alguém que talvez esteja trabalhando de nove às seis e ajudando a pagar as contas enquanto você corre atrás do seu sonho —, esta é a hora de entregar o ouro... desde que seu primeiro leitor (ou leitores) prometa não fazer comentários sobre o livro até que *você* esteja preparado para conversar com ele (ou eles) sobre o assunto.

Isso pode parecer um pouco arbitrário, mas não é. Você trabalhou muito e precisa de um tempo (muito ou pouco, depende de cada escritor) para descansar. Sua mente e sua imaginação — duas coisas relacionadas, mas não iguais — precisam se reciclar, pelo menos com relação a esse trabalho específico. Meu conselho é tirar uns dias de folga — sair para pescar, fazer remo ou montar um quebra-cabeça — e depois começar a trabalhar em outra coisa. Algo mais curto, de preferência, algo que mude completamente a direção e o ritmo do livro recém-finalizado. (Escrevi contos muito bons, como "O corpo" e "Aluno inteligente" [publicados no livro *Quatro estações*], entre versões de trabalhos mais longos como *A zona morta* e *A metade negra*.)

Cabe a você decidir por quanto tempo o livro vai ficar descansando — como uma massa de pão entre uma sova e outra —, mas acho que o prazo mínimo é de seis semanas. Durante esse tempo, seu manuscrito deve ficar escondido na segurança de uma gaveta da escrivaninha, envelhecendo e (espera-se) maturando. Seus pensamentos vão se voltar para ele com frequência, e é bem provável que dezenas de vezes você se sinta tentado a tirá-lo dali só para reler algum trecho que pareça particularmente bom em sua memória, ao qual você quer voltar só para sentir de novo que você é um ótimo escritor.

Resista à tentação. Se não resistir, é muito provável que você chegue à conclusão de que determinado trecho não está muito bem-escrito, que precisa ser retrabalhado imediatamente. Isso é ruim. A única coisa pior seria concluir que a passagem é ainda *melhor* do que em sua lembrança — por que não largar tudo e reler logo o livro todo? Volte logo a trabalhar nele! Você está pronto! Você é um Shakespeare!

Só que não é. E você não estará pronto para voltar ao velho projeto até que esteja tão envolvido em um novo (ou em sua rotina diária) que tenha quase esquecido o empreendimento irreal que consumiu três horas de todas as suas manhãs ou tardes durante um período de três, cinco ou sete meses.

Quando chegar o momento certo (que pode muito bem estar marcado no calendário do seu escritório), tire o manuscrito da gaveta. Se ele parecer uma relíquia alienígena comprada em uma loja de quinquilharias ou em uma venda de garagem na qual você mal se lembra de ter ido, você está pronto. Sente-se a portas fechadas (você vai abri-las para o mundo em breve), com uma caneta na mão e um bloco de anotações do lado. E então leia o manuscrito de novo.

Faça tudo em uma sentada só, se for possível (não será, é claro, se o livro for um calhamaço de quatrocentas ou quinhentas páginas). Faça todas as anotações que quiser, mas concentre-se nas tarefas triviais da arrumação da casa, como corrigir erros ortográficos e marcar inconsistências. Vai encontrar vários; só Deus acerta tudo de primeira e só um porcalhão diria: "Ah, quer saber, é para isso que servem os revisores".

Se você nunca tiver feito isso antes, vai descobrir que ler seu livro depois de um intervalo de seis semanas é uma experiência estranha, às vezes arrebatadora. É seu, você reconhecerá como seu, talvez seja até capaz de lembrar qual música estava tocando quando escreveu certos trechos, e ainda assim vai parecer o trabalho de outra pessoa, talvez uma alma gêmea. É assim que deve ser, é por isso que você esperou. É sempre mais fácil matar os queridinhos de outra pessoa do que os seus.

Depois das seis semanas de recuperação, você também será capaz de enxergar os furos gritantes que houver na trama e no desenvolvimento dos personagens. Estou falando de buracos tão grandes que daria para passar uma carreta por eles. É incrível como algumas dessas coisas se escondem do escritor quando ele está ocupado com o trabalho diário de composição. E preste atenção: se encontrar alguns desses buracos gigantes, você está *proibido* de ficar deprimido ou se autoflagelar por causa disso. Esses vacilos acontecem com os melhores escritores. Contam que o arquiteto do Edifício Flatiron cometeu suicídio quando percebeu, logo antes da cerimônia de inauguração, que se esquecera de colocar banheiros masculinos em seu prototípico arranha-céu. É provável que a história não seja verídica, mas não esqueça que alguém *realmente* projetou o *Titanic* e afirmou que era inaufragável.

No meu caso, os maiores erros que encontro na releitura têm a ver com a motivação dos personagens (algo relacionado ao desenvolvimento de personagem, mas não a mesma coisa). Quando isso acontece, eu me dou um tapa na testa, pego o bloco de anotações e escrevo alguma coisa como "p. 58: Sandy Hunter rouba um dólar do esconderijo de Shirley no escritório de expedição. Por quê? Pelo amor de Deus, Sandy NUNCA faria algo assim!" Eu também marco a página do manuscrito com um grande ✐, que indica a necessidade de cortes e/ou mudanças naquele ponto, além de ser um lembrete de que será preciso conferir as notas para obter os detalhes exatos, caso eu não me lembre deles.

Eu adoro essa parte do processo (bem, adoro *todas* as partes do processo, mas essa é especialmente agradável), porque redescubro meu próprio livro e geralmente gosto dele. Isso muda ao longo do processo. Quando o livro está no prelo, já passei por ele uma dúzia de vezes ou mais, consigo citar passagens inteiras e só quero que aquela coisa bolorenta vá logo embora. Isso acontece só mais tarde, no entanto; a primeira leitura costuma ser muito boa.

Durante essa leitura, a parte superior de minha mente está concentrada na história e em problemas relacionados à caixa de ferramentas: eliminar pronomes ambíguos (eu odeio pronomes, não confio neles; são todos escorregadios como um advogado de porta de cadeia), incluir frases esclarecedoras onde forem necessárias e, é claro, eliminar todos os advérbios que eu puder (nunca consigo eliminar todos; nunca é o suficiente).

No fundo, porém, estou me fazendo as Grandes Perguntas. As principais são: A história é coerente? Se for, o que vai transformar coerência em música? Quais são os elementos recorrentes? Eles se entrelaçam e formam um tema? Em outras palavras, eu me pergunto: "Do que se trata, Stevie?" Também me pergunto: "O que posso fazer para tornar estas questões fundamentais ainda mais claras?" O que quero, acima de tudo, é *ressonância*, algo que vai permanecer por mais algum tempo na mente (e no coração) do Leitor Constante depois que ele fechar o livro e colocá-lo de volta na estante. Busco maneiras de fazer isso sem tratar o leitor como criança nem abrir mão de minhas prerrogativas como escritor em prol de uma trama que transmita alguma mensagem. Pegue todas essas mensagens e morais da história e enfie-as onde o sol não bate, está bem? Eu quero ressonância. Acima de tudo, *estou em busca do que eu quis dizer*, porque na segunda versão vou querer incluir cenas e incidentes que reforcem esse sentido. Também vou excluir coisas que apontem para outras direções. Provavelmente existirão muitos desses desvios, em especial no início da história, quando tendo a ficar me debatendo. Toda essa agitação tem que passar se eu quiser obter algo próximo de um efeito unificado. Quando acabo de ler e fazer todas as revisões detalhistas, é hora de abrir a porta e mostrar o que escrevi para quatro ou cinco amigos próximos que se mostrarem dispostos a ler.

Alguém — não lembro quem, juro pela minha vida — escreveu certa vez que todos os romances são, na verdade, cartas endereçadas a uma pessoa. Acontece que eu acredito nisso. Acho que todo romancista tem um leitor ideal e que, em vários pontos da composição da história, o escritor está pensando: "O que será que ele vai pensar quando ler *esta* parte?" Para mim, a primeira leitora é minha mulher, Tabitha.

Ela sempre foi uma primeira leitora extremamente receptiva e solidária. A reação positiva de Tabitha a livros difíceis como *Saco de ossos* (meu primeiro romance com uma nova editora após vinte bons anos com a Viking que terminaram com uma discussão estúpida sobre dinheiro) e relativamente controversos como *Jogo perigoso* significou muito para mim. Entretanto, ela também não hesita quando encontra algo que julga errado. Quando isso acontece, ela me diz em alto e bom som.

Em seu papel de crítica e primeira leitora, Tabby geralmente me lembra de uma história que li sobre a esposa de Alfred Hitchcock, Alma Reville. A sra. Reville era o equivalente à primeira leitora para o diretor britânico, uma crítica com olhos de lince que não tinha medo da crescente reputação de diretor autoral do mestre do suspense. Sorte dele. Hitch dizia que queria voar e Alma respondia: "Termine o café da manhã primeiro".

Pouco depois de terminar *Psicose*, Hitchcock passou o filme para alguns amigos. Eles vibraram com a história, que consideraram uma obra-prima do suspense. Alma esperou em silêncio que todos acabassem de falar, depois disse de maneira firme: "Você não pode lançar como está".

Houve um silêncio estarrecedor, com exceção do próprio Hitchcock, que perguntou apenas por que não. "Porque", respondeu ela, "Janet Leigh engoliu em seco quando deveria estar morta". Era verdade. Hitchcock não argumentou mais do que eu argumento quando Tabby aponta uma de minhas falhas. Eu e ela discutimos sobre vários aspectos de um livro, e houve vezes em que fui contra a opinião dela em assuntos subjetivos, mas, quando ela pega uma bobagem minha, eu reconheço na hora e agradeço a Deus por ter alguém por perto para me avisar que a braguilha está aberta antes de sair em público.

Além da primeira leitura de Tabby, eu geralmente envio manuscritos para quatro a oito pessoas que vêm avaliando minhas histórias ao longo dos anos. Muitos textos sobre escrita são contra pedir a amigos para ler seu material, sugerindo que você não estará disposto a receber uma opinião muito sincera de pessoas que jantam em sua casa e levam os filhos para brincar com os seus no parque. É injusto, segundo essa visão, colocar alguém nessa posição. O que acontece se ele achar que precisa dizer "Sinto muito, meu camarada, você escreveu muita coisa boa no passado, mas isso está uma merda"?

A ideia tem alguma validade, mas acho que uma opinião isenta não é bem o que estou procurando. E acredito que a maioria das pessoas que são inteligentes o suficiente para ler um romance também tem tato o bastante para encontrar uma maneira mais gentil de dizer "está uma merda" (embora todo mundo saiba que "acho que pode melhorar" na verdade significa "está uma merda", não é?). Além disso, se você realmente escreveu algo péssimo — acontece; como autor de *Caminhões*, eu tenho autoridade para falar —, não é melhor ouvir a notícia da boca de um amigo enquanto a edição ainda consiste em meia dúzia de cópias?

Quando você distribui seis ou oito manuscritos de um livro, recebe seis ou oito opiniões altamente subjetivas sobre o que está bom e o que está ruim. Se todos os seus amigos acham que você fez um ótimo trabalho, é provável que tenha feito mesmo. Esse tipo de unanimidade acontece, mas é rara, mesmo entre amigos. É mais provável que algumas partes sejam boas e outras... nem tanto. Alguns acharão que o Personagem A funciona, mas que o Personagem B é pouco crível. Se outros acharem que o Personagem B é crível, mas o Personagem A é exagerado, ficamos na mesma. Você pode relaxar e deixar as coisas como estão (no beisebol, o empate é do visitante; entre romancistas, é do escritor). Se algumas pessoas adoram o final e outras o detestam, ficamos na mesma também — é um empate, e o empate é do escritor.

Alguns primeiros leitores se especializam em apontar erros factuais, que são os mais fáceis de lidar. Um dos meus primeiros leitores, o falecido Mac McCutcheon, maravilhoso professor de inglês no ensino médio, sabia um bocado sobre armas. Se um personagem estivesse empunhando uma Winchester .330, Mac anotaria na margem que a Winchester não fabricava aquele calibre, mas a Remington, sim. Nesse caso, eu ganhava dois pelo preço de um — o erro e o conserto. É um bom negócio, porque você vai parecer um especialista e o seu primeiro leitor vai ficar feliz por ter ajudado. E a maior ajuda que Mac me deu não tinha qualquer relação com armas. Um dia, enquanto lia um manuscrito na sala dos professores, ele começou a gargalhar — gargalhou tanto que lágrimas escorreram pelo rosto barbado. Como a história em questão, *'Salem*, não tinha a menor intenção de ser engraçada, perguntei o que ele tinha achado. Eu tinha escrito uma frase parecida com esta: "Embora a estação de caça a cervos só começasse em novembro, no Maine, os campos de outubro costumam ouvir muitos tiros; os moradores atiram em tantos camponeses quanto suas famílias conseguem comer". O editor teria visto o erro, sem dúvida, mas Mac me poupou da vergonha.

Avaliações subjetivas são, como eu disse, mais difíceis de se lidar, mas preste atenção: se todos que lerem seu livro apontarem algum problema (Connie volta fácil demais para o marido, Hal colando naquela prova importante é inverossímil pelo que sabemos sobre ele, a conclusão do romance parece abrupta e arbitrária), você tem mesmo um problema e é melhor fazer algo para resolvê-lo.

Muitos escritores resistem a essa ideia, pois acham que revisar uma história com base nos gostos e desgostos de determinado público é, de certa forma, como se prostituir. Se você realmente se sente assim, não vou tentar mudar sua opinião. Você vai economizar o dinheiro das cópias também, porque não precisará mostrar sua história a ninguém. Na verdade (disse ele, impertinentemente), se você *realmente* se sente assim, para que se dar o trabalho de publicar? Basta terminar os livros e depois guardá-los em um cofre, como dizem que J. D. Salinger fez.

E sim, eu entendo, pelo menos em parte, esse tipo de ressentimento. Na indústria cinematográfica, onde tenho uma vida semiprofissional, a exibição do primeiro corte é chamada de "sessão-teste". Essa prática se tornou um padrão da indústria e deixa os diretores absolutamente malucos, como talvez eles devam mesmo ficar. O estúdio investe algo entre 15 e 100 milhões de dólares para fazer um filme, depois pede ao diretor que o remonte com base na opinião da plateia de um cinema multiplex em Santa Bárbara composta por cabeleireiros, guardas municipais, vendedores de lojas de sapatos e entregadores de pizza. E sabe o que é o pior e o mais enlouquecedor de tudo? Se as pessoas reunidas forem representativas do público, as sessões-teste costumam funcionar.

Eu detestaria ver romances modificados com base em testes de público — muitos livros bons nunca veriam a luz do dia se fossem feitos desta forma —, mas, caramba, estamos falando aqui de meia dúzia de pessoas que você conhece e respeita. Se pedir às pessoas certas (e elas concordarem em ler o livro), elas podem lhe dizer muito.

Todas as opiniões têm o mesmo peso? Para mim, não. No fim das contas, eu ouço mais a de Tabby, porque é para ela que escrevo, é a ela que quero surpreender. Se você está escrevendo especialmente para alguém além de si próprio, é melhor prestar muita atenção à opinião dessa pessoa (conheço um sujeito que diz escrever principalmente para alguém que está morto há 15 anos, mas esse não é o caso da maioria dos escritores). E se a opinião fizer sentido, faça as mudanças. Você não pode deixar o mundo inteiro meter a mão na sua história, mas pode abrir espaço para quem realmente interessa. E deveria.

Chame a pessoa para quem você escreve de Leitor Ideal. Ele vai estar em seu escritório o tempo todo: em carne e osso quando você abrir a porta e deixar o mundo entrar para brilhar na bolha do seu sonho, em espírito nos dias problemáticos e por vezes empolgantes de sua primeira versão, quando a porta estiver fechada. E quer saber? Você vai se ver moldando a história mesmo antes que o Leitor Ideal veja a primeira frase. O LI vai ajudá-lo a sair um pouco de si mesmo, a realmente ler sua obra inacabada como o público leria, enquanto ainda estiver trabalhando nela. Essa talvez seja a melhor maneira de se prender à história, uma forma de se mostrar ao público mesmo quando ainda não há público e você está totalmente no comando.

Quando escrevo uma cena que me parece engraçada (como o concurso de comer tortas em "Aluno inteligente" ou o ensaio da execução em *À espera de um milagre*), também imagino que minha LI vá achar graça. Adoro quando Tabby gargalha sem parar — ela joga as mãos para cima, como se dissesse "eu me rendo", e lágrimas escorrem por seu rosto. Eu adoro, adoro mesmo, e quando tenho alguma ideia com potencial para esse efeito, tento espremer dela o máximo possível. Quando escrevo uma cena assim (porta fechada), a ideia de fazer Tabby rir — ou chorar — fica no fundo de minha mente. Durante a reescrita (porta aberta), a pergunta — "É engraçada mesmo?" ou "É assustadora de verdade?" — vem para o primeiro plano. Tento observar Tabby lendo determinada cena, esperando por um sorriso, no mínimo, ou — bingo! — por aquela grande gargalhada, com os braços para o alto, sacudindo no ar.

Nem sempre é fácil conseguir essa reação. Dei a Tabby o manuscrito de meu conto "Hearts in Atlantis"* quando estávamos na Carolina do Norte, aonde tínhamos ido assistir a um jogo da NBA feminina entre Cleveland Rockers e Charlotte Sting. Fomos de carro para a Virgínia no dia seguinte, e Tabby leu a história durante a viagem. O conto tem algumas partes engraçadas — pelo menos para *mim* —, por isso eu olhava toda hora para ver se ela estava rindo (ou pelo menos sorrindo).

---

* O conto foi adaptado para o cinema com o título *Lembranças de um verão*. (N. E.)

Achei que ela não tivesse percebido, mas é claro que percebeu. Na oitava ou nona virada de cabeça (acho que pode ter sido a décima quinta), ela olhou para mim e explodiu: "Quer fazer o favor de prestar atenção na estrada, antes que a gente bata? Deixe de ser *carente*!"

Passei a prestar atenção ao volante e parei de espiá-la (bem... um pouco). Cinco minutos depois, ouvi um riso fraco à minha direita. Foi curto, mas foi o bastante para mim. A verdade é que quase todos os escritores são carentes. Especialmente entre a primeira e a segunda versão, quando a porta se abre e a luz do mundo recai sobre o escritório.

12

O Leitor Ideal também é a melhor maneira para avaliar se o ritmo da história está correto ou não e se você conseguiu construir um pano de fundo satisfatório.

O *ritmo* é a velocidade com que a narrativa se desenrola. Existe, nos círculos editoriais, uma crença tácita (logo, não defendida e não confirmada) de que as histórias mais bem-sucedidas comercialmente têm ritmo vertiginoso. Acho que o raciocínio é que o leitor tem muitas coisas a fazer hoje em dia, e sua atenção se desvia tão facilmente que o escritor, a menos que faça como um fast-food e sirva hambúrgueres, batatas fritas e refrigerantes da maneira mais fácil e rápida possível, irá perdê-lo.

Como várias crenças não confirmadas no mercado editorial, essa ideia é uma enorme bobagem... e é por isso que os editores ficam boquiabertos quando livros como *O nome da rosa*, de Umberto Eco, e *Montanha Gelada*, de Charles Frazier, conseguem se desgarrar do rebanho e escalar as listas de best-sellers. Suspeito que a maioria dos editores atribua o inesperado sucesso de livros como esses a imprevisíveis e deploráveis lapsos de bom gosto por parte do público.

Não que haja alguma coisa de errado com romances de ritmo acelerado. Escritores muito bons, como Nelson DeMille, Wilbur Smith e Sue Grafton, para citar apenas três, ganharam milhões escrevendo histórias assim. É fácil, porém, perder a mão quando se trata de ritmo. Se você for rápido demais, corre o risco de deixar o leitor para trás, seja por confundi-lo ou por cansá-lo. Eu, particularmente, *gosto* de um ritmo mais lento e de uma construção de contexto mais ampla. Romances longos e cativantes como *O último refúgio* e *Um rapaz adequado* são como viajar em um cruzeiro de luxo, e essa sensação é um dos principais atrativos desse formato, desde as primeiras ocorrências — intermináveis histórias epistolares, divididas em várias partes, como *Clarissa*, de 1748. Acredito que todas as histórias devem se desenvolver em seu próprio ritmo, que nem sempre precisa ser acelerado. É preciso, no entanto, estar atento — se você se demorar demais em alguns pontos, mesmo o leitor mais paciente pode ficar irritado.

E qual é a melhor maneira de encontrar um meio-termo? O Leitor Ideal, é claro. Tente imaginar se ele vai achar determinada cena chata — se você conhecer o gosto de seu LI metade do que conheço o da minha, isso não vai ser uma tarefa muito difícil. O LI vai achar que tem muito blá-blá-blá aqui ou ali? Que você explicou certa situação de menos... ou demais, um de meus erros crônicos? Ou que você se esqueceu de resolver alguma parte importante da trama? Quem sabe você tenha se esquecido completamente de um *personagem*, como Raymond Chandler fez certa vez? (Quando lhe perguntaram sobre o motorista assassinado em *O sono eterno*, Chandler — que gostava de beber umas e outras — respondeu: "Ah, ele. A verdade é que me esqueci completamente dele".) Essas perguntas não devem sair de sua cabeça mesmo enquanto a porta estiver fechada. E quando ela se abrir — quando seu Leitor Ideal tiver lido o manuscrito —, dê voz às perguntas. Além disso, carente ou não, seria bom você tentar saber em que ponto seu LI larga o manuscrito e vai fazer outra coisa. Que cena ele estava lendo? Por que foi tão fácil largar o livro naquele ponto?

Quando penso em ritmo, costumo recorrer a Elmore Leonard, que o explicou perfeitamente ao dizer que apenas tirava as partes chatas. Isso quer dizer que você deve cortar alguns trechos se quiser aumentar o ritmo, e é o que a maioria acaba tendo que fazer (mate seus queridinhos, mate seus queridinhos, mesmo que isso arrase seu coraçãozinho egocêntrico de escriba, mate seus queridinhos).

Quando era adolescente e enviava histórias para revistas como *Fantasy and Science Fiction* e *Ellery Queen's Mystery Magazine*, eu me acostumei a receber aquele tipo de carta de rejeição que começa com

"Prezado colaborador" (que poderia muito bem ser "Prezado idiota"), e assim aprendi a saborear qualquer palavra minimamente pessoal que viesse naquelas respostas impressas. Eram poucas e espaçadas, mas quando vinham sempre iluminavam meu dia e me faziam sorrir.

No final do meu último ano na Lisbon High — ou seja, 1966 —, recebi um comentário manuscrito que mudou para sempre a maneira como eu reescrevia meus textos de ficção. Abaixo da assinatura impressa do editor estava o conselho pessoal: "Não está ruim, mas está INCHADO. Reveja o tamanho. Fórmula: 2ª versão = 1ª versão – 10%. Boa sorte".

Bem que eu queria me lembrar de quem escreveu o bilhete — acho que foi Algis Budrys. Seja quem for, me fez um enorme favor. Copiei a fórmula em um papelão que embalava uma camisa e o colei na parede ao lado da máquina de escrever. Coisas boas começaram a me acontecer pouco depois. Não houve um súbito fluxo de vendas para revistas, mas a quantidade de cartas de rejeição com conteúdo pessoal aumentou rapidamente. Cheguei a receber uma de Durant Imboden, editor de ficção da *Playboy*. O conteúdo quase fez meu coração parar. A *Playboy* pagava 2 mil dólares ou mais por contos curtos, e esse dinheiro era um quarto do que a minha mãe ganhava por ano trabalhando como faxineira no Centro de Treinamento Pineland.

A Fórmula da Reescrita provavelmente não foi o único motivo de eu ter começado a colher alguns frutos; acho que o outro foi o fato de minha hora finalmente ter chegado (como a besta bruta do poema de Yeats). Ainda assim, a Fórmula com certeza foi importante. Antes da Fórmula, se eu produzisse uma história de cerca de 4 mil palavras na primeira versão, estava propenso a aumentar para 5 mil na segunda (alguns escritores são "cortadores", acho que sempre fui um "incluidor" natural). Depois da Fórmula, tudo mudou. Até hoje eu tento chegar a uma segunda versão de 3.600 palavras se a primeira tiver 4 mil. E se a primeira versão de um romance tiver 350 mil palavras, vou fazer de tudo para que a segunda versão não passe de 315 mil... ou 300 mil, se for possível. Geralmente é. O que a Fórmula me ensinou é que todas as histórias e todos os romances são, até certo ponto, reduzíveis. Se não conseguir tirar dez por cento do texto sem perder a história e o sabor, você não se esforçou o bastante. O efeito de cortes bem-fundamentados é imediato e costuma ser impressionante — Viagra literário. Você vai sentir, e seu LI também.

O *pano de fundo* é tudo o que aconteceu antes de sua história começar, mas tem algum impacto no enredo principal. Ele ajuda a definir os personagens e a estabelecer suas motivações. Acho que é importante inserir o pano de fundo o mais rápido possível, mas também é importante fazer isso com graça. Como um exemplo sem *finesse* alguma, veja esta fala:

— Olá, ex-mulher — disse Tom assim que Doris entrou na sala.

A informação de que Tom e Doris são divorciados pode ser relevante para a história, mas *tem que haver* uma forma melhor de mostrar isso do que o trecho acima, tão sutil quanto um assassinato a machadadas. Eis uma sugestão:

— Oi, Doris — disse Tom. O cumprimento soou natural, pelo menos aos seus ouvidos, mas os dedos da mão direita insistiam em pousar no lugar onde a aliança de casamento estivera seis meses antes.

Ainda não é digno de um Pulitzer, e é bem mais longo do que "Olá, ex-mulher", mas não se trata apenas de velocidade, como já tentei explicar. E se você pensa que tudo se resume a informação, é melhor largar a ficção e arranjar um emprego como escritor de manuais — o cubículo de Dilbert o aguarda.

Você já deve ter ouvido a expressão *"in medias res"*, que significa "no meio das coisas". Essa é uma técnica antiga e digna, mas eu não gosto dela. A estratégia *in medias res* requer flashbacks, que considero enfadonhos e um tanto bregas. Eles sempre me lembram daqueles filmes das décadas de 1940 e 1950, em que a imagem fica toda borrada, as vozes, cheias de eco e, repentinamente, volta-se seis meses no tempo e o condenado todo sujo de lama que acabamos de ver tentando fugir dos cachorros é um jovem e promissor advogado que ainda não foi condenado pelo assassinato do chefe de polícia corrupto.

Como leitor, estou muito mais interessado no que *vai acontecer* do que naquilo que *já aconteceu*. É claro que alguns romances brilhantes contradizem minha preferência (talvez seja um preconceito), como *Rebecca – a mulher inesquecível*, de Daphne du Maurier, e *A Dark-Adapted Eye* [Um olho adaptado ao escuro], de Barbara Vine, mas gosto de começar do começo, em pé de igualdade com o escritor. Sou um homem de A a Z, sirva-me a entrada primeiro e só me dê a sobremesa se eu tiver comido os legumes.

    Mesmo ao contar sua história de maneira direta, você vai perceber que não dá para escapar de pelo menos *algum* pano de fundo. Em um sentido muito real, toda vida está *in medias res*. Se você apresentar um homem de 40 anos como personagem principal na primeira página de seu romance, e se a ação começar como resultado de alguma pessoa ou situação novinha em folha que aparece de repente na vida desse cara — como um acidente automobilístico ou um favor prestado a uma bela mulher que olha sensualmente para trás (percebeu o maldito advérbio nessa frase que eu não consegui matar?) —, ainda assim você vai ter que lidar com os primeiros quarenta anos de vida dele em algum momento. Como e quão bem você vai lidar com esses anos terá relação direta com o sucesso de sua história, que os leitores vão considerar "uma boa leitura" ou "uma chatice só". J. K. Rowling é a campeã no que diz respeito a pano de fundo. Faça um favor a si mesmo e leia a série Harry Potter, percebendo sempre como cada livro retoma sem esforço o que aconteceu antes. (Além disso, os livros são muito divertidos, história pura do início ao fim.)

    Seu Leitor Ideal pode ser de enorme ajuda na hora de avaliar se o pano de fundo está bom e quanto será preciso incluir ou excluir na próxima versão. Preste muita atenção aos trechos que o LI não conseguiu entender e depois pergunte a si mesmo se *você* os entende. Se você compreende, e apenas não conseguiu passar as ideias direito, seu trabalho na segunda versão é deixá-los mais claros. Se não os compreende — se os trechos do pano de fundo que geraram dúvidas no Leitor Ideal também não estão claros para você —, então é preciso repensar com cuidado os eventos passados para tentar explicar melhor o comportamento dos personagens no presente.

    Também é preciso dar muita atenção aos trechos do pano de fundo que seu Leitor Ideal achou enfadonhos. Em *Saco de ossos*, por exemplo, Mike Noonan, o personagem principal, é um escritor quarentão cuja mulher morre de aneurisma cerebral logo na abertura do livro. Começamos no dia da morte dela, mas ainda havia muita história pregressa para contar, muito mais do que geralmente crio em meus livros. Informações como o primeiro trabalho de Mike (como repórter em um jornal), a venda do primeiro romance, a relação com a enorme família da falecida mulher, a carreira editorial e, acima de tudo, a questão da casa de veraneio no oeste do Maine — como ela foi comprada e alguns detalhes anteriores a Mike e Johanna. Tabitha, minha LI, leu tudo com aparente satisfação, mas também havia uma seção de duas ou três páginas sobre o trabalho comunitário de Mike no ano após a morte da mulher, em que seu luto foi aumentado por um grave bloqueio criativo. Tabby não gostou desse negócio de serviço comunitário.

— E daí? — perguntou ela. — Quero saber mais sobre os pesadelos dele, não sobre a candidatura a vereador para ajudar a tirar mendigos alcoólatras das ruas.

— É, mas ele está com *bloqueio criativo* — respondi. (Quando alguém questiona algo de que um romancista gosta, um de seus queridinhos, as duas primeiras palavras que lhe saem da boca costumam ser "É, mas".) — O bloqueio dura pelo menos um ano, talvez mais. Ele *tem que* fazer alguma coisa nesse tempo, não é?

— Acho que tem, mas você não precisa encher meu saco com isso, precisa?

Ai! Preparar, apontar, fogo! Como a maioria dos bons LI, Tabby sabe ser implacável quando está certa.

Reduzi as contribuições de Mike para a caridade e suas funções comunitárias de duas páginas para dois parágrafos. Tabby tinha toda a razão — isso ficou óbvio assim que vi o livro impresso. Três milhões de pessoas leram *Saco de ossos*, e recebi pelo menos 4 mil cartas sobre o livro, e, até agora, nenhuma delas disse: "Ei, seu imbecil! Que tipo de serviço comunitário Mike fez naquele ano em que não conseguia escrever?"

As coisas mais importantes a lembrar sobre o pano de fundo são: a) todo mundo tem uma história, e b) a maior parte dela não é muito interessante. Concentre-se nas partes que são e não se deixe levar pelo resto. Longas histórias de vida são mais bem-recebidas em um balcão de bar, e só quando falta uma hora ou menos para fechar, e só quando você está pagando.

13

Precisamos conversar um pouco sobre pesquisa, que é um tipo de pano de fundo especializado. E se você *precisa* fazer pesquisa, porque algumas partes de sua história tratam de coisas sobre as quais você sabe muito pouco ou nada, lembre-se sempre de que é o pano de *fundo* dos acontecimentos. É lá que a pesquisa deve ficar: tão no fundo quanto possível, misturada ao máximo no contexto. *Você* pode adorar o que aprendeu sobre bactérias comedoras de carne, o sistema de esgotos de Nova York ou o potencial de QI de filhotes de Collie, mas seus leitores com certeza estarão mais interessados nos personagens e na história.

Exceções à regra? Claro, elas sempre existem, não é mesmo? Há muitos escritores bem-sucedidos — Arthur Hailey e James Michener são os primeiros que me vêm à mente — cujos romances são profundamente embasados em fatos e pesquisas. Os livros de Hailey são manuais maldisfarçados sobre como as coisas funcionam (bancos, aeroportos, hotéis) e os de Michener são uma combinação de registros de viagens, aulas de geografia e textos de história. Outros escritores populares, como Tom Clancy e Patricia Cornwell, são mais voltados para a história, mas ainda assim apresentam grandes blocos de informações factuais (por vezes difíceis de digerir) junto com o dramalhão. Às vezes penso que esses escritores se comunicam bem com um grande segmento da população leitora que enxerga a ficção como algo imoral, como um mau gosto que só pode ser justificado com a frase: "Bem, é, sim, eu leio [insira o nome do autor aqui], mas só no avião e nos quartos de hotel que não têm CNN; além disso, eu aprendi muito sobre [insira o assunto aqui]".

Para cada escritor bem-sucedido de livros de cultura inútil, no entanto, existem centenas (talvez milhares) de outros que querem chegar lá, alguns já publicados, a maior parte, não. No fim das contas, acho que a história tem que vir primeiro, ser a prioridade, mas pesquisas são inevitáveis; se você fugir delas, será por sua conta e risco.

Na primavera de 1999, voltei dirigindo da Flórida até o Maine, depois de passar o inverno lá com minha mulher. No segundo dia na estrada, parei para abastecer em um posto perto da rodovia que cruza a Pensilvânia, um desses lugares antigos e simpáticos em que há um frentista para colocar gasolina em seu carro, que pergunta como você está e para que time torce no torneio nacional de basquete universitário.

Respondi que estava bem e que torcia para Duke. Depois, fui até os fundos para usar o banheiro. Atrás do posto corria um regato bravio, encorpado pela neve derretida. Quando saí do banheiro, desci um pouco a encosta, cheia de restos de pneus e peças de motor, para ver a água mais de perto. Ainda havia trechos de neve no chão. Escorreguei em um deles e comecei a descer barranco abaixo. Agarrei um antigo bloco de motor que alguém largara ali e consegui parar a queda antes de escorregar mais. Quando levantei, percebi que, se tivesse caído sem parar, teria mergulhado no riacho e a correnteza me levaria embora. Então me peguei imaginando: se eu tivesse realmente caído na água, quanto tempo o frentista levaria para chamar a polícia estadual, depois de perceber que meu carro, um Lincoln Navigator novinho, continuava ali parado em frente à bomba de gasolina? Quando voltei à estrada, eu tinha duas coisas: a bunda molhada por causa da queda e uma grande ideia para uma história.

Nela, um homem misterioso, usando uma capa preta — ele não era humano, mas sim alguma criatura maldisfarçada de gente —, abandona o carro diante de um pequeno posto de gasolina em uma área rural da Pensilvânia. O veículo parece um velho Buick Especial, construído no fim da década de 1950, mas é tão Buick quanto o cara de capa preta é um ser humano. O carro vai parar nas mãos de policiais estaduais que trabalham em um quartel fictício no oeste da Pensilvânia. Vinte anos depois, os policiais contam a história do Buick ao filho inconsolável de um policial estadual morto em ação.

Era uma grande ideia e se desenvolveu até gerar um bom romance sobre como passamos adiante nossos conhecimentos e segredos; também é uma história macabra e assustadora sobre uma máquina alienígena que às vezes aparece e engole pessoas inteiras. É claro que *havia* alguns pequenos problemas — o fato de eu não saber absolutamente nada sobre a polícia estadual da Pensilvânia, por exemplo —, mas não deixei que isso me impedisse de ir em frente. Simplesmente inventei tudo que não conhecia.

Eu podia fazer isso porque estava escrevendo com a porta fechada — só para mim e para o Leitor Ideal em minha cabeça (e minha versão mental de Tabby raramente é tão pavio curto quanto a mulher de verdade; em meus devaneios, ela me aplaude e me estimula a seguir adiante com olhos brilhando). Uma de minhas sessões de escrita mais inesquecíveis aconteceu quando eu estava hospedado no quarto andar do Hotel Eliot, em Boston. Sentado à mesa diante da janela, eu escrevia sobre a autópsia de uma criatura alienígena parecida com um morcego enquanto a maratona de Boston seguia seu fluxo exuberante logo abaixo e enormes caixas de som instaladas no telhado tocavam "Dirty Water" [Água suja], dos Standells, a todo volume. Milhares de pessoas enchiam as ruas lá embaixo, mas não havia um único desmancha-prazeres em meu quarto para me dizer que aquele detalhe estava errado ou que os policiais não faziam as coisas assim no oeste da Pensilvânia, então...

O romance — chamado *Buick 8* — ficou abandonado em uma gaveta da escrivaninha desde o fim de maio de 1999, quando a primeira versão ficou pronta. Meu trabalho nesse livro foi atrasado por circunstâncias fora de meu controle, mas espero um dia passar algumas semanas no oeste da Pensilvânia e conseguir permissão para sair com policiais estaduais (a condição — que me parece bastante razoável — é não fazer com que pareçam cruéis, maníacos ou idiotas). Assim que tiver feito isso, devo conseguir corrigir meus piores erros e acrescentar alguns trechos mais detalhados.*

Não muitos, no entanto; a pesquisa é pano de fundo, e a palavra-chave em pano de fundo é "fundo". A história que preciso contar em *Buick 8* tem a ver com monstros e segredos. Ela *não* é sobre os procedimentos policiais no oeste da Pensilvânia. O que busco é apenas um toque de verossimilhança, como acrescentar um punhado de ervas e dar o toque final a um bom molho de espaguete. Esse senso de realidade é importante em qualquer trabalho de ficção, mas acho ainda mais importante em histórias que lidem com o anormal ou paranormal. Além disso, os detalhes — sempre considerando que sejam os corretos — podem restringir a maré de leitores chatos e obsessivos cujo único interesse na vida é, ao que parece, apontar o que os escritores fizeram de errado (invariavelmente, o tom dessas cartas é de puro deleite). Quando você se afasta da regra "escreva sobre o que você sabe", a pesquisa se torna

---

* O livro mencionado nesse trecho, *Buick 8*, foi publicado pela Suma de Letras em 2013. (N. E)

inevitável, e pode contribuir muito para a história. Só não deixe que o rabo acabe abanando o cachorro; lembre-se, você está escrevendo um romance, não um artigo acadêmico. A história sempre vem em primeiro lugar. Acho que até mesmo James Michener e Arthur Hailey concordariam com isso.

14

Sempre me perguntam se acredito que cursos e seminários de escrita podem ajudar o escritor iniciante. Quem pergunta quase sempre busca uma bala encantada, um ingrediente secreto ou, possivelmente, a pena mágica de Dumbo, mas nada disso pode ser encontrado em salas de aula ou retiros para escrita, por mais que os folhetos de propaganda pareçam convincentes. Eu tenho dúvidas sobre o valor dos cursos de escrita, mas não sou totalmente contra eles.

No maravilhoso romance tragicômico *Oriente, Oriente*, T. Coraghessan Boyle descreve uma colônia de escritores em uma floresta de maneira que me soa perfeita, como que saída de um conto de fadas. Cada participante tem seu próprio chalé, onde, supostamente, passa o dia escrevendo. Ao meio-dia, um garçom vindo do alojamento principal traz o almoço dos futuros Hemingways e Cathers, deixando as marmitas na escada que leva à entrada do chalé. Aliás, deixa as marmitas com todo o cuidado para não fazer barulho e perturbar o transe criativo do hóspede. Um dos cômodos do chalé é a sala de escrita. No outro há um catre para aquela soneca essencial da tarde... ou, talvez, para um revigorante vai e vem com outro participante.

À noite, todos os membros da colônia se reúnem no alojamento para jantar e travar longas e inebriantes conversas com os escritores residentes. Mais tarde, diante de uma grande lareira no salão, marshmallows são assados, pipocas são estouradas, vinho é bebido e as histórias dos participantes da colônia são lidas em voz alta e criticadas.

Para mim, parecia um ambiente de escrita absolutamente encantador. Gostei em especial da parte em que o almoço era deixado na porta da frente, sem fazer barulho, como acontece quando a fada dos dentes deposita uma moeda sob o travesseiro de uma criança. Acho que gostei da cena por estar a anos-luz de minha própria experiência, em que o fluxo criativo podia ser interrompido a qualquer momento por uma mensagem de minha mulher me pedindo para tentar consertar a privada entupida, ou por uma ligação do consultório do dentista avisando que eu corria risco iminente de perder mais uma consulta. Nessas horas, tenho certeza de que todos os escritores compartilham o mesmo sentimento, não importa a habilidade ou o sucesso obtido: "Meu Deus, se estivesse no ambiente de escrita adequado, cercado de pessoas compreensivas, eu *sei* que estaria escrevendo minha obra-prima".

Na verdade, descobri que as interrupções e distrações rotineiras não fazem qualquer mal ao trabalho em desenvolvimento e, de certa maneira, podem até ajudar. Afinal, é o grão de areia que entra na concha da ostra que gera a pérola, e não seminários sobre gerar pérolas com outras ostras. E quanto mais o trabalho se assoma durante o dia — transformando o "eu quero" em "eu preciso" —, mais problemático ele se torna. Um problema sério com as oficinas de escrita é que o "eu preciso" vira regra. No fim das contas, você não participa delas para vagar solitário como uma nuvem, curtindo a beleza das árvores ou a grandeza das montanhas. Você tem que *escrever*, pelo amor de Deus, no mínimo para que seus colegas tenham algo para criticar enquanto assam maravilhosos marshmallows no alojamento principal. Quando, por outro lado, a obra em curso é tão importante quanto levar seu filho para participar do campeonato de futebol no clube, a pressão por produção é muito menor.

E, afinal, *para que* servem as críticas? Elas têm algum valor? Pela minha experiência, não muito, lamento dizer. Muitas são enlouquecedoramente vagas. "Eu adoro o sentimento da história de Peter", diria alguém. "Ela tem algo... um sentido de não sei... um tipo de... não sei bem como descrever..."

Veja outros exemplos de pérolas dos seminários de escrita: "Senti que o tom da coisa era tipo... sabe como?", "A personagem Polly parece muito estereotipada", "Eu adorei a imagética porque consegui perceber quase claramente sobre o que ele falava".

E, em vez de jogar marshmallows recém-assados nesses idiotas tagarelas, todos que estão sentados em volta do fogo costumam *sorrir* e *assentir*, parecendo *solenemente pensativos*. Na maioria das vezes, professores e escritores residentes também estão sorrindo, assentindo e parecendo solenemente pensativos junto com os alunos. Só poucos participantes parecem perceber que, se alguém não consegue descrever um sentimento, é possível que, não sei, sei lá, sinto que talvez ele esteja na porra do curso errado.

Críticas inespecíficas não vão ajudar quando você se sentar para escrever a segunda versão, e ainda podem ser danosas. Nenhum dos comentários acima trata da linguagem usada em seu trabalho, ou do sentido narrativo do texto; são apenas retórica vazia e não trazem qualquer informação factual.

Além disso, as críticas diárias obrigam você a escrever com a porta sempre aberta, e isso, para mim, tira todo o sentido da coisa. Que bem pode fazer o fato de o garçom chegar na ponta dos pés, deixar o almoço na frente do chalé e depois ir embora com a mesma solicitude silenciosa, se seu trabalho é lido em voz alta todas as noites (ou xerocado e distribuído) para um grupo de aspirantes a escritores que dizem gostar da maneira como você lida com o tom e o humor, mas querem saber se o chapéu de Dolly, o único que tem uma tira em volta, é simbólico? A pressão para explicar está sempre presente e, para mim, grande parte da energia criativa é investida na direção errada. Você vai ficar questionando sua prosa e seu propósito repetidas vezes, quando na verdade devia estar escrevendo tão rápido quanto o Flash, para colocar a primeira versão da história no papel enquanto a forma do fóssil ainda está clara e brilhante em sua mente. Muitos cursos de escrita transformam a pergunta "Espere aí, o que você quis dizer com isso?" em um tipo de regulamento.

Para ser justo, preciso admitir certo preconceito aqui: uma das poucas vezes em que sofri um sério bloqueio criativo foi durante meu último ano na Universidade do Maine, quando fiz não um, mas dois cursos de escrita criativa (o primeiro foi o seminário em que conheci minha mulher, então não dá para dizer que foi tempo perdido). A maioria de meus colegas daquele semestre escrevia poemas sobre desejo sexual ou histórias em que rapazes incompreendidos pelos pais se preparavam para ir para o Vietnã. Uma moça escreveu muito sobre seu ciclo menstrual e a lua; nesses poemas, ela sempre escrevia "a l'a", não "a lua". A poetisa não conseguia explicar por que tinha que ser assim, mas nós meio que compartilhávamos o sentimento: "a l'a" está certo, manda ver, moça.

Eu apresentei poemas meus, mas guardava um segredo inconfessável no dormitório: o manuscrito semiacabado de um romance sobre uma gangue de adolescentes que pretendia começar uma revolta racial. A revolta serviria de cortina de fumaça enquanto os jovens fizessem duas dúzias de operações de agiotagem e montassem uma rede de tráfico de drogas em Harding, minha versão fictícia de Detroit (eu nunca tinha estado a menos de mil quilômetros de lá, mas não deixei que esse detalhe me fizesse parar ou mesmo diminuísse meu ritmo). Esse romance nunca publicado, chamado *Sword in the Darkness* [Espada na escuridão], me parecia muito ruim quando comparado ao que meus colegas estavam tentando produzir, e é por isso, imagino, que nunca o levei para ser criticado nas aulas. O fato de ele ser melhor e, de certa forma, mais verdadeiro do que todos os meus poemas sobre desejo sexual e angústia pós-adolescente só piorava a situação. O resultado foi um período de quatro meses em que não consegui escrever quase nada. O que eu fazia, em vez disso, era beber cerveja, fumar Pall Malls, ler livros baratos de John D. MacDonald e assistir a novelas da tarde na TV.

Cursos e seminários sobre escrita oferecem pelo menos um benefício inegável: o desejo de escrever ficção ou poesia é levado a sério. Para aspirantes a escritor vistos com condescendência e pena por amigos e parentes ("É melhor não largar seu emprego ainda!" é uma frase muito ouvida, em geral dita com um asqueroso sorriso de certeza nos lábios), é algo maravilhoso. Nos cursos de escrita, e talvez só neles, é perfeitamente aceitável passar grandes períodos de tempo em seu pequeno mundo dos sonhos. Ainda assim — você realmente precisa de passagem ou permissão para ir até lá? Você precisa que alguém lhe entregue uma pasta de papel com a palavra ESCRITOR para acreditar que você também é um? Honestamente, eu espero que não.

Outro argumento a favor dos cursos de escrita está relacionado aos professores. Existem milhares de escritores talentosos trabalhando nos Estados Unidos, e pouquíssimos (acho que o número é muito baixo, não passa de cinco por cento) conseguem sustentar as famílias e a si próprios com seu trabalho. Prêmios em dinheiro não faltam, mas nunca chegam a pagar as contas. Subsídios governamentais para escritores criativos? Melhor nem pensar nisso. Subsídios para a indústria tabagista? Com certeza. Financiamento para pesquisas sobre a mobilidade do esperma de touro não preservado, sem a menor sombra de dúvida. Subsídios para escritores criativos? Jamais. A maioria dos votantes concorda com essa situação, acho eu. Com exceção de Norman Rockwell e Robert Frost, os Estados Unidos nunca foram de reverenciar as mentes criativas do país; como um todo, estamos mais interessados em placas comemorativas produzidas pela empresa Franklin Mint e em cartões virtuais de felicitações. E, se você não gostar disso, não há muito que fazer, pois é assim. Os americanos estão muito mais interessados em programas de perguntas e respostas na TV do que nos contos de Raymond Carver.

A solução para muitos escritores criativos que ganham pouco é ensinar o que sabem a outros. Isso pode ser útil, e é bom quando escritores iniciantes têm a chance de encontrar e ouvir escritores veteranos que há tempos admiram. Também é ótimo quando os cursos de escrita trazem contatos do meio editorial. Meu primeiro agente, Maurice Crain, foi contratado graças ao meu professor de redação literária no último ano de escola, um contista muito conhecido em minha região chamado Edwin M. Holmes. Depois de ler algumas histórias que escrevi na Eh-77 (uma aula de redação com ênfase em ficção), o prof. Holmes pediu a Crain que avaliasse uma seleção de trabalhos meus. Crain concordou, mas nós nunca chegamos a nos associar de fato — ele já tinha mais de oitenta anos, saúde frágil, e morreu pouco tempo depois de nossa primeira troca de correspondências. Espero que a causa da morte não tenha sido minha primeira coletânea de histórias.

Você não *precisa* de cursos ou seminários de escrita mais do que precisa deste livro ou de qualquer outro sobre o assunto. Faulkner aprendeu seu ofício enquanto trabalhava na agência de correio de Oxford, Mississippi. Outros escritores aprenderam o básico enquanto serviam na Marinha, trabalhavam em siderúrgicas ou passavam uma temporada nos melhores hotéis com janelas de grade dos Estados Unidos. Eu aprendi a parte mais valiosa (e comercial) de meu trabalho enquanto lavava lençóis de motel e toalhas de mesa na lavanderia New Franklin, em Bangor. Aprendemos mais lendo muito e escrevendo muito, e as lições mais valiosas são aquelas que ensinamos a nós mesmos. São lições que quase sempre nos ocorrem quando a porta do escritório está fechada. As discussões levantadas em cursos de escrita podem ser muito divertidas e intelectualmente estimulantes, mas costumam ficar bem distantes do laborioso ofício de escrever.

Ainda assim, é possível que você acabe indo parar em uma versão daquela colônia silvestre de escritores em *Oriente, Oriente*: um pequeno chalé no bosque, equipado com computador, disquetes novinhos (existe algo mais delicadamente empolgante para a imaginação do que uma caixa cheia de disquetes novinhos ou uma resma de papel?) e uma cama no outro cômodo para aquela soneca da tarde, além da moça que vai na ponta dos pés até a soleira da porta deixar o almoço e depois sai, também na ponta dos pés. Isso seria bom, acho eu. Se você tiver a chance de participar de algo assim, eu diria para aproveitar. Pode ser que você não aprenda os Segredos Mágicos da Escrita (que não existem — uma pena, não é?), mas com certeza vai se divertir muito, e eu sou *sempre* a favor de uma boa diversão.

15

Além da clássica "De onde você tira suas ideias?", outras perguntas que qualquer escritor já publicado ouve frequentemente daqueles que querem publicar são "Como conseguir um agente?" e "Como entrar em contato com profissionais do mercado editorial?".

O tom dessas perguntas geralmente é de perplexidade, às vezes de constrangimento e, não raro, de raiva. Muita gente desconfia que a maioria dos estreantes que consegue publicar seus livros tem um amigo, um contato, um padrinho no mercado. Os desconfiados partem do pressuposto de que o mercado editorial é uma única, grande, feliz e incestuosa família.

Não é verdade. Também não é verdade que os agentes sejam uma raça convencida e superior que prefere morrer a tocar um manuscrito não solicitado sem luvas. (Bom, ok, existem *alguns* que são assim mesmo.) O fato é que tanto agentes quanto editores estão em busca do próximo escritor que venda muitos livros e gere muito dinheiro... e isso não significa apenas escritores jovens; Helen Santmyer estava em um asilo quando publicou *And Ladies of the Club* [E as damas do clube]. Frank McCourt era bem mais jovem quando publicou *As cinzas de Angela*, mas estava longe de ser um garoto.

Quando, ainda jovem, comecei a publicar meus contos em revistas masculinas, eu era bastante otimista sobre a possibilidade de ser publicado. Sabia que tinha "*game*", como dizem os jogadores de basquete hoje em dia, e também sentia que o tempo estava do meu lado; mais cedo ou mais tarde os autores de best-sellers das décadas de 1960 e 1970 ficariam senis ou morreriam, abrindo caminho para iniciantes como eu.

Eu sabia que tinha mundos a conquistar além das páginas de revistas como *Cavalier*, *Gent* e *Juggs*. Eu queria que minhas histórias encontrassem o nicho de mercado certo, e isso significava contornar o fato de que as melhores revistas para publicar, em termos de remuneração (a *Cosmopolitan*, por exemplo, que publicava muitos contos à época), não liam trabalhos enviados sem solicitação. A resposta, me parecia, era ter um agente. Se meu trabalho fosse bom, pensava eu, de maneira um pouco ingênua, mas não totalmente ilógica, um agente resolveria meus problemas.

Só fui descobrir muito mais tarde que nem todos os agentes são bons, mas os que são têm muito mais a oferecer do que apenas conseguir que o editor de ficção da *Cosmo* leia seus contos. Quando jovem, eu ainda não tinha percebido que havia pessoas no mercado editorial — e não são poucas, na verdade — que roubariam dinheiro da própria mãe. Para mim, isso não queria dizer muita coisa, porque, antes que meus dois primeiros romances conseguissem conquistar um bom público, pouco se poderia roubar de mim.

É *bom* ter um agente e, se seu trabalho for vendável, você não vai ter muito problema para encontrar um. É possível que você encontre um agente mesmo que seu trabalho *não seja* vendável, mas mostre potencial. Agentes esportivos representam atletas que jogam em times pequenos e recebem, basicamente, o dinheiro da comida, esperando que um dia seus jovens clientes consigam um lugar entre os grandes; pela mesma razão, agentes literários costumam gerenciar escritores com poucos textos publicados. É bem provável que você encontre alguém para gerenciar seu trabalho mesmo que suas publicações se limitem a "pequenas revistas" que só pagam em exemplares — e costumam ser consideradas por agentes e editores um terreno fértil para novos talentos.

No começo, é preciso ser o próprio advogado, ou seja, ler as revistas que publicam o tipo de texto que você escreve. Procure também por publicações voltadas para escritores e compre um exemplar do *Writer's Market*, um guia do mercado editorial que é a mais valiosa ferramenta para escritores novatos. Se você for muito pobre, peça a alguém de presente de Natal. Tanto as publicações especializadas quanto o *Writer's Market* (é um calhamaço, mas o preço é razoável) listam editores de livros e revistas e trazem pequenas descrições do tipo de história que cada mercado consome. Você também vai encontrar os tamanhos de texto mais vendáveis e os nomes de funcionários de editoras.

Se você for um contista iniciante, seu maior interesse devem ser as "pequenas revistas". Se estiver escrevendo ou já tiver escrito um romance, anote as listas de agentes literários das revistas sobre o mercado editorial e do *Writer's Market*. Também vale a pena incluir um exemplar do *Literary Market Place* em sua estante de referências. É preciso ser astuto, cuidadoso e assíduo na busca por um agente ou editor, mas — vale a pena repetir — a coisa mais importante que você pode fazer por si mesmo é *ler o mercado*. Olhar as descrições curtas da *Writer's Digest* ajuda ("publica ficção comercial, 2 mil a 4 mil palavras, evite personagens estereotipados e situações românticas batidas"), mas um resumo, vamos encarar a verdade, não passa de um resumo. Enviar histórias sem ler o mercado antes é como jogar dardos em uma sala escura — você pode até atingir o alvo vez ou outra, mas não é merecido.

Veja a história de um aspirante a escritor que vou chamar de Frank. Ele é uma mescla de três jovens escritores que conheço, dois homens e uma mulher. Todos começaram a fazer algum sucesso na casa dos vinte anos e nenhum deles, até a escrita deste livro, dirigia um Rolls-Royce. É bem provável que os três consigam se estabelecer no mercado, o que significa que, quando chegarem aos quarenta anos, estarão publicando regularmente (é provável, também, que um deles tenha problemas com bebida).

As três faces de Frank têm interesses distintos e escrevem com estilos e vozes diferentes, mas o jeito como abordam os obstáculos até a publicação é bastante parecido, por isso me sinto confortável em juntá-los em uma pessoa só. Também sinto que, para outros escritores iniciantes — você, por exemplo, caro Leitor —, seguir os passos de Frank não seria tão ruim.

Frank estudou letras (você não *precisa* ser bacharel em letras para se tornar escritor, mas com certeza não vai fazer mal) e começou a enviar histórias para revistas enquanto ainda estava na faculdade.

Ele fez vários cursos de escrita criativa e muitas das revistas para que enviou manuscritos lhe foram recomendadas por professores. Recomendadas ou não, Frank leu cuidadosamente os textos de cada revista e enviou os textos para as publicações que, em seu ponto de vista, eram as mais adequadas.

— Durante três anos, li todas os textos que a revista *Story* publicou — conta ele, rindo. — Devo ser o único nos Estados Unidos que pode dizer isso.

Com ou sem leitura cuidadosa, Frank não conseguiu publicar texto algum enquanto ainda estava na faculdade, embora *tenha publicado* cerca de meia dúzia deles na revista literária do campus (vamos chamá-la de *A pretensão trimestral*). Ele recebeu cartas de rejeição de várias revistas, tais como a *Story* (a versão feminina de Frank disse: "Eles me *deviam* uma carta!") e a *The Georgia Review*. Durante esse período, Frank assinou e leu cuidadosamente as revistas *Writer's Digest* e *The Writer*, concentrando-se nos artigos sobre agentes e nas listas de agências. Ele marcou o nome de vários profissionais que mencionaram interesses literários semelhantes aos seus. Frank destacou os nomes de agentes que diziam gostar de histórias com "grandes conflitos", uma maneira rebuscada de descrever histórias de suspense. Frank gosta de suspense, e também de histórias policiais e sobrenaturais.

Um ano após sair da faculdade, Frank recebe sua primeira carta de aceitação — ó, que dia feliz! É de uma revista de pequena circulação disponível em poucas bancas de jornais e principalmente para assinantes — vamos chamá-la de *Kingsnake*. O editor ofereceu 25 dólares e uma dúzia de "CCs" — cópias de contribuinte — por "A dama do caminhão", um conto de Frank com 12 mil palavras. Ele, é claro, está exultante, muito além do Paraíso. Frank liga para todos os parentes, mesmo para os que detesta (*especialmente* para os que detesta, acho eu). Vinte e cinco paus não vão pagar o aluguel, nem mesmo as compras da semana para Frank e a mulher, mas legitimam a ambição dele, e isso

— qualquer escritor recém-publicado concordaria, imagino — não tem preço. "Alguém quer alguma coisa que eu fiz! Iupi!" Mas essa não é a única vantagem. É um *crédito*, uma bolinha de neve que Frank vai começar a rolar ladeira abaixo na esperança de transformá-la em um globo enorme quando chegar ao sopé.

Seis meses depois, Frank vende outra história a uma revista chamada *Lodgepine Review* (como a *Kingsnake*, a *Lodgepine* é uma compilação de textos). O problema é que "vender" é uma palavra boa demais; o pagamento proposto a Frank por "Dois tipos de homem" são 25 cópias de contribuinte. Ainda assim, é outro crédito. Frank assina o contrato (e quase morre de amor ao ler a frase embaixo do espaço em branco para a assinatura — PROPRIETÁRIO DA OBRA, uau!) e manda de volta no dia seguinte.

A tragédia se abate sobre ele um mês depois. Ela vem na forma de uma carta formal, cuja saudação é "Querido colaborador da *Lodgepine Review*". Frank lê a carta com o coração na mão. Um patrocínio não foi renovado e a *Lodgepine Review* foi para a grande oficina de escritores no céu. A edição de verão será a última da revista. A história de Frank, infelizmente, estava programada para a edição de outono. A carta termina desejando a Frank boa sorte para conseguir publicar a história em outro lugar. No canto inferior esquerdo, alguém escreveu quatro palavras: "SENTIMOS MUITÍSSIMO O ACONTECIDO".

Frank também SENTE MUITÍSSIMO (depois de ficarem bêbados com vinho barato e amanhecerem com ressaca de vinho barato, ele e a mulher ainda SENTEM MUITÍSSIMO MAIS), mas a decepção não o impede de colocar a história quase publicada em circulação novamente. Neste momento, são cerca de meia dúzia rodando pelas revistas. Ele mantém um registro cuidadoso de onde estão e de que tipo de resposta obteve de cada uma. Também monitora as revistas onde estabeleceu algum tipo de contato pessoal, mesmo que tal contato não passe de duas frases manuscritas e uma mancha de café.

Um mês depois da má notícia vinda da *Lodgepine Review*, Frank recebe outra, muito boa, na forma da carta de um homem de quem nunca ouviu falar. O sujeito é editor de uma pequena revista recém-lançada, chamada *Jackdaw*. Ele está solicitando histórias para a primeira edição, e um velho amigo de escola — aliás, editor da recém-falecida *Lodgepine Review* — mencionou o conto cancelado de Frank. Se ele ainda não tiver conseguido quem a publique, o editor da *Jackdaw* gostaria de dar uma olhada. Não pode prometer nada, mas...

Frank não *precisa* de promessas; como quase todos os escritores iniciantes, ele só precisa de um pouco de encorajamento e um suprimento inesgotável de pizza. Ele envia a história com uma carta de agradecimento (e outra para o ex-editor da *Lodgepine*, é claro). Seis meses depois, "Dois tipos de homem" aparece na primeira edição da *Jackdaw*. A Rede dos Parceiros, que cumpre um importante papel não só no mercado editorial, mas também em outros negócios intelectuais, triunfou novamente. Frank recebeu 15 dólares pela história, dez cópias de contribuinte e mais um crédito importantíssimo.

No ano seguinte, Frank começa a trabalhar como professor de literatura em um colégio. Embora seja extremamente difícil lecionar e corrigir textos de alunos durante o dia e depois trabalhar em seu próprio material à noite, ele persevera, escrevendo novos contos e colocando-os em circulação, colecionando cartas de rejeição e, por vezes, "aposentando" histórias já enviadas para todos os lugares ao seu alcance. "Elas vão ficar bem na minha coleção, quando finalmente sair uma", diz ele à mulher. Nosso herói também conseguiu um segundo emprego, escrevendo críticas de livros e filmes para um jornal da cidade vizinha. Ele é muito, muito ocupado. Ainda assim, bem no fundo da cabeça, Frank começa a acalentar a ideia de escrever um romance.

Quando lhe perguntam qual é a coisa mais importante para um jovem escritor que está apenas começando a enviar seus textos de ficção, Frank hesita apenas alguns segundos antes de responder:

— Uma boa apresentação.

Como é?

Ele balança a cabeça.

— Uma boa apresentação, com certeza. Quando você envia um texto, é preciso mandar junto uma breve mensagem de apresentação que diga ao editor onde você já publicou antes, trazendo também uma linha ou duas sobre o tema da história atual. A mensagem deve terminar com um agradecimento ao editor pela chance que lhe está oferecendo. Isso é extremamente importante.

"O texto deve ser enviado em papel branco de boa qualidade — nada de folhas de rascunho. A cópia deve estar em espaço duplo, e o endereço do escritor deve vir na primeira página, no canto superior esquerdo — não há problema em incluir o número de telefone, também. No canto superior direito, coloque o número aproximado de palavras." Frank faz uma pausa, ri e depois diz: "E não trapaceie. A maioria dos editores de revistas sabe dizer qual é o tamanho da história apenas de olhar o impresso e folhear as páginas".

Ainda estou um pouco surpreso com a resposta de Frank; eu esperava algo menos preto no branco.

— Que nada. Você aprende rapidinho a ser prático quando termina a faculdade e ainda está tentando encontrar um lugar ao sol no mercado. A primeiríssima coisa que aprendi foi que um novato jamais vai receber qualquer atenção a menos que pareça profissional.

Algo no tom de voz de Frank me diz que ele acha que esqueci como as coisas podem ser difíceis para quem está começando, e talvez ele esteja certo. Afinal de contas, já se vão quase quarenta anos desde que eu tinha uma pilha de cartas de rejeição presas em um prego no quarto.

— Não dá para obrigá-los a gostar da história — conclui ele —, mas pelo menos dá para facilitar que eles gostem.

Enquanto escrevo este livro, a história de Frank ainda está em desenvolvimento, mas seu futuro parece brilhante. Até agora, ele já publicou seis contos, e um deles ganhou um prêmio de razoável prestígio — vamos chamar de Prêmio Jovens Escritores de Minnesota, embora nenhuma das três partes que compõem Frank more em Minnesota. O prêmio em dinheiro foi de 500 dólares, até agora o maior pagamento que ele já recebeu por uma história. Frank começou a trabalhar no romance e, quando terminar, um jovem agente de boa reputação, chamado Richard Chams (também um pseudônimo), vai cuidar do livro.

Frank começou a procurar a sério por um agente no momento em que começou a trabalhar a sério no romance.

— Eu não queria dar o sangue na hora de escrever e depois não ter a menor ideia de como fazer para vender o livro pronto — contou.

Com base nas pesquisas que fez no *Literary Market Place* e nas listas de agentes da *Writer's Market*, Frank escreveu exatamente uma dúzia de cartas, uma igual à outra, com exceção da saudação. Eis o modelo:

19 de junho de 1999

Caro,

Sou um jovem escritor de 28 anos em busca de um agente. Encontrei seu nome em um artigo da *Writer's Digest* intitulado "Agentes da nova onda" e acho que nossos trabalhos podem se encaixar. Publiquei seis histórias desde que decidi me dedicar ao ofício. São elas:

"A dama do caminhão", *Kingsnake*, inverno de 1996 (US$25, mais exemplares)

"Dois tipos de homem", *Jackdaw*, verão de 1997 (US$15, mais exemplares)

"Fumaça natalina", *Mystery Quarterly*, outono de 1997 (US$35)

"Sem preparo, Charlie paga caro", *Cemetery Dance*, janeiro-fevereiro de 1998 (US$50, mais exemplares)

"Sessenta bisbilhoteiros", *Puckerbrush Review*, abril--maio de 1998 (exemplares)

"Longa caminhada nesses bosques daqui", *Minnesota Review*, inverno de 1998-1999 (US$70, mais exemplares)

Seria um prazer enviar-lhe as histórias (bem como cerca de meia dúzia de contos que estão em circulação) para avaliação, se houver interesse. Estou particularmente orgulhoso de "Longa caminhada nesses bosques daqui", que conquistou o Prêmio Jovens Escritores de Minnesota. A placa caiu bem na parede da sala de estar, e o prêmio em dinheiro — US$500 — caiu muitíssimo bem em nossa conta durante a semana em que permaneceu nela (sou casado há quatro anos; Marjorie, minha mulher, e eu e somos professores em uma escola).

A razão de estar procurando um agente agora é o romance em que estou trabalhando. É uma história de suspense sobre um homem preso por uma série de assassinatos ocorridos vinte anos antes na pequena cidade onde mora. As primeiras oitenta páginas estão muito bem-encaminhadas, e eu ficaria muito feliz em enviá-las ao senhor.

Se houver interesse em ver meu trabalho, entre em contato, por favor. Enquanto isso, obrigado pelo tempo dedicado a esta carta.

Atenciosamente,

Frank incluiu número de telefone e endereço, e um dos agentes que contatou (não era Richard Chams) acabou ligando para conversar. Três responderam por escrito e pediram para ver a premiada história sobre o caçador perdido na floresta. Meia dúzia de agentes pediu para ler as oitenta primeiras páginas do romance. Ou seja, a resposta foi excelente — só um agente não demonstrou qualquer interesse no trabalho de Frank, dizendo já ter a carteira de clientes cheia. Embora tenha alguns conhecidos no mundo das "pequenas revistas", Frank não conhece absolutamente ninguém no mercado editorial — nem um mísero contato pessoal.

— Foi impressionante — confessou ele —, muito impressionante. Eu esperava contratar qualquer um que quisesse me agenciar, se houvesse alguém, e me considerar um sujeito de sorte. Em vez disso, pude escolher.

Frank acredita que vários elementos contribuíram para sua generosa lista de possíveis agentes. Em primeiro lugar, a carta enviada era culta e elegante ("Foi preciso quatro rascunhos e duas discussões com minha mulher para chegar ao tom casual perfeito", disse ele). Em segundo lugar, Frank tinha uma lista de contos publicados bastante substancial. Nada que pagasse muito, mas as revistas tinham boa reputação. Por fim, o conto premiado. Frank acredita que isso foi determinante. Não sei se foi, mas, com certeza, mal não fez.

Frank também foi inteligente, pois pediu a Richard Chams e aos outros agentes que contatou uma lista das credenciais deles — não uma lista de clientes (nem sei se seria ético um agente informar os nomes de clientes), mas de editoras para as quais o agente vendera livros e de revistas para as quais vendera contos. É fácil convencer um escritor desesperado por representação. Os iniciantes não podem esquecer que qualquer um com algumas dezenas de dólares para investir pode anunciar na *Writer's Digest* e se autodenominar agente literário — não existe prova ou credenciamento para esse tipo de profissional.

Desconfie principalmente de agentes que cobram uma taxa para ler seu trabalho. Alguns deles são respeitáveis (a agência Scott Meredith costumava fazer isso, não sei se ainda faz), mas a maioria é composta de vigaristas. Se você estiver ansioso demais para ser publicado, sugiro que deixe de lado a busca por agentes ou o envio de cartas de apresentação e banque a edição do próprio bolso. Pelo menos você vai ter uma ideia do dinheiro que gastar.

16

Estamos quase acabando. Duvido que eu tenha coberto tudo o que você precisa saber para escrever melhor, e tenho certeza de que não respondi a todas as suas perguntas, mas tratei de todos os aspectos da vida de escritor de que posso falar com pelo menos alguma confiança. Devo confessar, no entanto, que, durante a escrita deste livro, a confiança foi um artigo de reservas muitíssimo baixas. O que não faltou foi dor física e insegurança.

Quando apresentei a ideia de um livro sobre a escrita para meu editor na Scribner, senti que sabia bastante sobre o assunto; minha cabeça estava fervendo de coisas que eu queria dizer. E talvez eu *realmente* saiba muito, mas vários assuntos em que pensei se mostraram banais, e o restante, como acabei descobrindo, tinha mais a ver com instinto do que com algo que parecesse um "pensamento superior". Articular essas verdades instintivas me foi dolorosamente difícil. Além disso, aconteceu algo no meio do caminho de *Sobre a escrita* — algo que mudou minha vida para sempre. Vou falar disso em seguida. Por ora, saiba que fiz o melhor que pude.

Há um último assunto que precisa ser discutido; um assunto relacionado àquilo que mudou minha vida e do qual já falei aqui, embora indiretamente. Agora eu gostaria de encarar o assunto com mais firmeza. É uma pergunta que me fazem de diversas formas — às vezes educadamente, às vezes de forma grosseira —, mas a indagação é sempre a mesma:

— Você faz isso pelo dinheiro, querido?

A resposta é não. Não agora, e nunca foi. Eu ganhei muita grana com meu trabalho, é verdade, mas jamais coloquei uma mísera palavra no papel com o objetivo de ser pago por ele. Já fiz alguns trabalhos como favor para amigos — a expressão seria "uma mão lava a outra" —, mas, na pior das hipóteses, poderíamos chamar de uma forma crua de escambo. Escrevo porque é algo que me completa. O trabalho pode ter pagado a hipoteca da casa e garantido a universidade para meus filhos, mas isso tudo é consequência — sempre escrevi por paixão. Pela alegria sincera que a escrita me dá. E, se você consegue escrever porque sente alegria, vai escrever para sempre.

Houve períodos em que escrever foi um pouco como um ato de fé, como uma cusparada no olho do desespero. A segunda metade deste livro foi escrita com esse espírito. Eu a vomitei, como costumava dizer quando criança. A escrita não é a vida, mas acho que, algumas vezes, pode ser um caminho de volta a ela. Foi isso que descobri no verão de 1999, quando um homem dirigindo um furgão azul quase me matou.

Sobre a vida:
Um *postscriptum*

1

Quando estamos em nossa casa de veraneio, no oeste do Maine — bem parecida com aquela à qual Mike Noonan regressa em *Saco de ossos* —, costumo caminhar 6 quilômetros todos os dias, a menos que esteja chovendo canivete. Deles, 4 quilômetros da caminhada passam por estradas de terra que serpenteiam pela floresta, e 2 quilômetros passam pela Rota 5, uma estrada asfaltada de mão dupla que vai de Bethel a Fryeburg.

A terceira semana de junho de 1999 tinha sido extraordinariamente feliz para mim e para minha mulher; nossos filhos, crescidos e espalhados pelo país, estavam todos em casa. Foi a primeira vez em quase seis meses em que estivemos todos sob o mesmo teto. Como bônus, nosso primeiro neto também estava lá, aos três meses de idade, sacudindo feliz o balão de gás que trazia amarrado a um dos pés.

No dia 19 de junho, levei nosso filho mais novo ao aeroporto de Portland, onde ele pegou um voo de volta para Nova York. Voltei para casa, tirei um cochilo rápido e depois saí para a caminhada costumeira. Estávamos planejando ver *A filha do general* no cinema de North Conway, uma cidade próxima, naquela noite, e imaginei que teria tempo de caminhar antes de juntar a família toda para a viagem.

Se bem me lembro, saí por volta de quatro da tarde. Antes de chegar à estrada principal (no oeste do Maine, qualquer estrada com uma linha branca no meio é uma estrada principal), entrei no bosque e fiz xixi. Pelos dois meses seguintes eu não seria capaz de mijar em pé.

Quando voltei à estrada, segui para o norte, andando pelo acostamento de cascalho, na direção contrária ao tráfego. Um carro passou por mim, também indo para o norte. Mais ou menos 1 quilômetro adiante, a mulher que dirigia o carro percebeu um furgão Dodge azul-claro seguindo para o sul. O furgão ia de um lado para outro da estrada, praticamente fora do controle do motorista. Depois de passar em segurança pelo furgão descontrolado, a mulher do carro se virou para o passageiro e disse:

— Era o Stephen King lá atrás. Espero que o maluco do furgão não o atropele.

É possível ter uma boa vista da estrada na maior parte do trecho em que caminho pela Rota 5, mas existe uma pequena colina, pouco íngreme, onde o pedestre caminhando rumo ao norte quase não consegue ver o que vem do outro lado. Eu já tinha subido três quartos da colina quando Bryan Smith, dono e motorista do furgão, chegou ao topo. Ele não estava na estrada, estava no acostamento. No *meu* acostamento. Eu devo ter tido três quartos de segundo para perceber o furgão. Só deu tempo de pensar "Meu Deus, serei atropelado por um ônibus escolar". Comecei a virar para a esquerda, e depois há apenas uma lacuna em minha memória. Na lembrança seguinte, eu estou no chão, olhando para a traseira do furgão, que está estacionado fora da estrada e inclinado para um dos lados. Esta lembrança é muito clara e precisa, parece mais uma fotografia que uma memória. As lanternas traseiras do furgão estão sujas. A placa e as janelas traseiras também. Registro essas imagens sem pensar que sofri um acidente, ou em qualquer outra coisa. É um instantâneo, nada mais que isso. Não estou pensando, tudo que estava em minha mente foi varrido.

Aqui vem outra lacuna na memória, e então estou cuidadosamente limpando borbotões de sangue dos olhos com a mão esquerda. Quando os olhos estão razoavelmente limpos, eu olho em volta e vejo um homem sentado em uma pedra. Ele tem uma bengala apoiada no colo. É Bryan Smith, 42 anos de idade, o motorista do furgão que me atropelou. Smith tem uma ficha corrida considerável em termos de trânsito, quase uma dúzia de delitos.

Smith não estava olhando para a estrada na tarde em que nossa vida se cruza porque seu rottweiler tinha pulado da traseira do furgão para os bancos de trás, onde estava um *cooler* da marca Igloo cheio de carne. O nome do rottweiler é Bullet [Bala] (Smith tem outro rottweiler em casa, chamado Pistol [Pistola]). Bullet começou a farejar a tampa do *cooler*. Smith se virou para trás e tentou afastá-lo dali. Ele ainda estava olhando para Bullet e empurrando a cabeça do cachorro para longe do *cooler* quando chegou ao topo da colina; e continuava olhando quando me atropelou. Mais tarde, Smith contaria a amigos que pensou ter atingido "um pequeno cervo" até perceber meus óculos ensanguentados jogados no banco dianteiro do furgão. Os óculos foram arrancados de meu rosto quando tentei sair do caminho. As armações estavam dobradas e amassadas, mas as lentes não se quebraram. São as mesmas que estou usando agora, enquanto escrevo.

2

Smith vê que estou acordado e me diz que o socorro já está a caminho. Ele fala com voz calma, quase animado. O olhar dele, sentado ali naquela pedra, com a bengala no colo, é de agradável comiseração. "E não é que nós dois tivemos um puta azar?", dizem aqueles olhos. Smith disse ao investigador, depois, que saiu com Bullet do camping onde estavam porque queria "comprar aqueles barras de chocolate Marze". Quando fiquei sabendo desse detalhe, algumas semanas depois, me ocorreu que eu quase tinha sido morto por um sujeito que parecia um personagem saído de meus próprios romances. É quase engraçado.

O socorro está a caminho, penso eu, e isso deve ser bom, porque sofri um acidente muito grave. Estou deitado na vala, com sangue por todo o rosto. A perna direita dói. Olho para baixo e vejo algo de que não gosto: meu quadril parece estar de lado, como se a parte inferior do meu corpo tivesse sido torcida meia volta para a direita. Olho de novo para o homem com a bengala e peço:

— Por favor, me diga que está só deslocado.

— Ah, não — responde ele. Como o rosto, a voz é animada, mas demonstra pouco interesse. Como se ele estivesse assistindo ao acidente pela TV enquanto come uma barra de chocolate Marze. — Está quebrado em cinco ou seis lugares, eu acho.

— Desculpa — respondo (sabe-se Deus por quê), e depois apago por mais algum tempo. Não é um desmaio, é mais como se o filme da memória tivesse sido colado aqui e ali.

Quando volto de novo, um furgão laranja e branco está parado ao lado da estrada com o pisca-alerta ligado. Um paramédico da unidade de emergência — Paul Fillebrown é seu nome — está agachado a meu lado. Ele está fazendo alguma coisa. Cortando minha calça jeans, eu acho, embora isso possa ter acontecido depois.

Pergunto se ele tem um cigarro. Ele ri e diz que é melhor não. Pergunto se vou morrer. Ele responde que não, eu não vou morrer, mas que é preciso me levar ao hospital, e rápido. Qual eu prefiro, o de Norway-South Paris ou o de Bridgeton? Digo que prefiro ir para o Hospital Northern Cumberland, em Bridgeton, porque meu filho mais novo — que acabei de levar para o aeroporto — nasceu lá, 22 anos antes. Pergunto de novo a Fillebrown se vou morrer, e ele responde de novo que não. Depois pergunta se consigo mexer os dedos do pé direito. É o que faço, pensando em uma velha quadrinha que minha mãe costumava recitar: "Este porquinho foi ao mercado, este porquinho ficou em casa". Eu devia ter ficado em casa, penso, foi uma péssima ideia sair para caminhar hoje. Depois lembro que, às vezes, pessoas com paralisia acham que estão se mexendo, mas na verdade não estão.

— Meus dedos se mexeram? — pergunto a Paul Fillebrown. Ele diz que sim, uma mexida saudável. — Jura por Deus? — pergunto, e acho que ele jura.

Começo a desfalecer mais uma vez. Fillebrown me pergunta, bem devagar e em voz alta, inclinando-se em direção ao meu rosto, se minha mulher está em casa. Não consigo lembrar. Não consigo lembrar onde estão meus familiares, mas consigo dar a ele os telefones da casa e do chalé do outro lado do lago, onde minha filha costuma ficar. Saco, eu conseguiria dizer meu número da previdência social, se ele perguntasse. Eu me lembro de todos os números. Foi o resto que se perdeu.

Mais pessoas vão chegando. Em algum lugar, um rádio faz vários chamados para a polícia. Sou colocado em uma maca. Dói, e eu grito. Sou colocado na traseira da ambulância e as chamadas para a polícia ficam mais próximas. As portas são fechadas e ouço alguém na frente dizer:

— É melhor pisar fundo. — Então saímos.

Paul Fillebrown está sentado a meu lado. Ele está com uma tesoura e diz que vai precisar cortar o anel que está no dedo médio da minha mão direita — é uma aliança de casamento que Tabby me deu em 1983, doze anos depois de termos nos casado de fato. Tento dizer a Fillebrown que uso a aliança na mão direita porque a aliança de casamento verdadeira está no dedo médio da esquerda — o conjunto original custou US$ 15,95 na Joalheria Day, em Bangor. Ou seja, a primeira aliança custou oito paus, mas parece ter funcionado.

O que eu digo de fato foi uma versão confusa dessa história, nada que Paul Fillebrown consiga entender, provavelmente, mas ele continua a balançar a cabeça e sorrir enquanto corta a segunda aliança, mais cara, de minha inchada mão direita. Cerca de dois meses depois, ligo para Fillebrown para agradecer, pois então já tenho consciência de que ele provavelmente salvou minha vida ao adotar os procedimentos médicos corretos no local do atropelamento e depois me levar ao hospital a mais ou menos 170 quilômetros por hora por entre estradas vicinais estreitas e esburacadas.

Fillebrown me diz que não foi nada, que foi um prazer ajudar, depois sugere que talvez alguém lá em cima zele por mim.

— Trabalho nisso há vinte anos — diz ele pelo telefone —, e, quando vi você deitado na vala e percebi a extensão dos ferimentos causados pelo impacto, não achei que você fosse chegar vivo ao hospital. Você é um sujeito de sorte por ainda estar aqui.

A extensão dos ferimentos causados pelo impacto é tanta que os médicos do Hospital Northern Cumberland chegam à conclusão de que não podem me atender ali. Alguém chama um helicóptero para me levar ao Centro Médico Central do Maine, em Lewiston. Nesse momento, chegam minha mulher, meu filho mais velho e minha filha. As crianças só podem fazer uma breve visita, mas minha mulher pode ficar por mais tempo. Os médicos garantem que estou muito ferido, mas vou sobreviver. A parte inferior de meu corpo está coberta. Tabby não consegue ver a maneira interessante como meu quadril está virado para a direita, mas pelo menos deixam que ela limpe o sangue do meu rosto e pegue alguns cacos de vidro presos em meu cabelo.

Tenho um corte profundo no couro cabeludo, resultado da batida contra o para-brisa de Bryan Smith. O ponto de impacto foi a menos de 5 centímetros da estrutura de metal da carroceria, do lado do motorista. Se eu tivesse batido ali, é bem provável que tivesse morrido ou ficasse em coma permanente, em estado vegetativo. Se eu tivesse caído em uma das pedras que saem do chão ao lado do acostamento da Rota 5, é provável que estivesse morto ou permanentemente paralisado. Não caí em nenhuma delas. Fui lançado por sobre o furgão a mais de 4 metros de altura, mas aterrissei logo antes das pedras.

— Você deve ter girado um pouco para a esquerda no último segundo — disse-me depois o dr. David Brown. — Se não fosse isso, não estaríamos conversando agora.

O helicóptero pousa no estacionamento do Hospital Northern Cumberland e sou levado até ele de maca. O céu está muito claro, muito azul. O barulho dos rotores do helicóptero é muito alto. Alguém grita em meu ouvido:

— Já esteve em um helicóptero antes, Stephen?

A voz soa feliz e empolgada por mim. Tento responder que sim, já estive em um helicóptero — duas vezes, na verdade —, mas não consigo. De repente, fica muito difícil respirar.

Eles me colocam no helicóptero. Consigo ver uma nesga de céu brilhante e azul quando levantamos voo; não se vê uma única nuvem. Lindo. Ouço mais vozes no rádio. Parece que vou ouvir vozes a tarde inteira. Enquanto isso, fica cada vez mais difícil respirar. Gesticulo para alguém, ou pelo menos tento, e um rosto se inclina para entrar em meu campo de visão.

— Parece que estou me afogando — sussurro.

Alguém checa alguma coisa, e outro alguém diz:

— O pulmão está entrando em colapso.

Ouço barulho de papel, como se algo estivesse sendo desembalado, e então o outro alguém fala em meu ouvido, em voz alta, para ser ouvido acima do som dos rotores:

— Vamos colocar um dreno em seu pulmão, Stephen. Você vai sentir dor, um leve beliscão. Aguente firme.

Por experiência própria (aprendida quando eu ainda era um menininho com infecção de ouvido), eu sei que se alguém da área médica diz que você vai sentir um beliscão leve, a dor será muito forte. Dessa vez não é tão ruim quanto o esperado, talvez porque eu esteja cheio de analgésicos, talvez porque esteja à beira de desmaiar de novo. É como receber uma pancada bem no alto do lado direito do peito de alguém que segura um pequeno objeto pontiagudo. Então ouço um silvo preocupante no peito, como se eu estivesse vazando. Na verdade, acho que estou. Um instante depois, o suave entra e sai da respiração normal que ouvi a vida toda (na maior parte do tempo, sem me dar conta, graças a Deus) é substituído por um som desagradável — *chlup-chlup-chlup*. O ar que inalo é muito frio, mas é ar, afinal, *ar*, e continuo respirando. Não quero morrer. Amo minha mulher, meus filhos, minhas caminhadas vespertinas à beira do lago. Também amo escrever, tenho um livro sobre a escrita descansando na mesa, inacabado. Não quero morrer e, enquanto estou deitado no helicóptero olhando para o céu azul e claro, percebo que estou deitado à beira da morte. Alguém vai me puxar para um lado ou para outro em breve; não tenho muito o que fazer. Só posso ficar ali deitado, ouvindo minha respiração fraca e vazante: *chlup-chlup-chlup*.

Dez minutos depois nós pousamos no heliporto de concreto do hospital. Para mim, ele parece ficar no fundo de um poço de concreto. O céu azul fica desfocado e o *flap-flap-flap* dos rotores do helicóptero, mais alto, começando a ecoar, como se mãos gigantes batessem palmas.

Ainda respirando em grandes golfadas vazantes, sou retirado do helicóptero. Alguém bate a maca e eu grito.

— Desculpe, desculpe, está tudo bem, Stephen — dizem.

Quando você está muito machucado, todo mundo o chama pelo primeiro nome, todo mundo vira amigo.

— Diga à Tabby que eu a amo muito — peço logo que sou tirado do helicóptero e levado, apressadamente, por um caminho descendente de concreto. De repente, sinto vontade de chorar.

— Você mesmo vai poder dizer — respondem.

Passamos por uma porta, sinto o ar-condicionado e vejo as luzes correndo acima da minha cabeça. Os alto-falantes chamam várias pessoas.

Eu me dou conta, de modo confuso, de que uma hora antes estava caminhando e planejava colher algumas frutas no campo que fica em frente ao lago Kezar. Eu não me demoraria muito, no entanto, pois precisava estar em casa às 17h30 para irmos todos ao cinema. *A filha do general,* com John Travolta. Travolta estava no filme inspirado em *Carrie, a estranha,* meu primeiro romance. Ele fazia o vilão. Muito tempo atrás.

— Quando? — pergunto. — Quando posso falar com ela?

— Em breve — responde a voz, e depois desmaio de novo.

Dessa vez não é um pequeno corte; um enorme trecho foi tirado do filme da memória. Tenho alguns flashes, vislumbres confusos de rostos e salas de operação e máquinas de raios X sobre minha cabeça. Lembro-me de delírios e alucinações causadas pelo soro com morfina e hidromorfona, lembro-me de vozes ecoando e mãos que se aproximam para umedecer meus lábios com cotonetes com sabor de hortelã. A maior parte do tempo, porém, é só escuridão.

3

A estimativa que Bryan Smith fez de meus ferimentos acabou se mostrando conservadora. A parte inferior da minha perna estava quebrada em nove lugares — o cirurgião ortopédico que a reconstituiu, o formidável David Brown, disse que a região abaixo do meu joelho direito foi reduzida a "vários fragmentos dentro de uma meia". A extensão dos ferimentos na parte inferior da perna exigiu duas incisões profundas — chamadas de fasciatomias medial e lateral — para liberar a pressão causada pela tíbia esfacelada e também para liberar o fluxo sanguíneo na área. Sem as fasciatomias (ou se elas demorassem a acontecer), provavelmente teria sido necessário amputar a perna. O próprio joelho direito estava partido quase ao meio; o termo técnico para a lesão é "fratura intra-articular cominutiva da tíbia". Também sofri uma fratura acetabular no quadril direito — um deslocamento grave, em outras palavras — e uma fratura exposta da região intertrocantérica do fêmur direito. Minha coluna sofreu fissuras em oito lugares. Quatro costelas se quebraram. Minha clavícula ficou inteira, mas a carne que a recobria foi toda rasgada. A laceração em meu couro cabeludo precisou de vinte a trinta pontos.

Pois é, em vista disso tudo, eu diria que Bryan Smith foi um pouquinho conservador.

4

O comportamento do sr. Smith ao volante, nesse caso, acabou sendo levado a júri por duas acusações: condução perigosa (grave) e lesão corporal com agravante (muito grave, do tipo que leva à prisão). Depois de devida reflexão, o promotor responsável pela acusação em casos assim em meu pequeno canto de mundo concedeu a Smith o direito de responder apenas pela acusação mais branda, condução perigosa. Ele foi condenado a seis meses de prisão (sentença suspensa) e suspensão da carteira de motorista durante um ano. Também ficou em condicional por um ano, com restrições ao uso de outros veículos automotores, como veículos para neve e quadriciclos. Imagino que Bryan Smith estará de volta às ruas, como motorista, em meados de 2001.*

5

David Brown reconstruiu minha perna em uma maratona de cinco longos procedimentos cirúrgicos que me deixaram magro, fraco e quase no fim de minhas forças. Também me deixaram com pelo menos uma chance de lutar para voltar a andar. Um grande aparelho de aço e fibra de carbono, chamado fixador externo, foi atarraxado à minha perna. Acima e abaixo do meu joelho, oito grandes tarraxas de aço chamadas pinos Schanz saíam do fixador e chegavam até os ossos. Cinco hastes menores de aço se irradiavam para fora do joelho. Pareciam os raios de sol que vemos em desenhos infantis. O joelho em si estava preso no lugar. Três vezes por dia, enfermeiras retiravam os pinos menores e os

---

* Pouco antes da primeira publicação deste livro, a possibilidade de Bryan Smith dirigir qualquer veículo se acabou. Em setembro de 2000, ele foi encontrado morto no pequeno trailer em que morava, no oeste do Maine. Smith tinha 43 anos. Enquanto escrevo este texto, a causa da morte permanece indeterminada.

pinos Schanz, muito maiores, e limpavam os buracos com água oxigenada. Nunca mergulharam minha perna em querosene e botaram fogo, mas, se algum dia isso acontecer, tenho certeza de que a sensação será parecida com a limpeza diária dos pinos.

Dei entrada no hospital em 19 de junho. Por volta do dia 25, eu me levantei pela primeira vez, três passos vacilantes até uma cadeira de banho, onde me sentei com a camisola de hospital no colo e a cabeça baixa, tentando não chorar e fraquejar. Você tenta dizer a si mesmo que teve sorte, muita sorte mesmo, e isso costuma funcionar, porque é verdade. Às vezes, porém, não funciona. Acontece. E aí você chora.

Um ou dois dias depois desses primeiros passos, comecei a fazer fisioterapia. Durante a primeira sessão, consegui dar dez passos em um corredor do hospital, cambaleando com a ajuda de um andador. Outra paciente estava reaprendendo a andar também, uma mulher de 84 anos, de aparência frágil, chamada Alice, que se recuperava de um derrame. Nós nos incentivávamos quando tínhamos fôlego suficiente para isso. No terceiro dia no corredor, eu disse a Alice que a calcinha dela estava aparecendo.

— Sua *bunda* está aparecendo, espertinho — respondeu ela, arfante, e seguiu em frente.

Em 4 de julho eu consegui ficar sentado em uma cadeira de rodas por tempo suficiente para ir até a área de carga e descarga atrás do hospital e assistir à queima de fogos do Dia da Independência. Era uma noite abrasadora e as ruas estavam cheias de gente comendo salgadinhos, bebendo cerveja e refrigerante e olhando o céu. Tabby estava a meu lado, segurando minha mão, enquanto o céu se acendia em explosões vermelhas e verdes, amarelas e azuis. Minha mulher se hospedou em um apartamento na calçada em frente ao hospital, e todas as manhãs ela me levava ovos *poché* e chá. E parecia que eu precisava mesmo que ela me alimentasse. Em 1997, depois de voltar de uma viagem de motocicleta pelo deserto australiano, eu pesava 98 quilos. No dia em que recebi alta do Centro Médico Central do Maine, eu pesava 75.

Voltei para minha casa em Bangor em 9 de julho, depois de três semanas no hospital. Comecei um programa diário de reabilitação que incluía alongamentos, flexão e caminhadas com muletas. Tentei não perder a coragem e continuar na luta. Em 4 de agosto voltei ao CMCM para outra cirurgia. Ao injetar soro intravenoso em meu braço, o anestesista disse:

— Certo, Stephen, você vai se sentir como se tivesse acabado de tomar alguns drinques.

Abri a boca para dizer que aquilo seria interessante, já que eu não bebia um drinque há 11 anos, mas apaguei antes de conseguir falar qualquer coisa. Quando acordei, os pinos Schanz tinham desaparecido da parte de cima de minha coxa. Eu poderia dobrar o joelho de novo. O dr. Brown anunciou que minha recuperação estava "em curso" e me mandou para casa para mais reabilitação e fisioterapia (todos que já passaram por isso sabem que a terapia física é irmã da dor e da tortura). E, em meio a tudo isso, algo mais aconteceu. Em 24 de julho, cinco semanas depois de Bryan Smith me atropelar com um furgão Dodge, eu voltei a escrever.

6

Comecei a escrever *Sobre a escrita* em novembro ou dezembro de 1997 e, embora eu só costume levar cerca de três meses para acabar a primeira versão de um livro, este ainda estava incompleto 18 meses depois. Isso aconteceu porque deixei o livro de lado em fevereiro ou março de 1998, sem saber como ou até mesmo se deveria continuar. Escrever ficção continuava sendo divertido como sempre, mas cada palavra deste livro de não ficção foi uma espécie de tortura. Desde *A dança da morte*, *Sobre a escrita* foi o primeiro livro que deixei de lado antes de terminar, e ele ficou ainda mais tempo na gaveta da escrivaninha.

Em junho de 1999, decidi passar o verão terminando o maldito livro — e deixar Susan Moldow e Nan Graham, da Scribner, decidirem se era bom ou ruim. Li o manuscrito novamente, preparado para o pior, e descobri que, na verdade, eu gostava do que tinha em mãos. A estrada para o fim também pareceu muito clara. Eu já tinha acabado a parte das memórias ("Currículo"), que tentava mostrar como alguns incidentes e situações de vida me transformaram no escritor que sou agora; e já tinha coberto a parte da mecânica da escrita, pelo menos no que me parecia mais importante. O que ainda precisava ser feito era a seção principal,

"Sobre a escrita", em que eu tentaria responder a algumas das perguntas que me faziam em seminários e palestras, além daquelas que eu gostaria que tivessem me feito: as perguntas sobre a linguagem.

Na noite de 17 de junho, abençoado por não saber que estava a menos de 48 horas de meu breve encontro com Bryan Smith (para não falar de Bullet, o rottweiler), sentei-me à mesa de jantar e listei todas as perguntas que queria responder, todos os pontos que gostaria de abordar. No dia 18, escrevi as quatro primeiras páginas da seção "Sobre a escrita". Era nesse ponto que estava, no fim de julho, quando decidi que era melhor voltar ao trabalho... ou, pelo menos, tentar.

Eu não *queria* voltar ao trabalho. Estava sentindo muita dor, não conseguia dobrar o joelho direito e era obrigado a usar um andador. Não me imaginava sentado atrás de uma mesa por muito tempo, nem mesmo de cadeira de rodas. Por causa de meu quadril destroçado, sentar por mais de quarenta minutos era uma tortura, e por mais de uma hora e quinze minutos, impossível. Além disso, o próprio livro parecia mais intimidador do que nunca — como eu escreveria sobre diálogos e personagens, ou sobre como conseguir um agente, quando a coisa mais importante de meu mundo era o intervalo até a próxima dose de oxicodona?

Ao mesmo tempo, eu sentia que tinha chegado a um daqueles momentos de encruzilhada em que não há mais alternativas. Eu já tinha enfrentado muitas situações terríveis antes, e a escrita me ajudara a superá-las — me ajudara a esquecer de mim por pelo menos alguns momentos. Talvez ela me ajudasse outra vez. Parecia ridículo pensar que funcionaria, dado o nível de dor e a incapacidade física que eu sentia, mas uma voz no fundo de minha cabeça, ao mesmo tempo paciente e implacável, me dizia, como na letra de "Time Has Come Today" [O tempo chegou hoje], dos Chambers Brothers, que a hora era aquela. Eu poderia desobedecer à voz, mas era muito difícil desdenhar dela.

Por fim, foi Tabby quem deu o voto de Minerva, como tantas vezes fez em momentos cruciais de minha vida. Gosto de pensar que fiz o mesmo por ela, de tempos em tempos, porque, para mim, um dos pilares do casamento é dar o voto de Minerva quando o outro não consegue decidir o que fazer.

Minha mulher é a pessoa mais propensa a dizer que estou trabalhando demais, que é hora de diminuir o ritmo, desgrudar desse maldito PowerBook por um minuto, Steve, dar um tempo. Quando disse a ela, naquela manhã de julho, que achava melhor voltar ao trabalho, eu esperava um sermão. Em vez disso, ela me perguntou onde eu queria escrever. Respondi que não sabia, que nem havia pensado no assunto.

Ela havia pensado, então disse:

— Posso colocar uma mesa para você no quartinho dos fundos, fora da copa. Tomadas não faltam, dá para colocar seu Mac, a impressora e um ventilador.

O ventilador seria necessário, com certeza — o verão estava muito quente, e no dia em que voltei a trabalhar a temperatura na rua era de 35 graus. O quartinho dos fundos não estava muito mais fresco.

Tabby levou algumas horas para organizar as coisas e, naquela tarde, às quatro, ela me empurrou cozinha afora até chegar à recém-construída rampa para cadeira de rodas que dava no quartinho. Ela me fizera um maravilhoso ninho ali: laptop e impressora conectados lado a lado, abajur de mesa, manuscrito (com as notas do mês anterior cuidadosamente colocadas em cima), canetas, materiais de referência. No canto da mesa estava um porta-retratos com a foto do nosso filho caçula, que ela tirara no início do verão.

— Está tudo certo?

— Maravilhoso — respondi, e a abracei. *Estava* mesmo maravilhoso. Maravilhoso como ela.

A Tabitha Spruce, de Oldtown, Maine, que eu conhecia sabia quando eu estava trabalhando demais, mas também sabia que, às vezes, era o trabalho que me libertava. Ela me posicionou na mesa, me deu um beijo na testa e depois me deixou ali para descobrir se eu ainda tinha alguma coisa a dizer. No fim das contas, eu tinha, um pouco, mas sem a compreensão intuitiva de minha mulher de que sim, *era* hora, não sei se algum de nós jamais teria comprovado.

A primeira sessão de escrita durou uma hora e quarenta minutos, de longe o maior período que eu passei sentado desde o dia em que fora atropelado pelo furgão de Smith. Quando acabei, eu pingava suor e estava exausto demais até para me sentar direito na cadeira de rodas. A dor no quadril era quase apocalíptica. E as primeiras quinhentas palavras foram singularmente aterrorizantes — era como se eu nunca tivesse escrito nada na vida. Todos os velhos truques pareciam ter me abandonado. Fui de uma palavra à outra como um homem muito velho que procura o caminho por uma linha de pedras úmidas em zigue-zague. Não houve inspiração naquela tarde, só uma teimosa determinação e a esperança de que as coisas melhorariam se eu perseverasse.

Tabby me trouxe uma Pepsi — gelada, doce e gostosa — e, enquanto eu bebia, olhei em volta e tive que rir, apesar da dor. Eu tinha escrito *Carrie, a estranha* e *'Salem* na lavanderia de um trailer alugado. O quartinho nos fundos de nossa casa em Bangor lembrava tanto o velho lugar que me fez sentir quase como se eu tivesse dado uma volta completa.

Não houve nenhuma grande mudança naquela tarde, a não ser o pequeno milagre que advém de qualquer tentativa de se criar algo. Tudo o que sei é que as palavras começaram a sair mais rápido, depois de algum tempo, e depois ainda mais rápido. Meu quadril ainda doía, minhas costas ainda doíam, mas as dores começaram a ficar um pouco mais distantes. Eu comecei a ficar acima delas. Não havia qualquer sentimento de euforia, nenhuma agitação — não naquele dia —, mas uma sensação de dever cumprido que era quase tão boa quanto. Eu perseverei, e isso foi tudo. O momento mais tenebroso vem sempre antes do começo.

Depois, as coisas só podem melhorar.

7

Para mim, as coisas melhoraram. Passei por mais duas operações na perna desde aquela primeira tarde abafada no quartinho dos fundos, tive uma onda de infecções bastante grave e continuo a tomar uns cem comprimidos por dia, mas o fixador externo já se foi e eu continuo a escrever. Em alguns dias, a escrita é um caminho longo e muito sombrio. Em outros — cada vez mais, à medida que minha perna começa a se recuperar e minha mente se reacostuma à velha rotina —, eu sinto aquela alegre agitação, aquele sentimento de ter encontrado e colocado no papel as palavras certas. É como decolar com um avião: você está no chão, no chão, no chão... e, de repente, está subindo, andando em um tapete mágico de ar, senhor de tudo o que vê. Escrever me faz feliz, porque nasci para isso. Ainda não recobrei toda a energia — consigo fazer menos da metade do que costumava fazer em um dia —, mas tenho o suficiente para me levar até o fim deste livro, e sou grato por isso. A escrita não salvou minha vida — fui salvo pela competência do dr. David Brown e pelo amor e o cuidado de minha mulher —, mas continua a fazer o que sempre fez: transformar minha vida em um lugar mais luminoso e agradável.

A escrita não é para fazer dinheiro, ficar famoso, transar ou fazer amigos. No fim das contas, a escrita é para enriquecer a vida daqueles que leem seu trabalho, e também para enriquecer sua vida. A escrita serve para despertar, melhorar e superar. Para ficar feliz, ok? Ficar feliz. Parte deste livro — talvez grande demais — trata de como aprendi a escrever. Outra parte considerável trata de como escrever melhor. O restante — talvez a melhor parte — é uma carta de autorização: você pode, você deve e, se tomar coragem para começar, *você vai*. Escrever é mágico, é a água da vida, como qualquer outra arte criativa. A água é de graça. Então beba.

Beba até ficar saciado.

E, por fim, Parte I: Porta fechada, porta aberta

Anteriormente, neste livro, ao escrever sobre minha breve carreira como repórter esportivo do *Lisbon Weekly Enterprise* (eu era, na verdade, toda a seção de esportes, um Howard Cosell* dos pobres), dei um exemplo de como funciona o processo de edição. O exemplo foi breve, como tinha que ser, e tratava de não ficção. O trecho a seguir é de ficção. Está completamente cru, o tipo de coisa que escrevo livremente, com a porta fechada — é a história nua, usando nada além de cueca e meias. Sugiro que você a leia detidamente antes de seguir para a versão editada.

A história do hotel

Mike Enslin ainda estava na porta giratória quando viu Ostermeyer, gerente do Hotel Dolphin, sentado em uma das poltronas estofadas do lobby. Mike ficou um pouco preocupado. Acho que eu devia ter trazido a porra do advogado de novo, *pensou ele. Bem, agora era tarde. E mesmo que Ostermeyer decidisse colocar mais uma barreira ou duas entre Mike e o quarto 1408, não seria tão mau assim; simplesmente seria mais um elemento da história, quando ele finalmente a contasse.*

Ostermeyer o viu, ergueu-se e estava cruzando o lobby com a mão pequena e gorducha estendida quando Mike surgiu pela porta gira-

---

* Cosell foi um dos mais conhecidos narradores e jornalistas esportivos dos Estados Unidos, cuja carreira se estendeu de 1953 a 1993. (N. T.)

tória. *O Dolphin ficava na rua 61, perto da esquina com a Quinta Avenida; era pequeno, mas estiloso. Um homem e uma mulher em trajes de noite passaram por Mike enquanto ele se aproximava de Ostermeyer, trocando a pequena maleta de viagem para a mão esquerda para cumprimentar o gerente. A mulher era loura e estava de preto, é claro, e o aroma leve e floral do perfume dela parecia resumir Nova York. No bar do mezanino, alguém tocava "Night and Day", como se enfatizasse o resumo.*

— *Boa noite, sr. Enslin.*

— *Sr. Ostermeyer. Algum problema?*

Ostermeyer parecia estar sentindo dor. Por um instante, ele olhou em torno do pequeno, mas estiloso lobby, como se procurasse ajuda. No balcão do concierge, um homem discutia com a esposa sobre ingressos para o teatro enquanto o próprio concierge observava os dois com um sorrisinho paciente. Na recepção, um homem com o aspecto amarrotado de quem viajou muitas horas na classe executiva discutia a reserva com uma mulher usando um vestido preto chique que também serviria como roupa de festa. Era um dia típico no Hotel Dolphin. Todos mereciam atenção, menos o pobre sr. Ostermeyer, que tinha caído nas garras do escritor.

— *Sr. Ostermeyer?* — *repetiu Mike, sentindo um pouco de pena do homem.*

— *Não* — *disse Ostermeyer, por fim.* — *Nenhum problema, mas, sr. Enslin... posso falar com o senhor por um instante em meu escritório?*

Então, pensou Mike, ele quer tentar mais uma vez.

Em outras circunstâncias, o escritor talvez ficasse impaciente. Naquele momento, não. A situação ajudaria no capítulo sobre o quarto 1408, garantindo o apropriado tom nefasto que os leitores de seus livros pareciam esperar — *seria Um Último Aviso* —*, mas não era só isso. Até então, mesmo depois de tanto postergar, Mike Enslin ainda não tinha certeza; agora não restava dúvida. Ostermeyer não estava fingindo. Ostermeyer realmente tinha medo do quarto 1408 e do que poderia acontecer a Mike naquela noite.*

— *Claro, sr. Ostermeyer. Deixo minha maleta na recepção, ou é melhor levar comigo?*

Sobre a escrita

— Eu levo para o senhor. Vamos?

Ostermeyer, como um bom anfitrião, estendeu a mão para pegar a maleta. Sim, ele ainda tinha alguma esperança de convencer Mike a não ficar no quarto. Caso contrário, teria encaminhado o escritor à recepção... ou a teria levado ele mesmo.

— Permita-me.

— Pode deixar comigo — disse Mike. — Só tem uma muda de roupa e uma escova de dentes.

— Tem certeza?

— Tenho — respondeu Mike, olhos nos olhos. — Absoluta.

Por um instante, Mike pensou que Ostermeyer fosse desistir. Ele suspirou, um homem baixo e gorducho metido em uma casaca escura com uma gravata amarrada à perfeição, e depois se aprumou novamente.

— Muito bem, sr. Enslin. Venha comigo.

No lobby, o gerente do hotel parecera hesitante, deprimido, quase derrotado. No escritório decorado com painéis de carvalho e fotos do hotel (o Dolphin fora inaugurado em outubro de 1910 — Mike podia ter publicado o livro sem conseguir críticas em revistas ou grandes jornais da cidade, mas fizera suas pesquisas), Ostermeyer pareceu recuperar a confiança. No chão havia um tapete persa. Duas luminárias de pé lançavam uma luz levemente amarelada. Na mesa, perto de um abajur com cúpula verde em formato de losango, estava uma caixa umidificadora para charutos. Ao lado dela, os três últimos livros de Mike Enslin. Edições econômicas, é claro; nenhum deles fora lançado em capa dura. Ainda assim, todos venderam bem. *Meu anfitrião também andou fazendo suas pesquisas*, pensou Mike.

Mike sentou-se em uma das cadeiras em frente à mesa. Ele esperava que Ostermeyer ocupasse o lugar atrás da mesa, onde poderia se investir de autoridade, mas Ostermeyer o surpreendeu. Ele sentou-se na outra cadeira, provavelmente pensando que aquele era o lado dos empregados, cruzou as pernas e depois se inclinou por sobre sua proeminente e bem-vestida barriga para alcançar a caixa umidificadora.

— Quer um charuto, sr. Enslin? Não são cubanos, mas são muito bons.

— Não, obrigado. Eu não fumo.

E, por fim, Parte I: Porta fechada, porta aberta

Os olhos de Ostermeyer se voltaram para o cigarro atrás da orelha direita de Mike — apoiado ali em um estilo elegante, da mesma maneira como um mordaz repórter de Nova York dos velhos tempos teria apoiado o próximo fumo logo abaixo do Fedora com a etiqueta IMPRENSA *presa na fita. O cigarro se tornara uma parte tão indissociável de Mike que ele, por um momento, não conseguiu entender para o que Ostermeyer estava olhando. Depois percebeu, riu, tirou o cigarro da orelha, olhou para ele e em seguida se voltou para Ostermeyer.*

— Não fumo um cigarro há nove anos — disse ele. — Eu tive um irmão mais velho que morreu de câncer de pulmão. Parei logo depois que ele morreu. O cigarro atrás da orelha... — Ele deu de ombros. — É parte afetação, parte superstição, eu acho. Um pouco como aqueles que a gente vê na mesa ou na parede dos outros, em uma caixinha com um aviso QUEBRE O VIDRO EM CASO DE EMERGÊNCIA. *Eu costumo dizer que vou acender um em caso de guerra nuclear. O 1408 é um quarto para fumantes, sr. Ostermeyer? Para o caso de começar uma guerra nuclear.*

— Na verdade, é.

— Ótimo — disse Mike, ironicamente —, menos uma preocupação na vigilância noturna.

O sr. Ostermeyer suspirou novamente, contrariado, embora esse não tenha soado tão desconsolado quanto o no lobby. Sim, era o quarto, reconheceu Mike. O quarto dele. *Mesmo à tarde, quando Mike chegara acompanhado por Robertson, o advogado, Ostermeyer parecera menos baratinado do que quando estavam ali. Na hora, Mike pensou que era, em parte, porque não estavam mais atraindo olhares de quem passava, em parte porque Ostermeyer tinha desistido. Agora estava claro para ele. Era o quarto. E por que não? Ele era um cômodo com boas fotos nas paredes, um bom tapete no chão e bons charutos — apesar de não serem cubanos — na caixa. Sem dúvida muitos gerentes haviam feito muitos negócios ali desde outubro de 1910; de certa forma, era algo tão nova-iorquino quanto a mulher loura usando o vestido preto tomara-que-caia, o cheiro do perfume dela e a promessa tácita de sexo tranquilo nas primeiras horas da manhã — sexo de Nova York. O próprio Mike era de Omaha, embora não fosse lá havia muitos e muitos anos.*

Sobre a escrita

— Eu não vou mesmo demover o senhor da ideia, não é? — perguntou Ostermeyer.
— Você sabe que não — respondeu Mike, colocando o cigarro de novo atrás da orelha.

O que segue agora é um fac-símile da versão em inglês revisada do mesmo trecho de abertura — é a história vestindo as roupas, penteando o cabelo, talvez até colocando um pouco de colônia. Assim que as mudanças são incorporadas ao documento, eu estou pronto para abrir a porta e encarar o mundo.

~~The Hotel Story~~ **1408** ①

By Stephen King

② Mike Enslin was still in the revolving door when he saw ~~Ostermeyer,~~ Olin, the manager of the Hotel Dolphin, sitting in one of the overstuffed lobby chairs. Mike's heart sank ~~a little~~. *Maybe should have brought the damned lawyer along again, after all,* he thought. Well, too late now. And even if ~~Ostermeyer~~ Olin had decided to throw up another roadblock or two between Mike and room 1408, that wasn't all bad; ~~it would simply add to the story when he finally told it.~~ there were compensations. ~~Olin Ostermeyer saw him, got up, and~~ was crossing the room with one pudgy hand held out as Mike left the revolving door. The Dolphin was on Sixty-first Street, around the corner from Fifth Avenue, small but smart. A man and woman dressed in evening clothes passed Mike as he reached out and took ~~Ostermeyer's~~ Olin's hand, switching his small overnight case to his left hand in order to do it. The woman was blonde, dressed in black, of course, and the light, flowery smell of her perfume seemed to summarize New York. On the mezzanine level, someone was playing "Night and Day" in the bar, as if to underline the summary.

"Mr. Enslin. Good evening."

"Mr. Olin. Is there a problem?"

Olin looked pained. For a moment he glanced around the small, smart lobby, as if for help. At the concierge's stand, a man was discussing theater tickets with his wife while the concierge himself watched with a small, patient smile. At the front desk, a man with the rumpled look one only got after long hours in Business Class was discussing his reservation with a woman in a smart black suit that could itself have doubled for evening wear. It was business as usual at the Hotel Dolphin. There was help for everyone except poor Mr. Olin, who had fallen into the writer's clutches.

"Mr. Olin?" Mike repeated.

"No, Mr. Enslin . . . could I speak to you for a moment in my office?"

Sobre a escrita

So, Mike thought. Well, and why not? It would help the section on room 1408, add to the ominous tone the readers of his books seemed to crave, and that wasn't all. Mike Enslin hadn't been sure until now, in spite of all the backing and filling; now he was. Olin wasn't playing a part. Olin was really afraid of room 1408, and what might happen to Mike there tonight.

"Of course, Mr. Olin. "Oh, we'll bring it along, shall we?" Olin, the good host, reached for Mike's bag. "Allow me."

"I'm fine with it," Mike said. "Nothing but a change of clothes and a toothbrush."

"Are you sure?"

"Yes," Mike said, holding his eyes. "I'm already wearing my lucky Hawaiian shirt." He smiled. "It's the one with the ghost repellent."

Olin sighed, a little round man in a dark cutaway coat and a neatly knotted tie. "Very good, Mr. Enslin. Follow me."

The hotel manager had seemed tentative in the lobby, ~~depressed,~~ almost beaten. In his oak-paneled office, with the pictures of the hotel on the walls (the Dolphin had opened in October of 1910—Mike might publish without the benefit of reviews in the journals or the big-city papers, but he did his research), ~~Ostermeyer~~ Olin seemed to gain assurance again. There was a Persian carpet on the floor. Two standing lamps cast a mild yellow light. A desk-lamp with a green lozenge-shaped shade stood on the desk, next to a humidor. And next to the humidor were Mike Enslin's last three books. Paperback editions, of course; there had been no hardbacks. ~~Yet he did quite well.~~ *Mine host has been doing a little research of his own,* Mike thought.

⑥ Mike sat down ~~in one of the chairs~~ in front of the desk. He expected ~~Ostermeyer~~ Olin to sit behind the desk, ~~where he could draw authority from it,~~ but ~~Ostermeyer~~ Olin surprised him. He ~~sat in the other chair,~~ took the chair beside Mike, ~~on what he probably thought of as the employees' side of the desk,~~ crossed his legs, then leaned forward over his tidy little belly to touch the humidor.

"Cigar, Mr. Enslin? ~~They're not Cuban, but they're quite good.~~"

"No, thank you. I don't smoke."

Olin's eyes shifted to the cigarette behind Mike's right ear—parked on a jaunty jut the way an oldtime wisecracking New York reporter might have parked his next smoke just below of his fedora. the PRESS tag stuck in the band. The cigarette had become so much a part of him that for a moment Mike honestly didn't know what Olin was looking at. Then he laughed, took it down, looked at it himself, then looked back at Olin.

"Haven't had one in nine years," he said. "I had an older brother who died of lung cancer. I quit after he died. The cigarette behind the ear..." He shrugged. "Part affectation, part superstition, I guess. Like the Hawaiian shirt. Or the cigarettes you sometimes see on people's desks or walls, mounted in a little box with a sign saying BREAK GLASS IN CASE OF EMERGENCY. Is 1408 a smoking room, Mr. Olin? Just in case nuclear war breaks out?"

"As a matter of fact, it is."

"Well," Mike said heartily, "that's one less worry in the watches of the night."

Mr. Olin sighed again, but this sigh didn't have the disconsolate quality of his lobby-sigh. Yes, it was the ~~room~~ office, Mike reckoned. *His* ~~room~~ office. Even this afternoon, when Mike had come accompanied by Robertson, the lawyer, ~~Ostermeyer~~ Olin had seemed less flustered once they were in here. ~~At the time Mike had thought it was partly because they were no longer drawing stares from the passing public, partly because Ostermeyer had given up. Now he knew better. It was~~ the room. And why not? Where else could you feel in charge, if not in your special place? Olin's office ~~It~~ was a room with good pictures on the walls, a good rug on the floor, and good cigars ~~although not Cuban~~ in the humidor. A lot of managers had no doubt conducted a lot of business in here since ~~October of~~ 1910; in its own way it was as New York as the blonde ~~woman~~ in her black off-the-shoulder dress, her smell of perfume and her unarticulated promise of sleek New York sex in the small hours of the morning. ~~New York sex.~~ Mike himself was from Omaha, although he hadn't been back there in ~~a lot of~~ years.

"You still don't think I can talk you out of this idea of yours, do you?" ~~Ostermeyer~~ Olin asked.

"I know you can't," Mike said, replacing the cigarette behind his ear.

Sobre a escrita

~~A História do Hotel~~ 1408 ①

② Mike Enslin ainda estava na porta giratória quando viu ~~Ostermeyer~~ Olin, gerente do Hotel Dolphin, sentado em uma das poltronas estofadas do lobby. Mike ficou ~~um pouco~~ preocupado. *Acho que eu devia ter trazido a porra do advogado de novo*, pensou ele. Bem, agora era tarde. E mesmo que ~~Ostermeyer~~ Olin decidisse colocar mais uma barreira ou duas entre Mike e o quarto 1408, não seria tão mau assim; ~~simplesmente seria~~ havia compensações ~~mais um elemento da história, quando ele finalmente a contasse~~.

~~Ostermeyer o viu, ergueu-se e~~ Olin estava cruzando o lobby com a mão pequena e gorducha estendida quando Mike surgiu pela porta giratória. O Dolphin ficava na rua 61, perto da esquina com a Quinta Avenida; era pequeno, mas estiloso. Um homem e uma mulher em trajes de noite passaram por Mike enquanto ele se aproximava de ~~Ostermeyer~~ Olin, trocando a pequena maleta de viagem para a mão esquerda para cumprimentar o gerente. A mulher era loura e estava de preto, é claro, e o aroma leve e floral do perfume dela parecia resumir Nova York. No bar do mezanino, alguém tocava "Night and Day", como se enfatizasse o resumo.

— Boa noite, sr. Enslin.

— Sr. ~~Ostermeyer~~ Olin. Algum problema?

~~Ostermeyer~~ Olin parecia estar sentindo dor. Por um instante, ele olhou em torno do pequeno, mas estiloso lobby, como se procurasse ajuda. No balcão do concierge, um homem discutia com a esposa sobre ingressos para o teatro enquanto o próprio concierge observava ~~os dois~~ com um sorrisinho paciente. Na recepção, um homem com aspecto amarrotado de quem viajou muitas horas na classe executiva discutia a reserva com uma mulher usando um vestido preto chique que também serviria como roupa de festa. Era um dia típico no Hotel Dolphin. Todos mereciam atenção, menos o pobre sr. ~~Ostermeyer,~~ Olin, que tinha caído nas garras do escritor.

— Sr. ~~Ostermeyer~~ Olin? — repetiu Mike~~, sentindo um pouco de pena do homem.~~

— ~~Não — disse Ostermeyer, por fim. — Nenhum problema, mas,~~ "sr. Enslin... posso falar com o senhor por um instante em meu escritório?

~~Então,~~ pensou Mike~~, ele quer tentar mais uma vez.~~ Bem, por que não? ~~Em outras circunstâncias, o escritor talvez ficasse impaciente. Naquele momento, não.~~ A situação ajudaria no capítulo sobre o quarto 1408, ~~garantindo~~ contribuindo para o ~~apropriado~~ tom nefasto que os leitores de seus livros pareciam esperar, e não era só isso. ~~seria Um Último Aviso — mas não era só isso.~~ Até então, mesmo depois de tanto postergar, Mike

242

Sobre a escrita

④ Enslin ainda não tinha certeza; agora não restava dúvida. ~~Ostermeyer~~ Olin não estava fingindo. ~~Ostermeyer~~ Olin realmente tinha medo do quarto 1408 e do que poderia acontecer a Mike naquela noite.

— Claro, sr. ~~Ostermeyer. Deixo minha maleta na recepção, ou é melhor levar comigo?~~ Olin

~~— Ah, eu levo para o senhor. Vamos?~~ Olin

~~Ostermeyer,~~ Olin, como um bom anfitrião, estendeu a mão para pegar a maleta de Mike ~~Sim, ele ainda tinha alguma esperança de convencer Mike a não ficar no quarto. Caso contrário, teria encaminhado o escritor à recepção... ou a teria levado ele mesmo.~~

— Permita-me.

— Pode deixar comigo — disse Mike. — Só tem uma muda de roupa e uma escova de dentes.

— Tem certeza?

⑤ — Tenho — respondeu Mike, olhos nos olhos. ~~Absoluta.~~ Já estou vestindo minha camisa havaiana da sorte. — Ele sorriu. — É a que vem com repelente de fantasmas. ~~Por um instante, Mike pensou que Ostermeyer~~ Olin ~~fosse desistir. Ele~~ suspirou, um homem baixo e gorducho metido em uma casaca escura com uma gravata amarrada à perfeição~~, e depois se aprumou novamente~~.

— Muito bem, sr. Enslin. Venha comigo.

No lobby, o gerente do hotel parecera hesitante, ~~deprimido,~~ quase derrotado. No escritório decorado com painéis de carvalho e fotos do hotel (o Dolphin fora inaugurado em outubro de 1910 — Mike podia ter publicado o livro sem conseguir críticas em revistas ou grandes jornais da cidade, mas fizera suas pesquisas), ~~Ostermeyer~~ Olin pareceu recuperar a confiança. No chão havia um tapete persa. Duas luminárias de pé lançavam uma luz levemente amarelada. Na mesa, perto de um abajur com cúpula verde em formato de losango, estava uma caixa umidificadora para charutos. Ao lado dela, os três últimos livros de Mike Enslin. Edições econômicas, é claro; nenhum deles fora lançado em capa dura. ~~Ainda assim, todos venderam bem.~~ *Meu anfitrião também andou fazendo suas pesquisas*, pensou Mike.

Mike sentou-se ~~em uma das cadeiras~~ em frente à mesa. Ele esperava que ~~Ostermeyer~~ Olin ocupasse o lugar atrás da mesa, ~~onde poderia se investir de autoridade,~~ mas ~~Ostermeyer~~ Olin o surpreendeu. Ele ~~sentou-se na outra cadeira,~~ pegou a cadeira ao lado da de Mike, ~~provavelmente pensando que aquele era o lado dos empregados,~~ cruzou as pernas e depois se inclinou por sobre sua proeminente e bem-vestida barriga para alcançar a caixa umidificadora.

— Quer um charuto, sr. Enslin? ~~Não são cubanos, mas são muito bons.~~

— Não, obrigado. Eu não fumo.

¶ Os olhos de ~~Ostermeyer~~ Olin se voltaram para o cigarro atrás da orelha direita de Mike — apoiado ~~ali~~ em um

244

estilo elegante, da mesma maneira como um mordaz repórter de Nova York dos velhos tempos teria apoiado o próximo fumo logo abaixo ~~do seu Fedora com a~~ do seu Fedora, da etiqueta IMPRENSA presa na fita. O cigarro se tornara uma parte tão indissociável de Mike que ele, por um momento, não conseguiu entender para o que ~~Oster~~Olin~~meyer~~ estava olhando. Depois ~~percebeu,~~ riu, tirou o cigarro da orelha, olhou para ele e em seguida se voltou para ~~Oster~~Olin~~meyer~~.

— Não fumo ~~um cigarro~~ um há nove anos — disse ele.

— ~~Eu~~ tive um irmão mais velho que morreu de câncer de pulmão. Parei ~~logo~~ depois que ele morreu. O cigarro atrás da orelha... — Ele deu de ombros. — É parte afetação, parte superstição, eu acho. ~~Um pouco~~ Como a camisa havaiana. Ou os cigarros ~~como aqueles~~ que a gente vê na mesa ou na parede dos outros, em uma caixinha com um aviso QUEBRE O VIDRO EM CASO DE EMERGÊNCIA. ~~Eu costumo dizer que vou acender em caso de guerra nuclear.~~ O 1408 é um quarto para fumantes, sr. ~~Oster~~Olin~~meyer~~? Para o caso de começar uma guerra nuclear.

— Na verdade, é.

— Ótimo — disse Mike, ironicamente —, menos uma preocupação na vigilância noturna.

O sr. ~~Oster~~Olin~~meyer~~ suspirou novamente, ~~contrariado,~~ embora ~~esse~~ o suspiro não tenha soado tão desconsolado quanto o no lobby. Sim, era o ~~quarto~~ escritório, reconheceu

E, por fim, Parte I: Porta fechada, porta aberta

Mike. O escritório dele. Mesmo à tarde, quando Mike chegara acompanhado por Robertson, o advogado, Olin parecera menos baratinado do que quando estavam ali. ~~Na hora, Mike pensou que era, em parte, porque não estavam mais atraindo olhares de quem passava, em parte porque Ostermeyer tinha desistido. Agora estava claro para ele. Era o quarto. E~~ (¶) Onde mais você se sentiria no comando, se não no seu lugar especial? O escritório de Olin por que não? ~~Ele~~ era um cômodo com boas fotos nas paredes, um bom tapete no chão e bons charutos ~~apesar de não serem cubanos~~ na caixa. Sem dúvida muitos gerentes haviam feito muitos negócios ali desde ~~outubro de~~ 1910; de certa forma, era algo tão nova-iorquino quanto a ~~mulher~~ loura usando o vestido preto tomara-que-caia, o cheiro do perfume dela e a promessa tácita de sexo nova-iorquino tranquilo nas primeiras horas da manhã ~~sexo de Nova York~~. O próprio Mike era de Omaha, embora não fosse lá havia ~~muitos e muitos~~ anos.

— Eu não vou mesmo demover o senhor da ideia, não é? — perguntou ~~Ostermeyer~~ Olin.

— Você sabe que não — respondeu Mike, colocando o cigarro de novo atrás da orelha.

As razões para a maioria das mudanças são autoexplicativas; se você ficar indo e voltando nas duas versões, tenho certeza de que vai entender quase todas. E espero que, quando terminar, perceba como é crua a primeira versão do trabalho de um dito "escritor profissional".

A maioria das mudanças são cortes, que têm a intenção de deixar a história mais ágil. Cortei com Strunk na cabeça — "Omita as palavras desnecessárias" — e também para satisfazer a fórmula apresentada antes: 2ª versão = 1ª versão − 10%.

Também marquei algumas mudanças para uma breve explicação:

1. Obviamente, *A história do hotel* jamais substituiria *Escavadeira assassina* ou *Norma Jean, rainha do cupinzal* como título. Eu apenas coloquei esse título na primeira versão porque sabia que surgiria outro melhor à medida que continuasse. (Se nenhum título lhe ocorrer, geralmente o editor apresenta uma ideia que considere melhor, mas as opções costumam ser ruins.) Gosto de *1408* porque é uma história de "13º andar" (que muitos edifícios nos EUA costumam não usar) e os números somam treze.

2. Ostermeyer é um nome longo e pesado. Ao trocá-lo por Olin, usando a opção "substituir tudo", consegui cortar quinze linhas da história em uma tacada só. Além disso, quando terminei *1408*, percebi que a história provavelmente se tornaria parte de uma coleção em áudio. Eu mesmo leria as histórias, e não queria ficar na pequena cabine de gravação repetindo Ostermeyer, Ostermeyer, Ostermeyer o dia todo. Por isso, resolvi mudar.

3. Nesse trecho eu estava pensando demais pelo leitor. Como a maioria das pessoas prefere pensar sozinha, eu me senti à vontade para transformar as cinco linhas em apenas duas.

4. Muita direção de palco, muita elaboração do óbvio e muito pano de fundo canhestro. Tudo fora.

5. Ah, aqui está a camisa havaiana da sorte. Ela aparece na primeira versão, mas só por volta da página trinta. E isso é muito tarde para mostrar um elemento importante, então eu a coloco no início. Existe uma velha máxima do teatro que diz: "Se existe uma arma no console da lareira no Primeiro Ato, ela deve ser usada no Terceiro". O contrário também é verdade; se a camisa havaiana da sorte do protagonista tem um papel importante no final da história, ela deve ser apresentada no início. Caso contrário, ficará parecendo um *deus ex machina* (o que, de fato, é).

6. A primeira versão diz "O escritor se sentou em uma das cadeiras em frente à mesa". Dã — onde mais ele se sentaria? No chão? Com

certeza, não, então o trecho sai. Também decidi tirar os charutos cubanos. Não é apenas algo banal, é o tipo de coisa que os vilões sempre dizem nos filmes ruins. "Pegue um charuto. São cubanos." *Xapralá!*

7. As ideias da primeira e da segunda versões e as informações básicas são as mesmas, mas, na segunda, os cortes foram feitos até o osso. E veja só! Sabe aquele advérbio infeliz, aquele "logo"? Acabei com ele, não foi? Sem dó!

8. E aqui está um que não cortei... não só um advérbio, mas um *swiftie*: "— Ótimo — disse Mike, ironicamente..." Eu defendo minha escolha de manter o advérbio, nesse caso, dizendo que é a exceção que confirma a regra. "Ironicamente" ficou no texto porque eu queria que o leitor entendesse que Mike está tirando sarro do pobre sr. Olin. Só um pouco, é verdade, mas está.

9. Essa passagem não só elabora o óbvio, mas também o repete. Fora. O conceito de uma pessoa se sentindo confortável em seu lugarzinho especial, no entanto, parece lançar luz sobre o caráter de Olin, então acrescentei o trecho.

Brinquei com a ideia de incluir o texto completo de *1408* neste livro, mas isso ia contra minha determinação em ser breve pelo menos uma vez na vida. Se você quiser ouvir a história toda, ela está disponível como parte de uma coleção de três histórias em áudio, chamada *Blood and Smoke* [Sangue e fumaça]. Você pode acessar uma amostra na página da Simon and Schuster: http://pages.simonandschuster.com/simonsays [conteúdo em inglês]. E, não se esqueça, para alcançar seus objetivos aqui, não é preciso terminar a história. Estamos tratando de manutenção de motores, não de um passeio de carro.

E, por fim, Parte II: Uma lista de livros

Quando dou palestras sobre escrita, geralmente ofereço ao público uma versão abreviada da seção "Sobre a escrita", que faz parte da segunda metade deste livro. Isso inclui a Primeira Regra, é claro: ler muito e escrever muito. Na hora das perguntas e respostas, sempre tem alguém que quer saber: "O que você lê?"

Nunca dou uma resposta satisfatória a essa pergunta, porque ela causa uma sobrecarga nos circuitos do meu cérebro. A versão fácil — "tudo que vejo pela frente" — é bastante verdadeira, mas não ajuda muito. A lista a seguir apresenta uma resposta mais específica à pergunta. São os melhores livros que li nos últimos três ou quatro anos, o período em que escrevi *The Girl Who Loved Tom Gordon*, "Hearts in Atlantis", *Sobre a escrita* e textos ainda não publicados, como *Buick 8*.*
De uma forma ou de outra, suspeito que todos os livros da lista influenciaram os que eu escrevi.

Enquanto examina a lista, não se esqueça de que não sou a Oprah e esse não é meu clube do livro. Estes são os que funcionaram para mim, só isso. Mas ler os que você conseguir não seria ruim; muitos deles podem lhe mostrar novas maneiras de fazer seu trabalho.

Mesmo que não façam isso, no entanto, ainda assim estes livros serão uma boa fonte de divertimento. Eu me diverti muito.

---

* *Buick 8* foi publicado em 2002 nos Estados Unidos e em 2013 pela Suma de Letras. (N. E.)

E, por fim, Parte II: Uma lista de livros

Abrahams, Peter: *A Perfect Crime*
Abrahams, Peter: *Lights Out*
Abrahams, Peter: *Mergulho na tensão*
Abrahams, Peter: *Revolution #9*
Agee, James: *Uma morte em família*
Bakis, Kirsten: *Lives of the Monster Dogs*
Barker, Pat: *Regeneration*
Barker, Pat: *The Eye in the Door*
Barker, Pat: *The Ghost Road*
Bausch, Richard: *In the Night Season*
Blauner, Peter: *O intruso*
Bowles, Paul: *O céu que nos protege*
Boyle, T. Coraghessan: *América*
Bryson, Bill: *Walk in the Woods*
Buckley, Christopher: *Obrigado por fumar*
Carver, Raymond: *Where I'm Calling From*
Chabon, Michael: *Werewolves in Their Youth*
Chorlton, Windsor: *Latitude zero*
Connelly, Michael: *O poeta*
Conrad, Joseph: *O coração das trevas*
Constantine, K. C.: *Family Values*
DeLillo, Don: *Submundo*
DeMille, Nelson: *Cathedral*
DeMille, Nelson: *A costa dourada*
Dickens, Charles: *Oliver Twist*
Dobyns, Stephen: *Common Carnage*
Dobyns, Stephen: *The Church of Dead Girls*
Doyle, Roddy: *The Woman Who Walked into Doors*
Elkin, Stanley: *The Dick Gibson Show*
Faulkner, William: *Enquanto agonizo*
Garland, Alex: *A praia*
George, Elizabeth: *Deception on His Mind*
Gerritsen, Tess: *Gravidade*
Golding, William: *Senhor das moscas*
Gray, Muriel: *Furnace*
Greene, Graham: *A Gun for Sale*

Greene, Graham: *Nosso homem em Havana*
Halberstam, David: *The Fifties*
Hamill, Pete: *Why Sinatra Matters*
Harris, Thomas: *Hannibal*
Haruf, Kent: *Plainsong*
Hoeg, Peter: *Senhorita Smilla e o sentido da neve*
Hunter, Stephen: *Dirty White Boys*
Ignatius, David: *Justa causa*
Irving, John: *Viúva por um ano*
Joyce, Graham: *The Tooth Fairy*
Judd, Alan: *The Devil's Own Work*
Kahn, Roger: *Good Enough to Dream*
Karr, Mary: *The Liars' Club*
Ketchum, Jack: *Right to Life*
King, Tabitha: *Survivor*
King, Tabitha: *The Sky in the Water* (não publicado)
Kingsolver, Barbara: *A bíblia envenenada*
Krakauer, Jon: *No ar rarefeito*
Lee, Harper: *O sol é para todos*
Lefkowitz, Bernard: *Our Guys*
Little, Bentley: *The Ignored*
Maclean, Norman: *A River Runs Through It and Other Stories*
Maugham, W. Somerset: *The Moon and Sixpence*
McCarthy, Cormac: *Cidades da planície*
McCarthy, Cormac: *A travessia*
McCourt, Frank: *As cinzas de Angela*
McDermott, Alice: *Charming Billy*
McDevitt, Jack: *Ancient Shores*
McEwan, Ian: *Amor sem fim*
McEwan, Ian: *O jardim de cimento*
McMurtry, Larry: *Pra lá do fim do mundo*
McMurtry, Larry; Ossana, Diana: *Zeke and Ned*
Miller, Walter M.: *Um cântico para Leibowitz*
Oates, Joyce Carol: *Zombie*
O'Brien, Tim: *No lago dos bosques*
O'Nan, Stewart: *A mil por hora: Confissões de Speed Queen*

Ondaatje, Michael: *O paciente inglês*
Patterson, Richard North: *No Safe Place*
Price, Richard: *Freedomland: Uma história americana*
Proulx, Annie: *Curto alcance*
Proulx, Annie: *Chegadas e partidas*
Quindlen, Anna: *Um amor verdadeiro*
Rendell, Ruth: *A Sight for Sore Eyes*
Robinson, Frank M.: *Waiting*
Rowling, J. K.: *Harry Potter e a câmara secreta*
Rowling, J. K.: *Harry Potter e o prisioneiro de Azkaban*
Rowling, J. K.: *Harry Potter e a pedra filosofal*
Russo, Richard: *Na sombra do pai*
Schwartz, John Burnham: *A estrada da reserva*
Seth, Vikram: *Um rapaz adequado*
Shaw, Irwin: *Os deuses vencidos*
Slotkin, Richard: *The Crater*
Smith, Dinitia: *The Illusionist*
Spencer, Scott: *Men in Black*
Stegner, Wallace: *Joe Hill*
Tartt, Donna: *A história secreta*
Tyler, Anne: *A Patchwork Planet*
Vonnegut, Kurt: *Hócus-Pócus*
Waugh, Evelyn: *Memórias de Brideshead*
Westlake, Donald E.: *O corte*

Mais do por fim, Parte III

Ao fim da edição original de *Sobre a escrita*, fiz uma lista de cerca de cem livros com os quais me diverti e aprendi. Os editores sugeriram que eu atualizasse a lista para a nova edição, então aqui vão mais oitenta títulos — os melhores que li entre 2001 e 2009.

Abrahams, Peter: *End of Story*
Abrahams, Peter: *The Tutor*
Adiga, Aravind: *The White Tiger*
Atkinson, Kate: *One Good Turn*
Atwood, Margaret: *Oryx and Crake*
Berlinski, Mischa: *Fieldwork*
Black, Benjamin [pseudo.]: *Christine Falls*
Blauner, Peter: *The Last Good Day*
Bolaño, Roberto: *2666*
Carr, David: *A noite da arma*
Casey, John: *Spartina*
Chabon, Michael: *Associação Judaica de Polícia*
Child, Lee: a coleção Jack Reacher, começando por *Dinheiro sujo*
Connelly, Michael: *Correntezas da maldade*
Costello, Mark: *Big If*
Cunningham, Michael: *As horas*
Danielewski, Mark Z.: *House of Leaves*
Díaz, Junot: *A fantástica vida breve de Oscar Wao*
Dooling, Richard: *White Man's Grave*
Downing, David: *Zoo Station*

Dubus, Andre: *O jardim dos últimos dias*
Enger, Leif: *Peace Like a River*
Exley, Frederick: *A Fan's Notes*
Ferris, Joshua: *E nós chegamos ao fim*
Franzen, Jonathan: *Tremor*
Franzen, Jonathan: *As correções*
Gaiman, Neil: *Deuses americanos*
Gardiner, Meg: *Crosscut*
Gardiner, Meg: *The Dirty Secrets Club*
Gay, William: *The Long Home*
Goddard, Robert: *Painting the Darkness*
Gruen, Sara: *Água para elefantes*
Hall, Steven: *Cabeça tubarão*
Helprin, Mark: *Um soldado da Grande Guerra*
Huston, Charlie: trilogia *Hank Thompson*
Johnson, Denis: *Árvore de fumaça*
Keillor, Garrisson (ed.): *Good Poems*
Kidd, Sue Monk: *A vida secreta das abelhas*
Klosterman, Chuck: *Fargo Rock City*
Larsson, Stieg: *The Girl with the Dragon Tattoo*
Le Carré, John: *Absolute Friends*
Lehane, Dennis: *Naquele dia*
Leonard, Elmore: *Up in Honey's Room*
Lethem, Jonathan: *A fortaleza da solidão*
Lippman, Laura: *O que os mortos sabem*
Little, Bentley: *Dispatch*
Malamud, Bernard: *O faz-tudo*
Martel, Yann: *A Vida de Pi*
McCarthy, Cormac: *Onde os velhos não têm vez*
McEwan, Ian: *Reparação*
Meek, James: *O ato de amor do povo*
Niffenegger, Audrey: *Uma estranha simetria*
O'Brian, Patrick: *The Aubrey/Maturin*
O'Nan, Stewart: *The Good Wife*
Oates, Joyce Carol: *We Were the Mulvaneys*
Pelecanos, George: *Revolução difícil*

Pelecanos, George: *The Turnaround*
Perrotta, Tom: *A professora de abstinência*
Picoult, Jodi: *Dezenove minutos*
Pierre, DBC: *Vernon God Little: uma comédia na presença da morte*
Proulx, Annie: *Fine Just the Way It Is*
Robotham, Michael: *Shatter*
Roth, Philip: *Pastoral Americana*
Roth, Philip: *Complô contra a América*
Rushdie, Salman: *Os filhos da meia-noite*
Russo, Richard: *Empire Falls*
Russo, Richard: *A ponte dos suspiros*
Simmons, Dan: *Drood*
Simmons, Dan: *The Terror*
Sittenfeld, Curtis: *A esposa americana*
Smith, Tom Rob: *Criança 44*
Snyder, Scott: *Voodoo Heart*
Stephenson, Neal: *Quicksilver*
Tartt, Donna: *The Little Friend*
Tolstói, Liev: *Guerra e paz*
Wambaugh, Joseph: *Divisão Hollywood*
Warren, Robert Penn: *Todos os homens do rei*
Waters, Sarah: *Estranha presença*
Winegardner, Mark: *Crooked River Burning*
Winegardner, Mark: *A volta do poderoso chefão*
Wroblewski, David: *A história de Edgar Sawtelle*
Yates, Richard: *Foi apenas um sonho*

1ª EDIÇÃO [2015] 15 reimpressões

ESTA OBRA FOI COMPOSTA EM ADOBE GARAMOND PELA ABREU'S SYSTEM E IMPRESSA EM OFSETE PELA LIS GRÁFICA SOBRE PAPEL PÓLEN NATURAL DA SUZANO S.A. PARA A EDITORA SCHWARCZ EM MARÇO DE 2023

A marca FSC® é a garantia de que a madeira utilizada na fabricação do papel deste livro provém de florestas que foram gerenciadas de maneira ambientalmente correta, socialmente justa e economicamente viável, além de outras fontes de origem controlada.